AMÁNDOLO

BIEN

GARY THOMAS

AMÁNDOLO

BIEN

CONSEJOS PRÁCTICOS PARA INFLUENCIAR A SU ESPOSO

AMÁNDOLO BIEN
Edición en español publicada por
Editorial Vida – 2018
Nashville, Tennessee

Originally published in the U.S.A. under the title:
    Loving Him Well
    Copyright © 2006, 2018 by Gary Thomas
Previously published as Sacred Influence
Published by permission of Zondervan, Grand Rapids, Michigan 49530.

Editora en Jefe: *Graciela Lelli*
Traducción: *Eduardo Jibaja*
Adaptación del diseño al español: *Mauricio Diaz*

ISBN: 978-0-82976-844-2

CATEGORÍA: Religión / Vida Cristiana / Amor y Matrimonio

IMPRESO EN ESTADOS UNIDOS DE AMÉRICA
PRINTED IN THE UNITED STATES OF AMERICA

18 19 20 21 22 LSC 9 8 7 6 5 4 3 2 1

A los doctores Steve y Rebecca Wilke

El perfume y el incienso alegran el corazón;
la dulzura de la amistad fortalece el ánimo.

Proverbios 27.9

CONTENIDO

PARTE 1:
LA REMODELACIÓN DE SU MATRIMONIO EMPIEZA CON *USTED*

PARTE 2:
CREANDO UNA ATMÓSFERA DE CAMBIO

PRÓLOGO

Por Lisa Thomas

Queridos lectores:

¡Gracias por escoger el libro de mi esposo! Espero y ruego que decida leerlo. Si usted es como yo, tiene un montón de libros realmente buenos y útiles que esperan ser leídos, y a veces es difícil priorizarlos. Yo verdaderamente creo que Gary tiene algo que vale la pena decir en este libro; sé que su matrimonio será bendecido si lo lee.

Gary escribió este libro en parte como respuesta a los muchos correos electrónicos y preguntas recibidas de mujeres que lo habían escuchado hablar o que habían leído sus otros libros. Él escuchó sus frustraciones, dolores, y a veces enojo con sus maridos, quienes sencillamente no parecían entenderlo. A causa de esto, él lidia con problemas de la vida real, tratando aquellos que mujeres como usted y yo estamos enfrentando. No ofrece «cinco pasos fáciles» que con toda garantía transformarán su situación, sino que trata de ayudar a las mujeres a ganar un mejor entendimiento de cómo funcionan los hombres y percibir un vislumbre de las dinámicas espirituales obrando dentro de sus matrimonios. Espero que usted vea su amor fraternal a medida que él recorre detenidamente el proceso de su propia travesía matrimonial.

A menudo me preguntan si Gary realmente vive lo que escribe, y mi respuesta siempre es ¡un rotundo sí! Porque él es un hombre de integridad, yo puedo recomendar de todo corazón sus libros. Y por si acaso se está preguntando, sí, él me pidió permiso para usar cada historia que me involucrase. Esperamos y rogamos que nuestra vulnerabilidad sea usada por Dios para bendecir a otros. Como cualquier pareja, nosotros no tenemos un matrimonio perfecto, pero es un matrimonio. Doy gracias a Dios por cada día. No me puedo imaginar otra vida, y si nuestra travesía puede de alguna forma inspirar la suya, me complazco en compartirla con usted. Reciba nuestro aliento.

¡Disfrútelo!
Lisa Thomas

DIOS ESCUCHA Y VE

Él simplemente no lo entiende.

Yo estaba aconsejando a una pareja joven comprometida, y se hizo evidente que la futura esposa estaba haciendo algunas concesiones muy significativas a fin de casarse con este hombre. Me mantenía haciendo un llamado al joven para que respondiera de igual manera: ella estaba dispuesta a dejar de hacer esto; ¿se esforzará él más en hacer aquello?

Se hizo dolorosamente evidente que este joven simplemente no entendía el obsequio increíble que esta jovencita le estaba ofreciendo: el obsequio de sí misma.

Oficiar ceremonias matrimoniales es una de las cosas más inspiradoras que hago. No puedo salir del asombro al pensar en el compromiso, la vulnerabilidad, la unión de dos vidas en una, y cómo cada pareja está de acuerdo en vivir un futuro incierto juntos, entregar todo lo que son y tienen el uno al otro; en un sentido muy real, hacer que su felicidad sea vulnerable al carácter y la preocupación del otro.

Realmente no hay nada como el matrimonio; da a dos personas el poder de bendecir, animar y edificar, pero también de derrumbar, desanimar y destruir.

Un buen matrimonio puede ser tan pero tan bueno que vale la pena luchar por ello. Un matrimonio decepcionante puede colorear todos los días con un matiz gris.

Mientras empezaba a escribir este libro, pasé un tiempo en oración para tener un cierto sentido del corazón de Dios para lo que yo creo que él quiere hacer en estas páginas: alentar a las mujeres que tienen buenos matrimonios para ser aún mejores, y ofrecer esperanza y un nuevo camino hacia adelante para aquellas mujeres que se sienten invisibles o marginadas en sus matrimonios.

Me di cuenta de que, si podía verdaderamente entender el corazón de Dios para sus hijas, podría tener un vislumbre de la pasión que él siente por usted y las lágrimas que derrama cuando usted llora, cómo se siente con cada insulto que usted recibe y cómo detesta las mismas cosas que usted a menudo detesta con respecto a la manera en que las esposas a veces son tratadas en el matrimonio. Entonces podría empezar a darme cuenta de por qué a Dios le importaría un libro como este y por qué él podría poner en mi mente que lo escribiera. Él no quiere dejarla sola en relaciones que le traen algo menos de lo que él diseñó.

En efecto, Dios ve y escucha todo lo que se lleva a cabo en su vida y sus relaciones. Él conoce a las muchas esposas que sufren en matrimonios carentes de amor. Él sabe cómo los hombres a veces miran con desprecio a las mujeres y actúan condescendientemente con sus esposas. Él sabe que los hombres pueden proveer mucha fuerza, protección, consuelo y seguridad; pero también que ellos pueden ser frustrantes, aterradores, exigentes y egoístas. Él ve a las mujeres que se sienten atrapadas en matrimonios difíciles, y a aquellas que disfrutan de matrimonios relativamente buenos con hombres que aún a veces actúan en forma egoísta, desconsiderada o alejada.

Pero él también conoce las maneras santas en que una mujer puede mover profundamente a un hombre. Él está deseoso de dar poder a un equipo formado por una esposa y un esposo para que se junten a fin de moldear y transformar este mundo. Cuando un matrimonio se convierte en una verdadera mutualidad para influenciar no solo en sí mismos sino también en el mundo, bueno, realmente no hay nada que se le compare.

Con más de veinte años en el ministerio matrimonial, mi esposa y yo hemos escuchado suficientes historias angustiosas como para saber que no hay garantías; algunos esposos se resistirán al cambio sin importar con cuanto anhelo los buscan sus esposas o con cuanta inteligencia los confrontan ellas. Pero también hemos interactuado con parejas que han aprendido a valorizarse y honrarse mutuamente, que se inspiran el uno al otro para que sean aquello para lo cual Dios los ha creado, que comparten una amistad abundante, un mutuo respeto, una relación física satisfactoria y una asociación cercana. Estoy pensando en un esposo que tenía dos trabajos para que su esposa pudiera ir en pos de su sueño de convertirse en fotógrafa sin que ella tuviese que preocuparse (inicialmente) por ganar unos ingresos.

Algunas de ustedes tal vez se estén preguntando: «Eso es lo que *yo* quiero, pero no estoy segura de que eso sea lo que *él* quiere. ¿Cómo llego allí desde donde nosotros estamos?».

Seré sincero: usted no puede *cambiar* a un hombre. Pero usted *puede* influir en él o moverlo, un arte mucho más sutil. Y eso es de lo que vamos a hablar en este libro.

ESPERANZA PARA LAS QUE ESTÁN LASTIMADAS

Yo creo que Dios ha escuchado sus oraciones, y *sé* que él ve su dolor. Además, creo que, puesto que él diseñó el matrimonio, usted debe primeramente acudir a él con respecto a la manera en que pueda animar mejor, inspirar, desafiar al hombre con quien se casó, e influenciar apropiadamente en él. Dios quiere que usted se sienta amada, que se le tome en cuenta y que sea atesorada. Él no la creó y la echó a la deriva para que naufrague en el mar de la casualidad o las circunstancias.

Pero este libro se trata de algo más que su esposo, se trata de *usted*. Si bien puede influenciar en su esposo, usted no lo está «criando». Este es un libro para esposas, no para madres, y lo que quiero decir con esto es que usted no es la madre de su esposo. No es su responsabilidad disciplinarlo o ayudarlo a que se porte bien, o venza una adicción. Francamente, si su esposo es adicto y quiere librarse de ello, él va a tener que recibir una convicción de Dios y ser motivado a hacerlo él mismo, no para agradar o incluso retener a su esposa. Le digo esto al principio para librarla de valorizarse a sí misma o su matrimonio en base a las reacciones o la obediencia de su esposo.

Algunos profetas del Antiguo Testamento, evidentemente llamados por Dios, exhortaron a su pueblo a que se arrepintiera, y el pueblo lo hizo. Otros, como Jeremías, vivieron vidas piadosas y llenas de fe, declararon la verdad de Dios valientemente, y vieron a sus oyentes ignorar la verdad de Dios conforme se iban directamente hacia su propia ruina.

Su esposo es un hombre ya hecho. Usted puede hacer todo correctamente, y él aún podría hacerlo todo mal. Eso no es culpa suya. Jamás lo será, y jamás la definirá. Mi amiga, la doctora Melody Rhode, describe el sagrado desafío del matrimonio como «el desafío de aprender a entregarnos en el matrimonio, a un receptor agradecido, un bondadoso socio, o un hoyo negro».

¿Y si su esposo nunca lo entiende? El matrimonio tal como lo diseñó Dios trae como resultado un esposo que la ama como Cristo ama a la iglesia. Esto representa la imagen de un esposo que la bendice, le sirve y la atesora mientras usted se sana, crece y sirve. Dios se interesa por usted. Él la adora, y en su perfecto diseño, esta es la clase de matrimonio y relación que usted va a disfrutar. Debido a la caída de Adán y Eva, sin embargo, demasiados matrimonios se ponen de cabeza, donde a las esposas se les pide que se conviertan en especies de diosas para sus esposos, tratando de rescatar a sus maridos de la ruina y la destrucción. Aquel con quien Dios quiere bendecirla, de este modo, se convierte en una de sus cargas más grandes.

Yo no voy a poner esta carga sobre usted. Usted es la esposa de su marido, no su dios, no su madre, y no su rescatista. Usted tiene sus propias necesidades y muchas otras exigencias, quizás como madre, hermana, amiga, propietaria de un negocio, empleada y, por supuesto, como sierva en el reino de Dios, con su propio llamado y propósito.

La travesía del matrimonio puede, como resultado, hacerla más fuerte. Aprender a amar a un esposo pecador puede ayudarla a depender más del amor, la afirmación, la misericordia y la fortaleza de Dios. Desarrollar nuevas destrezas y practicarlas con su esposo tal vez no lo cambie, pero con toda seguridad la cambiará a usted, y usted es tan importante para Dios y tan amada por él que como persona cambiada es aún un hermoso obsequio para darle al mundo.

Pase lo que pase en su matrimonio, sepa que no está sola. Tiene a un Amigo divino que quiere a su esposo incluso más que usted, pero que también la adora mientras usted trata de ser una influencia positiva en la vida de su esposo.

Las palabras que le dijeron a Daniel al final del libro que lleva su nombre son un bálsamo tranquilizador para toda esposa. Después que «el hombre vestido de lino» le declara la verdad a Daniel y le informa qué debe decir, Daniel pregunta: «Señor, ¿en qué va a parar todo esto?» (12.8). Daniel quería saber si todas sus advertencias iban a ser fructíferas. ¿Serían obedecidas las palabras que Dios le había dado? ¿Escucharían las naciones?

La respuesta es sincera: «Muchos serán purificados y perfeccionados, y quedarán limpios, pero los malvados seguirán en su maldad. Ninguno de ellos entenderá nada, pero los sabios lo entenderán todo» (Daniel 12.10). Él luego agrega: «Pero tú, persevera hasta el fin y descansa, que al final de los tiempos te levantarás para recibir tu recompensa» (12.13).

Esta es una tremenda palabra de esperanza. Algunos, cuando escuchen la verdad, serán perfeccionados, pero algunos malvados continuarán siendo malvados. Así que Daniel debe decir la verdad y saber que al final de los tiempos se levantará para recibir su herencia por parte de Dios. Si los malvados continúan siendo malvados, eso es culpa de los malvados, no de Daniel.

Este es un persuasivo llamado a que las esposas se enfoquen en su relación con Dios con respecto a cualquier «éxito» en influenciar en sus esposos. Cualquier cosa que haga en el matrimonio que sea como resultado de su amor por Dios, siendo inspirada y llena de poder por parte de Dios. Si su esposo es influenciado, usted será bendecida como esposa y él estará abundantemente bendecido por haberse casado con usted. Si él no es influenciado, usted aún será bendecida como una hija de Dios que ha sido fiel a su Señor y que será recompensada por su Dios, aun si jamás es apreciada por su esposo.

Conforme vaya leyendo estas páginas, anhelo que vea la bondad y el interés de Dios entre líneas. Él verdaderamente la ama. Él está íntimamente familiarizado con su situación. Un día, en un futuro no muy lejano, ruego para que usted se despierte en su cama, mire al hombre acostado a su lado y finalmente sienta *esperanza*. Una mujer que se compromete con Dios y que aprende a actuar con su sabiduría es una mujer totalmente capacitada que se está embarcando en un viaje de vida emocionante y transformador. Confío en la realidad de la presencia de Dios en nuestras vidas. Puede sonar como un dicho muy trillado, pero aún es una verdad bíblica: *Nada es imposible para Dios.*

UNA PALABRA DE ADVERTENCIA

Por favor, permítame expresar una salvedad desde el principio: lo que es un buen consejo para muchos matrimonios puede ser un consejo realmente malo para otros. El consejo en este libro no está preparado, y a veces no sería apropiado, para mujeres en matrimonios destructivos y abusivos. Hay un capítulo en el que se tratan los matrimonios abusivos, pero los principios espirituales contenidos en esta obra están diseñados para mujeres que quieren y pueden trabajar en sus matrimonios, no para mujeres que necesitan ser salvadas de sus matrimonios. Es imposible escribir un libro que sea apropiado para todo el mundo. Algunos matrimonios son hermosos, otros son generalmente sanos, pero podrían mejorar aún más. Algunos son difíciles y desconectados, pero pueden ser resucitados. Algunos son destructivos y abusivos, y esta última categoría merece un enfoque totalmente diferente a lo que estaremos hablando aquí. Si usted se pregunta si está en un matrimonio destructivo o abusivo, le recomiendo el libro de Leslie Vernick, *The Emotionally Destructive Marriage* [El matrimonio emocionalmente destructivo].[1]

Por ejemplo, cuando hablo de lidiar con el enojo de su esposo, el enojo «normal» es algo muy diferente en un hombre sano que en un hombre abusivo. De la misma manera, sin embargo, el capítulo 3, donde hablo de «fijación funcional», podría parecer inapropiadamente contencioso si usted se casó con un hombre genuinamente bueno. Una esposa me dijo que su frustración más grande con su esposo era que él dejaba montoncitos de cosas dondequiera que iba, vaciando sus bolsillos y cosas por el estilo. Yo le pregunté cómo lidiaba con ello, y ella me dijo: «Gary, él es un hombre tan bueno, de tantas maneras: él ama al Señor, me trata tan bien, incluso limpia los inodoros. Así que yo recojo los montoncitos y le agradezco a Dios porque él está en mi vida». Si usted está casada con un esposo como ese, tratar de lidiar con un problema bastante menor no sería una cosa sensata.

Estoy escribiendo como un hermano cristiano que ha estado involucrado en el ministerio matrimonial por más de dos décadas. Hay otros libros escritos por terapeutas entrenados, con conocimiento especializado acerca del manejo del abuso y otros problemas. Este libro está diseñado para esposas cristianas que quieren ser una influencia positiva en sus esposos, en matrimonios que están sufriendo, pero pueden llegar a ser sanos, que son sanos, pero podrían ser mejores, o que están sufriendo de apatía y abatimientos normales y necesitan un empujón. Dios ha usado este libro también para rescatar a muchos matrimonios con profundos problemas, pero no hay un libro que pueda tratar todos los desafíos que presentan los matrimonios modernos.

Dicho esto, empecemos.

PARTE 1:

LA REMODELACIÓN DE SU MATRIMONIO EMPIEZA CON *USTED*

CAPÍTULO 1

LA GLORIA DE DIOS EN UNA MUJER

Entendiendo quién es usted en Cristo

Histórica, neurológica, social e incluso bíblicamente, uno puede argumentar que las mujeres tienden a invertir más en sus relaciones y matrimonios que los hombres. No todas las mujeres y no todos los esposos, por supuesto. Pero como lo dice la doctora Melody Rhode, una psicóloga y terapeuta de matrimonios y familia: «Las mujeres están inclinadas hacia sus maridos; simplemente lo estamos». Esta realidad tiene sus raíces en la primera familia.

Allá atrás en Génesis 3, después de la caída en el pecado, Dios le dice a Eva: «Desearás a tu marido» (versículo 16). La palabra *desearás* se ha representado como algo tan fuerte que «se acerca mucho a una enfermedad».[1] Viene de una raíz que connota «un afán violento» por algo.

Algunas mujeres exhiben esto más que otras. Una vez escuché a una mujer describir cómo su marido había tenido una aventura amorosa secreta por más de cuatro años. El esposo había actuado cruelmente de muchas maneras. Él había presentado su amante a su esposa, por ejemplo, y en su ausencia trajo a casa a su amante. De hecho, incluso la llevó a la cama de su esposa. La relación ilícita terminó solo cuando murió la amante.

¿Pero sabe qué fue lo que más me sorprendió? ¡La esposa parecía más preocupada de perder a este hombre que enfrentar una vida con un engañador en serie! Aunque él le había faltado el respeto de la manera más profunda posible, pisoteado su intimidad conyugal y ofendido el lecho matrimonial, ella estaba más temerosa de despertarse sin él que de despertarse junto a él. En efecto, ¡ella realmente quería averiguar más acerca de la amante! ¿Cuál era su apariencia? ¿Qué clase de personalidad tenía? ¿Qué vio su esposo en ella?

Contraste esto con un artículo de preguntas y respuestas de *Sports Illustrated* en el cual se le preguntó a una cantidad de atletas masculinos profesionales si ellos tomarían de regreso a una «novia que se había dado a la fuga», una mujer que los había dejado plantados en el altar y avergonzado delante de su familia y amigos. *Ni un solo atleta dijo que sí.* Uno de los hombres respondió de una manera tan colorida que no pude imprimir su respuesta en este libro.

¿Por qué la discrepancia? En algunos casos, puede ser en verdad que las mujeres son espiritual y emocionalmente más maduras, dispuestas a perdonar por el bienestar de la familia y consideraciones mayores. Pero en otros casos, puede ser algo menos noble que eso. Algunas mujeres jamás se levantan por encima de una tendencia a definirse según la simpatía, o aceptación, que les tengan los hombres. Por desgracia, algunos hombres parecen tener un radar espiritual ultrasensible que detecta esto. Ellos de algún modo intuyen una necesidad espiritual femenina y la explotan para conseguir sus propios propósitos.

No obstante, debido a la obra de Cristo y el poder conquistador del Espíritu Santo, las mujeres cristianas pueden ser libradas de tal dependencia psicológica y destrucción. Considere estas palabras de 1 Corintios 7: «En cualquier caso, cada uno debe vivir conforme a la condición que el Señor le asignó y a la cual Dios lo ha llamado» (versículo 17).

¿Notó la última parte? *A la cual Dios lo ha llamado.*

¿Es esto cierto en su caso? Cuanto más lo sea, más éxito tendrá en influir en su esposo, porque las mujeres débiles generalmente abandonan su influencia.

Si usted no respeta a alguien, probablemente no le importará mucho lo que él o ella piense de usted. Jamás van a *influir* en usted. Cuando a usted no le interesa su opinión, la persona puede hacer lo imposible para comunicarse clara, sincera y prácticamente, pero usted aún no va a escucharla. Asimismo, si su marido no la respeta, ni sus lágrimas ni su perspicacia influirán en él. Su sordera puede estar alimentada por su propia pecaminosidad, pero usted puede protegerse, en parte, rehusándose a valorizar cuánto él la acepta por encima de su identidad como hija de Dios.

Nosotros solo seremos libres cuando Dios, no nuestro estado civil (sea soltera, viuda, casada y feliz, o frustrada en nuestro matrimonio), define quiénes somos. Para tener máxima influencia en nuestro matrimonio, debemos levantarnos por encima de nuestro matrimonio.

Ahora, hagamos un giro positivo con esto. Si alguien que usted realmente respeta, admira muchísimo y con quien disfruta pasar el tiempo viene a usted con una preocupación, ¿no les dará a sus palabras una atención extra? ¿No va a considerar por lo menos que esa persona podría tener razón y que usted necesita prestar atención?

Esto explica por qué el tipo de mujer que mueve a su marido es una mujer que también *impresiona* a su marido. Yo escuché a un hombre hablar a chorros acerca de la perspicacia empresarial de su esposa, mientras otro hablaba maravillas de la inteligencia de su esposa. Un tercer hombre prosiguió continuamente a hablar de la madurez espiritual de su esposa y su habilidad para entender la Biblia. Un marido reservado e introvertido hablaba con gran admiración de la habilidad de su esposa para hacer amigos, mientras otro hombre describía en detalle el logro atlético más reciente de su esposa.

Usted tal vez no se haya dado cuenta, pero a la mayoría de los maridos les gusta hacer alarde de sus esposas. Ellos quizás no se lo digan, pero notan sus cualidades y se enorgullecen de ellas. Mucho más importante que su astucia empresarial o las destrezas sociales es su esencia espiritual. Esto es lo que le dará la fortaleza y el respeto tan necesarios para ser un agente piadoso de cambio en su matrimonio. Y esto bendecirá a su esposo inmensamente. Según 1 Timoteo 3.11, el requisito para que un hombre cumpla un cargo espiritual incluye estar casado con una mujer «honorable».

El primer paso para influir en un hombre es convertirse en esa mujer: la persona singular que Dios creó en usted, en toda su gloria.

¿Qué quiere decir con *gloria*? Quiero decir alguien que irradia la presencia de Dios, cuya mente está llena de su sabiduría, cuya valentía está fortalecida por la afirmación de Dios, cuya osadía se apoya en la seguridad que ella deriva de él, y cuyo espíritu está marcado con el perfectamente balanceado carácter delicado y valiente de Cristo. Lleva tiempo para crecer hasta llegar a ello. Dios la ama mucho, tal como usted es, pero él tiene una visión para usted que abarca todas estas fortalezas.

Entender verdaderamente la naturaleza radical y liberadora del mensaje de Jesús con respecto a las mujeres le ayudará a convertirse en dicha persona. Me gustaría hacer pasar a aquellas de ustedes que se definen en base a la caída en el pecado —«Yo valgo porque les gusto a los hombres»— a definirse en base a su relación con Dios: «Yo soy importante porque he sido creada a la imagen de Dios, soy amada por Dios y con regularidad recibo poder de Dios para hacer una diferencia en este mundo».

FORMADORES DEL MUNDO

La Biblia afirma a las mujeres de una manera que era bastante radical para la época en que fue escrita. El Antiguo Testamento se salió de su entorno cultural para insistir en que las mujeres reflejan el propio carácter e imagen de Dios en forma tan completa como sus parejas masculinas: «Y Dios creó al ser humano a su imagen; lo creó a imagen de Dios. Hombre y mujer los creó» (Génesis 1.27). Desde el principio, sabemos que las mujeres y los hombres *juntos* reflejan la imagen de Dios. Los hombres, por sí mismos, no están a la altura de la tarea; ya que Dios está por encima del género, los hombres solos (o las mujeres solas) no representan adecuadamente su carácter e imagen.

Si bien el apóstol Pablo atribuye cierta importancia al hecho de que Dios creó al hombre primero, si usted ve la línea de la creación, las mujeres son la *culminación*. Todo se vuelve más sofisticado, más elaborado, hasta que finalmente aparece una mujer, y solo entonces es cuando Dios reposa.

De una manera igual de reveladora, la amonestación para actuar en este mundo, formar este mundo, e incluso ejercer dominio sobre este mundo, se le dio a las mujeres al igual que a los hombres: «Y *los* bendijo [al hombre *y* la mujer] con estas palabras: "Sean fructíferos y multiplíquense; llenen la tierra y sométanla; dominen a los peces del mar y a las aves del cielo, y a todos los reptiles que se arrastran por el suelo"» (Génesis 1.28, énfasis añadido).

No se les dijo a las mujeres que se sienten pasivamente al costado y alienten a sus maridos mientras ellos se encargan del espectáculo. Al contrario, desde el principio, las mujeres comparten el mandamiento de Dios para que los seres humanos gobiernen, dominen y estén a cargo de esta tierra. Son cogobernantes.

Algunos teólogos antiguos trataron de corregir esto un poco culpando a Eva por la caída, lo que implica que las mujeres son espiritualmente más débiles, pero la Biblia misma es mucho más justa con las mujeres. Si bien reconoce la complicidad de Eva en la caída en el pecado, también anuncia a toda voz el rol redentor de Eva en el futuro. El relato de Génesis no termina cuando Eva (y Adán) come el fruto. Dios profetiza que, aunque la serpiente «ganó» esta vuelta, su derrota segura y aniquiladora vendría *a través de la mujer*.

Y mientras que los tiempos del Antiguo Testamento favorecieron culturalmente a los hombres, hay, para ser un libro antiguo, una asombrosa cantidad de mujeres heroicas, incluyendo a Rahab, Débora, Jael (Jueces 4.17–22), Ester, y Rut, de quien se dijo ser «mejor... que siete hijos» (Rut 4.15).

JESÚS, AMIGO DE LAS MUJERES

Esta visión sólida y afirmadora de las mujeres continúa en el primer libro del Nuevo Testamento, con la inclusión de mujeres en la genealogía del Mesías (un acto literario que se aparta de la tradición del siglo I). Sí, tenemos a Abraham, David y José, pero también tenemos a Rahab, Rut, María y Betsabé. ¿Quién esperaría tal cosa de una cultura patriarcal e incluso aborrecedora de las mujeres? Requirió que *tanto* hombres *como* mujeres prepararan los eventos humanos que llevaron al nacimiento del Mesías. Dios escogió a mujeres de diversas personalidades y estatus para formar la línea humana que introduciría al Salvador del mundo.

Con igual importancia, Jesús vino a este mundo a través de una mujer. Ni un solo hombre tuvo nada que ver con la concepción inmediata o el nacimiento de nuestro Señor. En cambio, Dios escogió a una mujer para lograr el milagro de la encarnación. Piense en esto: María, una mujer, es la única humana que contribuyó al ADN de Jesús. Jesús es, biológicamente, real y verdaderamente el descendiente de María, mientras que él solo es «espiritualmente» el descendiente de José.

Si bien la noción de que tenemos que derribar a los hombres para levantar a las mujeres es destructiva e inútil, es sin embargo asombroso reconocer cuán a menudo los hombres que rodearon a Jesús simplemente no lo entendían, pero las mujeres sí; y qué sincero es el Nuevo Testamento al respecto. Una vez, un fariseo estaba cenando con Jesús cuando llegó una prostituta y lavó los pies de nuestro Señor con sus lágrimas, y los secó con su cabello (Lucas 7.36–50). Este acto espantó al fariseo, pero Jesús dijo, en esencia: «¡Tú simplemente no lo entiendes! Ella entiende quién soy yo, mientras que tú, con todo tu conocimiento, continúas ciego a mi lugar y gloria».

Además de los despistados fariseos, los discípulos varones de Jesús también a veces revelaban una manera de pensar lenta. Una vez, una mujer derramó un perfume costoso por toda la cabeza de Jesús (Marcos 14.3–9). Algunos de los discípulos se dijeron a sí mismos: «¡Qué desperdicio!» mientras Jesús pensaba: *Por fin, aquí hay alguien que realmente entiende quién soy yo.* De hecho, Jesús declaró que la acción de esta mujer sería recordada dondequiera que su evangelio se predicase. Ni una persona de cien puede nombrar a los doce discípulos, pero la mayoría de la gente ha oído de esta osada mujer. El discípulo llamado Tadeo pasó tres años con Jesús, y no hay un solo registro escrito de algún acto de devoción en particular de parte suya; esta mujer pasó una hora con Jesús y es recordada por todo el mundo.

Jesús también elevó a las mujeres en su enseñanza. En Marcos 10.11, Jesús asombra a sus discípulos cuando les dice: «El que se divorcia de su esposa y se casa con otra, comete adulterio contra la primera». ¿Por qué era esto asombroso? Según la ley rabínica, un hombre podía cometer adulterio en contra de otro *hombre* casado acostándose con la esposa de ese hombre, y una esposa podía cometer adulterio en contra de *su esposo* acostándose con otro hombre, pero no había estipulación de cómo un esposo podía cometer adulterio en contra de su esposa. Jesús «está expresando una reacción en contra de la frecuentemente poca estima de las mujeres, aun en el judaísmo... Esta aguda intensificación del concepto del adulterio tuvo el efecto de elevar el estatus de la esposa al mismo nivel de la dignidad de su esposo».[2] Jesús estaba diciendo a aquellos hombres del siglo I: «Tu esposa tiene el mismo valor ante los ojos de Dios. Es posible que tú peques en contra de ella al igual que es posible que ella peque en contra de ti».

Ahora veamos la muerte de Jesús. Mientras que un discípulo varón traicionó a nuestro Señor y otros diez se encogieron de miedo detrás de puertas cerradas con llave, algunas mujeres valientes se atrevieron a ver los últimos minutos de Jesús en esta tierra. Marcos hace todo lo posible para enfatizar la escena al pie de la cruz: «Algunas mujeres miraban desde lejos. Entre ellas estaban María Magdalena, María la madre de Jacobo el menor y de José, y Salomé. Estas mujeres lo habían seguido y atendido cuando estaba en Galilea. *Además, había allí muchas otras que habían subido con él a Jerusalén*» (Marcos 15.40–41, énfasis añadido). En los momentos más difíciles de Jesús, él estuvo apoyado por muchas mujeres. Los lectores modernos podrían pasar por alto este hecho en la narrativa, pero en la historia inicial de la iglesia, esta fue una verdad sorprendente y un desafío para cualquier falso concepto de la superioridad masculina.

Pero quizás la declaración más osada vino después que murió Jesús y fue resucitado de entre los muertos. Según la antigua ley de los fariseos, el testimonio de una mujer era inadmisible en un tribunal por ser considerado demasiado indigno de confianza. Solo los hombres podían dar testimonio. Así que cuando Jesús se levantó de entre los muertos —el evento más importante jamás ocurrido o que jamás ocurrirá— ¿quién estuvo presente como testigo y para dar testimonio? ¡Mujeres! Jesús intencionadamente usa a las mujeres, cuyo testimonio no podía ser escuchado entonces en las cortes contemporáneas de la ley, para proclamar su gloriosa resurrección.

Esta elevación de las mujeres en todos los puntos de las pronunciaciones teológicas, relatos históricos y enseñanzas prácticas debería asombrarnos, dada la cultura orientada hacia los hombres en la cual se formó la Biblia. Deje que las palabras de la Biblia limpien cualquier noción cultural errónea que usted pueda tener que represente en forma inexacta el concepto que Dios tiene de las mujeres.

La Biblia presenta a la mujer como alguien que lleva una marcada imagen de Dios, capaz de resistir al mundo, influenciando poderosamente en los hombres y la cultura (tenga como testigo a Débora en la Biblia o Teresa de Ávila en la historia) conforme vive la vida que Dios creó para ella. A pesar de los mensajes negativos que usted tal vez haya recibido, sea de su familia, iglesia, o cultura, usted necesita:

- comprender la gloria de ser una mujer hecha a la imagen de Dios
- experimentar la fortaleza que tiene como receptora de su Espíritu Santo

- encontrar refugio en el valor y propósito que tiene como su hija

Mediante este poderoso núcleo espiritual, usted puede influir en el mundo, incluyendo a su esposo. *Dios, no su estado civil o la condición de su matrimonio, define su vida.*

Creo que usted le debe al Dios que la creó —y a usted misma, al esposo que se casó con usted y a cualquier hijo que usted haya dado a luz— convertirse en la mujer para lo cual Dios la diseñó, en toda su gloria, poder, fortaleza y sabiduría.

CUANDO EL MATRIMONIO SE CONVIERTE EN IDOLATRÍA

Apliquemos teología simple aquí. ¿Quién dice la Biblia que es su refugio: Dios, o su marido? Deuteronomio 33.27 provee la respuesta: «El Dios eterno es tu refugio; por siempre te sostiene entre sus brazos».

¿En quién reposa nuestra esperanza? ¿El afecto continuo de su esposo? En 1 Pedro 1.21 dice: «Su fe y su esperanza están puestas en Dios».

¿Dónde encontrará usted su seguridad? ¿En usted y en la capacidad de su esposo de ganarse la vida y el compromiso de su esposo de permanecer casado con usted? Filipenses 4.19 contesta: «Así que mi Dios les proveerá de todo lo que necesiten, conforme a las gloriosas riquezas que tiene en Cristo Jesús».

¿Dónde hallará la máxima aceptación que jamás se desvanecerá o fallará durante todos los días de su vida? Dice Isaías 62.5: «Como un novio que se regocija por su novia, así tu Dios se regocijará por ti».

Si usted está tratando de encontrar su refugio principal en su marido, si ha centrado su esperanza en él, si su seguridad depende de su aprobación, y si usted va a hacer casi cualquier cosa para ganarse su aceptación, entonces le ha dado a un hombre lo que legítimamente le pertenece solo a Dios.

Y eso significa que usted ha convertido el matrimonio en idolatría.

Cuando usted hace eso, tanto usted como su esposo pierden. Usted no puede amar a un falso ídolo por mucho tiempo. Sencillamente no puede. Puede adorarlo por un tiempo, pero en última instancia las limitaciones de ese ídolo saldrán a la luz, y usted se volverá amargada y resentida. Con la misma seguridad que un trozo de madera no puede hablar sabiamente, así un hombre no puede amarla de la manera en que Dios la creó para que fuese amada. ¿Y qué sucede cuando un ídolo la defrauda? Amargura, tristeza y a veces desesperación.

Además, ¿cómo encontrará alguna vez el valor para confrontar a alguien cuya aceptación determina tanto su sentido de bienestar que usted cree que no puede existir sin él? ¿Cómo correrá el riesgo de decir lo que se necesita decir si usted piensa que su futuro depende del favor de su esposo hacia usted?

Su futuro depende de Dios, no de un hombre pecador. Su seguridad reposa en la bondadosa providencia de Dios, no en el sueldo de su marido. Su aceptación como persona se hizo segura cuando Dios la adoptó, no cuando su esposo le propuso matrimonio. Si verdaderamente quiere amar, motivar e influir en su esposo, su primer paso debe ser permanecer conectada con Dios. Encuentre su refugio, seguridad, consuelo, fortaleza y esperanza en él.

LA HISTORIA DE ANDREA

Andrea admite libremente: «Yo era la esposa que anhelaba ser aceptada y elogiada por mi esposo. Diligentemente cocinaba recetas nuevas para ganarme su aprobación, y luego me sentía defraudada por su desaprobación y duros comentarios acerca de cómo pudo haber salido mejor. Compartía ideas y pensamientos de negocios que el Señor había puesto en mi corazón ese día o esa semana, y luego mi esposo me decía por qué no iban a funcionar, sin realmente ponerlas a prueba».

Quizás el momento que más me impactó fue cuando su hijo estaba manejando con Andrea y oró para invitar a que el Señor entrara en su corazón. Con gran emoción, Andrea llamó a su esposo para contarle las buenas nuevas, y luego se encontró con la enojada exigencia de por qué no pudieron haber esperado hasta que él llegara a casa.

«Quedé hecha trizas», recuerda Andrea. «Y cosas así ocurrían casi todos los días. Apenas puedo describir cuánto esperaba y deseaba ser aprobada y elogiada por mi esposo. Todo esto me hacía vivir en un constante estado de desánimo».

Esto siguió por una década hasta que un día, cuando Andrea estaba por darse por vencida de la esperanza de tener la vida que ella soñaba, una amiga la desafió: «Tú estás esperando que tu esposo cristiano se una a ti cuando claramente no va a hacerlo. Estás desperdiciando tu valor y propósito al esperar por otra persona. Tú puedes empezar a vivir en el Señor ahora y ve si eso despierta a tu marido».

Andrea empezó a buscar a Dios como nunca lo había hecho. Se puso a solas con él, apartaba tiempo cada día para orar y leer la Biblia y escribir un diario. Empezó a estar al tanto de lo que Dios decía, y como dijo ella: «Empecé a enamorarme de Jesús en vez de enamorarme de mi marido».

No es que ella dejó de amar a su marido o que lo amaba menos; es que se despertó a la realidad de que tenía que dejar de vivir para lograr la aprobación de su esposo, lo cual no estaba logrando en absoluto, y empezar a ir en pos del amor de Dios, el cual es dado libremente.

«Dios me dejó en claro que solo él era suficiente para satisfacer todo anhelo y sed de favor y aprobación».

Alrededor de un año después de cambiar su enfoque y acercamiento, Andrea finalmente empezó a ver un cambio en su esposo. No ha sido drástico, pero tampoco es insignificante. «Él se ha vuelto más suave y más abierto a escuchar lo que digo. También lo he visto empezar a pasar más tiempo con el Señor por su propia cuenta. Parece que cuanto más me ve enamorándome del Señor, más va en pos de Dios».

Si bien Andrea está agradecida por este cambio, ella también admite que no es como si los problemas se hubieran «resuelto». «Yo sigo creciendo; aún no he pasado completamente al otro lado. Y sinceramente, no sé si nuestra relación es diferente o es que *yo soy* diferente. Me aferro a Éxodo 14.14: «Ustedes quédense quietos, que el Señor presentará batalla por ustedes».

¿Qué es lo que más ha cambiado para ella, entonces, si no es su esposo?

«Éxodo 14.14 quiere decir que yo le llevo mi petición a Dios en vez de a mi esposo. Acepto que Dios tiene todo bajo su control, y tengo más paz».

Yo aprecio la sinceridad de la historia de Andrea. Su enfoque espiritual no ha cambiado todo, pero lo ha mejorado. Ella ha influido positivamente en su esposo por lo menos un poquito en la dirección correcta, pero su matrimonio aún es un trabajo en progreso. Lo que la sostiene, no obstante, es que ella es una persona diferente, con más paz y el gozo de saber que es aceptada, amada y adorada por su Padre celestial. Así que, si aún este enfoque no cambia a su marido, valdrá la pena por la manera en que podría cambiarla a usted y su perspectiva.

Le animo a que reconsidere y afirme su posición bíblica como mujer. Con más frecuencia de lo que se piensa, esto será un proceso; quizás tendrá que orar usando los versículos bíblicos de este capítulo hasta que se vuelvan reales para usted. Pero *no debe* aceptar cualquier identidad que le dé menos de lo que le ofrece la Biblia. Antes de correr la carrera, usted tiene que entrenar. Antes de que pueda influir en alguien, usted debe volverse espiritualmente fuerte.

PREGUNTAS PARA DISCUTIR Y REFLEXIONAR

1. ¿Cuál es la diferencia entre tratar de *cambiar* a un hombre y tratar de *influir* en él?

2. ¿Cree usted que es cierto que las mujeres tienden a invertir más en sus matrimonios que los hombres? Si lo es, ¿por qué cree que es así? ¿Cuáles son los desafíos de esa realidad?

3. Si usted «agarrara» a su esposo jactándose de usted, ¿qué piensa que él estaría diciendo? ¿Qué le gustaría escucharlo decir en el futuro? Identifique algunas cosas que usted puede empezar a hacer para desarrollar esto.

4. En una escala del uno al diez, en la que uno es: «Me siento lo mejor posible cuando les gusto a los hombres y me prestan atención», y diez es: «Yo creo que soy valiosa porque he sido creada a la imagen de Dios y soy amada por él», ¿en qué categoría se encontraría? ¿Qué pueden hacer las mujeres, por sí mismas y para alentar a otras mujeres, para subir en esa escala?

5. ¿Cómo se compara su imagen como mujer con las Escrituras que compartió Gary en este capítulo? ¿Qué fue compatible? ¿Qué fue diferente?

6. ¿Cuáles son las señales de una mujer que ha convertido su matrimonio en idolatría? ¿Cómo el hacer esto socavaría el poder de una mujer para influir positivamente en su esposo de una manera piadosa?

CAPÍTULO 2

«SÉ DIGNA DE MÍ»

Cómo Dios usa las debilidades de
otros para ayudarnos a crecer

El autor de gran éxito de ventas e historiador David McCullough se encontró con una carta sorprendente de John Adams, escrita para su esposa, Abigail, en todo el ardor de la Guerra Revolucionaria: «Nosotros no podemos garantizar el éxito en esta guerra, pero podemos hacer algo mejor. Podemos merecerlo».

Posteriormente, McCullough leyó otra carta, esta vez una de George Washington, que usa exactamente la misma expresión. Él investigó el uso de estas palabras hasta remontarse a una obra teatral llamada *Cato*. Esta expresión resume el espíritu detrás del nacimiento de nuestro país, y puede ayudar a las mujeres modernas a reformar sus matrimonios. McCullough explica: «La expresión en la carta de Adams está diciendo que cómo termina la guerra está en las manos de Dios. Nosotros no podemos controlar eso, pero podemos controlar cómo nos comportamos. Podemos merecer el éxito».[1]

El mismo principio es cierto para usted en su matrimonio. Usted no puede garantizar cómo terminará todo; usted definitivamente no puede controlar a otro ser humano. Pero *puede* «merecer» el éxito. Usted puede actuar de tal manera que la transformación sea más probable.

Esto no es para poner toda la responsabilidad de su matrimonio sobre usted. Es posible que una mujer pueda hacer todo lo correcto, y un esposo de corazón duro tal vez aún no responda. Eso no significa que *usted* falló; significa que *su esposo* falló. Realmente se trata más de darle a su esposo la mejor posibilidad de responder de una manera positiva a Dios y a usted, pero él siempre será en última instancia responsable por su respuesta.

En lo que a usted respecta, sin embargo, yo quiero que piense en algo: ¿Y si las fallas de su esposo son herramientas de Dios para amoldarla? ¿Y si la misma cosa que más le molesta de su esposo constituye en el plan de Dios enseñarle algo nuevo? Por supuesto, no estoy hablando de violencia o terror emocional, ¿pero y si Dios está dándole la oportunidad de convertirse en una creyente más fuerte y una persona que mejor se acopla por medio del contacto diario con un hombre muy imperfecto? Si usted cree que tiene para crecer y quiere crecer, su matrimonio puede convertirse en un «gimnasio espiritual» para hacerla espiritual y con más fuerte capacidad para relacionarse, más preparada y más saludable.

Por ejemplo, ¿y si Dios le está enseñando a tener el valor de decir la verdad en amor, de dejar de permitir que continúe la conducta destructiva, o aprender a ver su valor y dignidad en quién *él* dice que usted es y no quién su esposo dice que usted es? La obra de Dios en su matrimonio difícil puede que no se limite a hacerla más paciente, amorosa, cortés, o con más capacidad para perdonar; también podría tratarse de formar en usted los elementos intrépidos de la espiritualidad madura, como vencer el mal con el bien, rehusarse a mantener secretos destructivos, descubrir cómo evitar conspirar con el pecado, defender la justicia, etc. No debería sorprenderla cuando pregunte aquí, como lo he hecho antes: «¿Y si Dios diseñó el matrimonio para santificarnos más que para hacernos felices?».*

«SÉ DIGNA DE MÍ»

El impresionante éxito militar de Napoleón Bonaparte encontró un rival solo en su furioso ego. En una carta, él censuró a su esposa: «Yo insisto en que tengas más fuerza. Me dicen que tú siempre estás llorando. ¡Qué vergüenza, eso es muy malo!... Sé digna de mí y desarrolla un carácter más fuerte.

---

* Este es el subtítulo de mi libro *Matrimonio sagrado* (Nashville: Editorial Vida, 2011).

Haz una demostración apropiada en París... Si siempre estás llorando voy a pensar que tú no tienes valentía o carácter. No me gustan los cobardes. Una emperatriz debe tener un corazón fuerte».[2]

Si bien la condescendencia de Napoleón produce náuseas y nos ofende, yo pienso que él se tropezó con un interesante giro de la frase: «Sé digna de mí». Esta debe ser la meta de todo esposo y esposa: un hombre que aspira a ser digno de su esposa, y una esposa que aspira a ser digna de su esposo.

En nuestra cultura obsesionada con la autoestima, decirle a alguien que él o ella necesitan llegar a ser personas dignas suena como anatema, pero hay un precedente bíblico de esto. Jesús dice que cualquiera que no toma su cruz no es digno de él (Mateo 10.38). Pablo insta a los efesios a que «vivan de una manera digna del llamamiento que han recibido» (4.1). A los santos se les exhorta para que sean dignos, o se les elogia por ser dignos, en Filipenses 1.27, Colosenses 1.10, 1 Tesalonicenses 2.12, 2 Tesalonicenses 1.11, 3 Juan 6, y Apocalipsis 3.4.

Estos pasajes no se tratan de ganarse la salvación, así como sus acciones hacia su esposo no se tratan de «ganarse» su matrimonio. Usted ya es salva, y ya está casada. Estos versículos tratan del continuo compromiso de vivir a la altura de lo que usted ya es.

Como hija de Dios con un alto llamamiento, llene su mente con la Escritura, entregue su corazón a la fortalecedora obra del Espíritu Santo, y comprométase a amar a otros profundamente, de todo corazón. Y en el matrimonio, tome el llamado a ser una esposa en el mejor sentido de la palabra. No lo dé por sentado o se canse de las responsabilidades de una esposa. Tenga tantas ganas ahora como las tuvo en el día que se casó. Permita que su esposo sea bendecido con su comprensión, su valentía, su gracia y su apoyo.

Napoleón se refiere a su esposa como «emperatriz», pero la Biblia se refiere a usted como reina. Génesis 1 nos dice que Dios bendijo al hombre y la mujer, y les dijo que ejercieran dominio (versículo 28). En el Nuevo Testamento, a usted se le llama «linaje escogido, real sacerdocio, nación santa, pueblo que pertenece a Dios, para que proclamen las obras maravillosas de aquel que los llamó de las tinieblas a su luz admirable» (1 Pedro 2.9). El libro de Apocalipsis habla de aquellos por quienes murió Jesús para salvar: «De ellos hiciste un reino; los hiciste sacerdotes al servicio de nuestro Dios, y reinarán sobre la tierra» (5.10) y después añade que los seguidores de Dios «reinarán por los siglos de los siglos» (22.5).

Por supuesto, todos nosotros reinamos como vicegobernantes bajo el Rey de reyes, llamados por Jesús para buscar primeramente el reino de Dios, no el nuestro, pero es evidente que Dios no creó a las mujeres para que fuesen víctimas pasivas esperando ser salvadas por los hombres. Cualquier noción como esta es cultural, no bíblica. En Cristo, ¡usted está llena del Espíritu Santo! Usted puede tomar el mando como la gobernante que Dios creó. Usted, por lo tanto, no tiene que esperar a que algo suceda; *Dios puede darle poder y luego usarla para hacer que algo suceda.*

En vez de descansar en lo que ya es («Soy una creyente, así que realmente no importa el crecimiento»; «él ya se casó conmigo, así que realmente no importa si desarrollo como esposa»), decida convertirse en la sierva de Dios madura e influyente y la esposa de su marido que Dios quiere que usted sea. Permanecer comprometida con su matrimonio así puede reforzar su determinación de permanecer comprometida con su fe. Con Cristo en nosotros y el Espíritu Santo transformándonos, no tenemos excusa para persistir en la inmadurez. El apóstol Pablo encargó a Timoteo a que desarrollara completamente los dones que Dios le había dado, y luego escribió: «Sé diligente en estos asuntos; entrégate de lleno a ellos, de modo que todos puedan ver que estás progresando» (1 Timoteo 4.15). Pablo quiere que Timoteo sepa: «Tú no eres perfecto, pero la gente debe ver el *progreso* en tu vida. En cinco años debes ser más sabio, más fuerte y más maduro en carácter que lo que eres ahora».

Mi esposa se casó con una persona muy inmadura de veintidós años. Yo sinceramente espero que su esposo sea ahora más maduro, más amoroso y menos egoísta que lo que era en aquel entonces. Y oro fervorosamente para que, en otros diez años, su esposo se vuelva mucho más maduro, mucho más amoroso, mucho más bondadoso, más sabio y más desinteresado.

Este crecimiento no sucederá por accidente, por supuesto. No ocurrirá a menos que yo sea, para usar las palabras de Pablo, «diligente en estos asuntos», a menos que yo tenga «cuidado de [mi] conducta y de [mi] enseñanza» (1 Timoteo 4.16) y «persevere» en todo ello. Si yo no crezco, mi esposa me pasará en crecimiento. Yo no puedo darle a Lisa un marido perfecto, pero desde luego no quiero darle uno espiritualmente perezoso. Quiero llegar a ser «digno» de ella. Tal vez nunca llegue a serlo completamente, pero no será por no intentarlo. Jamás seré tan delgado como una vez lo fui, y jamás tendré el cabello que tuve en ese entonces, pero puedo convertirme en un hombre cuyo carácter opaca a la distancia al de ese joven de veintidós años con quien ella se casó.

En la medida en que esto se relacione con su matrimonio, cuando usted crece en carácter, cuando usted planta sus raíces espirituales profundamente, cuando usted aprende a escuchar la voz de Dios y edifica su mente con su sabiduría, cuando permite que el Espíritu Santo transforme su carácter y remodele su corazón, entonces usted podrá hacer que su esposo se enamore de usted una y otra vez (asumiendo, por supuesto, que él valorice la piedad), y él estará más motivado a mantener su respeto y afecto. Mi esposa tiene ahora más de cincuenta años, pero cuando veo su fe en acción, aumenta mi cariño por ella día tras día. Nada se compara a estar casado con una mujer devota, nada. Y nada se vuelve más aburrido con más rapidez que vivir con una esposa narcisista, o débil, o una temerosa.

Si usted se casó con un hombre bueno, su esposo la escogió tal como usted era y la acepta tal como es, pero usted puede bendecirlo con la mujer en la que quiere convertirse. ¿Lo hará? ¿Honrará su fe en usted convirtiéndose en una mujer con la que él solo podría soñar?

La otra clave es dejar un ejemplo para sus hijos. Si usted no puede darles a sus hijos dos padres devotos, por lo menos deles uno. Deje que sus hijos vean la diferencia que Dios marca en una vida. Si bien sería ideal que ellos vean tanto a una madre como a un padre ir en pos de Dios, tal vez usted solo pueda ofrecer un contraste entre un padre que está profundamente enamorado de Dios y otro que está ligeramente interesado en Dios, o que pretende ser devoto, pero es un impostor. Entréguese a Dios completamente para que puedan ver directamente la diferencia que Dios hace.

PERSEVERANCIA DOLOROSA (PERO CON PROPÓSITO)

Otra razón por la cual es importante que nosotros nos concentremos en nuestro propio crecimiento es para que podamos luchar con más éxito en contra del pecado del orgullo, el cual constantemente nos tienta a enfocarnos en cambiar a nuestros cónyuges mientras nos descuidamos de nuestras propias debilidades. Jesús nos advirtió en contra de esto con sorprendentes palabras fuertes: «¿Por qué te fijas en la astilla que tiene tu hermano en el ojo y no le das importancia a la viga que tienes en el tuyo? ¿Cómo puedes decirle a tu hermano: "Hermano, déjame sacarte la astilla del ojo", cuando tú mismo no te das cuenta de la viga en el tuyo? ¡Hipócrita! Saca primero la viga de tu propio ojo, y entonces verás con claridad para sacar la astilla del ojo de tu hermano» (Lucas 6.41–42).

La restauración de su matrimonio *empieza con usted*. No estoy diciendo que sea malo desear más de su esposo. No estoy negando que usted podría disfrutar su matrimonio más si su esposo dejase algunos malos hábitos y le prestara más atención (motivo por el cual vamos a hablar de las estrategias en capítulos posteriores para hacer precisamente esto). Yo *estoy* diciendo que si usted usa este libro para enfocarse en cambiar a su marido de tal manera que se descuida de crecer, todo lo que he hecho es inspirar a otro fariseo, no la mujer piadosa que Dios busca.

Tenga en cuenta esta perspectiva a lo largo de todo este libro.

¿Cómo está usando Dios la realidad de vivir con un hombre imperfecto para enseñarle a crecer en paciencia y entendimiento? Aquí tenemos un ejemplo. El esposo de Mary Ann, Patrick, se cayó de un camión cuando era más joven y aterrizó sobre el cemento, sufriendo una lesión en la cabeza. Él sobrevivió, pero los doctores tuvieron que remover una gran parte del lóbulo frontal derecho de su cerebro y también la punta de su lóbulo frontal izquierdo. Patrick volvió a aprender a caminar y hablar, pero perdió su memoria a corto plazo. Él vive con una retención máxima de dos minutos. Él puede aprender cosas, pero hay que repetirlas una y otra vez hasta que esas acciones se vuelvan parte de su memoria a largo plazo.

Patrick reparte cartas en la Segunda Iglesia Bautista de Houston, Texas. Empezó contando pasos y grabándose los pasillos, y de vez en cuando llamaba a Mary Ann (quien también trabaja en esa iglesia) para que pudiera ayudarlo a encontrar el camino de regreso. Ahora, después de veinticinco años, él ya no necesita notas e incluso puede dirigir a los invitados. A menudo les habla para decirles a dónde necesitan ir (pero tiene que escribir en su mano dónde deja el carrito del correo para que lo pueda encontrar después).

Mary Ann conoció a Patrick en el coro. La música es lo que se le pega a Patrick la primera vez que la escucha. Él puede escuchar una canción una vez y a partir de allí canta toda la letra. «La mente es una cosa asombrosamente misteriosa», dice Mary Ann maravillada.

Comprensiblemente, las esposas con frecuencia se alteran por la memoria de sus maridos cuando se trata de fechas de cumpleaños, citas, mandados, lo que sea. ¡Imagínese los desafíos de un marido que no puede recordar los últimos dos minutos! Sin embargo, Mary Ann se enfoca en las bendiciones.

«El Señor me ha enseñado tantas cosas maravillosas como esposa de Patrick», dice Mary Ann. «La mayoría de la gente piensa que tener este problema con la memoria es muy estresante en un matrimonio, y por lo tanto asumen que es una cosa negativa. Desde luego tiene sus inconvenientes, pero el Señor me ha revelado grandes lecciones a través de la aflicción de Patrick. Siempre escuché que cuando confesamos nuestro pecado al Señor, él es fiel para oírnos y perdonarnos, y nos arrepentimos y caminamos en su gracia. Él no está esperando que nosotros volvamos a meter la pata para poder recordarnos que repetimos un pecado. Yo siempre he tenido ese conocimiento intelectual, pero tengo una personalidad que quiere agradar. No me es fácil perdonarme o dejar la culpa. Con Patrick, si tenemos un desacuerdo o una pequeña desavenencia en nuestra relación, necesitamos resolverlo inmediatamente, o Patrick se olvidará de ello y jamás podremos resolverlo.

«Cuando yo me aferro a algo que se le pasó a la memoria de Patrick, él ve mi sufrimiento y me pregunta: "¿Hice algo malo o alguien te ha lastimado?" Yo le digo que me estaba sintiendo mal porque había sido impaciente con él o le había hablado duramente. Él me pregunta: "¿Lo hablamos detenidamente?".

»"Sí, lo hicimos, y tú me perdonaste, pero todavía me siento mal que haya sucedido". Después él me dice: "Mary Ann, si hablamos y confesamos nuestros errores y los corregimos, yo por cierto ni siquiera lo recuerdo, así que no quiero que tú desperdicies otro momento de gozo que pudieras tener por algo que ni siquiera recuerdo"».

He aquí lo que es tan asombroso y poderoso: Mary Ann por fin se ha dado cuenta de que, en su memoria de corto plazo, Patrick es exactamente como Dios cuando se trata de nuestros pecados. Cuando nos arrepentimos y somos perdonados, pero nos aferramos a la culpa y dejamos que nos quite el gozo, nos estamos aferrando a algo que Dios ya olvidó. Mary Ann dice: «El Señor sonríe y dice: "Hija, tú has sido perdonada, ve y no peques más y vive en la abundancia del gozo que yo deseo para ti". Es a través de Patrick que finalmente me di cuenta de que el Señor sí me perdona cuando confieso y me arrepiento, y él no quiere que yo desperdicie mi tiempo con la culpa o el temor de que vaya a repetir el pecado, sino que quiere verme avanzando gozosamente en su gracia».

Mary Ann se ríe de una manera tierna cuando habla del ministerio especial de Patrick con el personal de la iglesia. Cuando él ve a alguien que claramente está teniendo un mal día, con gusto lo escucha y lo deja desahogarse, recordándole: «Tú me puedes decir cualquier cosa y desahogarte. Yo no se lo diré a nadie porque no lo voy a recordar dentro de dos minutos. Pero si te hace sentir mejor diciéndolo en voz alta y te ayuda a superarlo, estoy aquí a tu disposición. Y jamás tendrás que mirarme con culpa porque ni siquiera recordaré la conversación».

Mary Ann dice: «No te puedo decir cuántas veces una chica o un chico me ha llamado para decir: "Patrick me acaba de bendecir hoy escuchando, y yo quería que supieras para que le puedas decir que él fue una bendición para mí"». Ella añade: «Tal vez tenga que bregar con recordarle a Patrick tres veces que saque la basura —eso es simplemente parte de lo que tenemos que hacer— pero yo acepto eso porque soy una mujer bendecida en particular que jamás haré que me resientan por un pecado o falla en mi carácter, o me lo aplasten en la cabeza, o me lo saquen en cara otra vez. Nunca regresa como una estocada en una pelea o discusión. Recordarle a Patrick que saque la basura palidece en comparación con eso».

Yo entiendo completamente que hay una diferencia entre mostrar compasión y entendimiento a un esposo cuyas limitaciones surgen de un accidente en vez de una disponibilidad deliberada. A algunos hombres se les sirve mejor con extrapaciencia por sus debilidades, mientras que a otros quizás se les sirva mejor cuando sus esposas dejen de encubrir la conducta irresponsable o la pereza.

En cualquiera de los casos, usted protege su corazón del resentimiento rehusándose a enfocarse solo en las frustraciones y desafíos, y moviéndose también para reconocer las oportunidades para ganar mayor entendimiento espiritual y fortaleza. Así como un atleta consumado puede estar agradecido por una agotadora rutina de ejercicio, también usted, como «consumada esposa», puede estar agradecida por una oportunidad para fortalecerse más en amor y carácter.

El desafío del matrimonio es que cuando usted está casada con un hombre defectuoso (y todos los hombres son defectuosos de alguna manera), no se limita a aprender a manejar algo una o dos veces; se trata de aprender a vivir con ese defecto quizás por el resto de su vida. Eso es un llamado a la perseverancia.

Dios podría, por supuesto, decir la palabra, y su problema quedaría resuelto; ¡listo! Pero no es así como Dios generalmente trabaja. Él nos deja que enfrentemos problemas que nos hacen sentir completamente inadecuados. Él incluso podría hacer que enfrentemos detenidamente nuestros más profundos temores para que podamos crecer en él.

La Biblia es firme al respecto. El crecimiento espiritual se lleva a cabo perseverando en medio de los tiempos difíciles:

- «No solo en esto, sino también en nuestros sufrimientos, porque sabemos que el sufrimiento produce perseverancia; la perseverancia entereza de carácter; la entereza de carácter, esperanza. Y esta esperanza no nos defrauda» (Romanos 5.3–5).
- «Hermanos míos, considérense muy dichosos cuando tengan que enfrentarse con diversas pruebas, pues ya saben que la prueba de su fe produce constancia. Y la constancia debe llevar a feliz término la obra, para que sean perfectos e íntegros, sin que les falte nada» (Santiago 1.2–4).
- «La fe de ustedes, que vale mucho más que el oro, al ser acrisolada por las pruebas demostrará que es digna de aprobación, gloria y honor cuando Jesucristo se revele» (1 Pedro 1.7).

La mayoría de nosotros jamás enfrentará la persecución física con la que estos versículos tratan directamente (y no deben usarse erróneamente para mantener a las mujeres atrapadas en un matrimonio que trata de lastimarlas), pero sí enfrentamos pruebas espirituales y relacionales con el mismo efecto. Dios puede usar su matrimonio para convertirla en una mujer más fuerte, más sabia y más completa, si usted no huye de los desafíos que representa el estar casada con su esposo.

LA ECUACIÓN DEL CAMBIO

Su matrimonio no es solo un número en una escala del 1 al 10; es una ecuación matemática: $a + b = c$. Su esposo podría ser la a, un número que usted definitivamente no puede cambiar. Pero si usted cambia la b (esa es usted), influye en el resultado total de su matrimonio: $a + 2b = d$. Esa es tanto la belleza (el cambio siempre es posible, aun si es en forma unilateral) como la frustración (la naturaleza de ese cambio es limitada y no garantizada) de las relaciones humanas. También es la razón por la cual este libro se enfoca en la manera en que una mujer puede *influir* —o mejor dicho amar— en un hombre, no en cómo una mujer puede *cambiar* a un hombre.

Es totalmente natural y saludable soñar grandes cosas para su esposo, pero eso es muy distinto a *exigir* egoístamente esas cosas.[3] Cuando sueña algo de manera positiva, usted se ofrece a Dios como instrumento de amor, cambio y transformación espiritual. Cuando exige que alguien cambie para bienestar suyo, usted está tratando literalmente de que el mundo gire en torno a su comodidad, sus necesidades y su felicidad. Eso es orgullo, arrogancia y egocentrismo, y Dios jamás bendecirá *eso*.

Así que expresemos nuestras expectativas desde el principio. ¿Qué sueña para su esposo? Tal vez quiera que beba menos, que preste más atención a los hijos, que ore con usted, o que lea con usted. O quizás quiera que deje de dar riendas sueltas a su temperamento, que deje de ver pornografía, o que sea más líder espiritual. Las probabilidades de que usted quiera que su esposo sea más consciente de su manera de relacionarse y se involucre más son bastante buenas.

Hay buenos sueños. Cualquier hombre recibiría una tremenda bendición si tan solo uno de ellos se convirtiera en realidad. La buena noticia es que usted y Dios están en esto juntos. Él sabía, incluso antes de crearla, con quién usted se iba a casar. Y él continuará dándole las herramientas que necesita para llegar a ser la persona a quien él llamó y hacer la obra para la cual él la creó dentro de su relación actual. Dios *jamás* la dejaría sola en ninguna situación: «[Él] nunca los dejará ni los abandonará» (Deuteronomio 31.6). Incluso si se casó con una persona no cristiana, la gracia de Dios es suficiente para usted. No puede cavar un hueco tan profundo que la separe de la provisión, el cuidado y la fortaleza vigorizante de Dios. Sí, nuestras decisiones pueden traer como resultado consecuencias desagradables, pero incluso ahí, Dios nos ayuda a soportarlo o cobrar valor para enfrentarlo.

Ese es el mensaje que quiero comunicar: usted y Dios están en esto juntos, y él está empezando a remodelar su matrimonio con usted. Deje que él la transforme conforme usted trata de mover a su esposo. Si bien quizás nunca logre los resultados que tiene en mente, usted puede cambiar la ecuación de su matrimonio remodelándose a sí misma. Comience por comprender la gloria de ser una mujer devota y actuar con la fortaleza y firmeza de una mujer que comprende que fue creada a la imagen de Dios, que sus pecados fueron perdonados por medio de la obra de Jesucristo, y que ha recibido dones y poder del Espíritu Santo de Dios para vivir la vida que Dios la ha llamado a vivir.

Usted tal vez tomó este libro simplemente para averiguar cómo poder motivar o incluso transformar a su esposo. Yo estoy aquí para decirle que, aunque esta causa puede ser muy noble, es demasiado pequeña para usted. Dios la creó para que renueve *el mundo*. Al enfrentar valientemente los desafíos que todo matrimonio enfrenta, y dejar que Dios *la* cambie en el proceso, algo maravilloso sucede: la formación de una mujer nueva, llena de vida para las cosas de Dios, que puede tomar las lecciones que aprende en casa y aplicarlas en todos los demás lugares.

«Nosotros no podemos garantizar el éxito en esta guerra, pero podemos hacer algo mejor. Podemos merecerlo».

APRENDIENDO A RECIBIR AMOR

Yo he estado escribiendo en este capítulo acerca de cómo Dios puede usar su matrimonio para enseñarla a amar, pero quiero terminarlo con un giro: casarse con un hombre imperfecto es una de las maneras en que Dios puede ayudarla a *recibir* su amor divino. En otras palabras, el matrimonio no es sustentado principalmente por el amor que usted le brinda a su esposo; es principalmente sustentado por el amor que recibe de Dios.

Primera de Juan 4.19 nos dice: «Nosotros amamos [a Dios] porque él nos amó primero». Si usted es como yo, tal vez piense que el amor de Dios sea casi un «lujo» cuando las cosas están yendo bien —simplemente no siente que lo necesite mucho—, pero cuando las cosas se están derrumbando, el amor de Dios se convierte en una necesidad desesperada.

Cuando su esposo le rompa el corazón, deje que Dios lo llene. Antes que intente cualquier otra cosa, incluso antes de buscar la solución, aprenda a correr al refugio asombroso, afirmador y comprensivo que es Dios. Deje que el rompecabezas de amar a un hombre imperfecto la empuje a tener una asociación satisfactoria con el Dios que la ama y que ama a su esposo, y que trabajará con usted en cualquier esfuerzo santo.

Tal vez se vea forzada a echarse en los brazos de Dios, no debido a una debilidad moral de su esposo, sino a causa de una debilidad física. Coppelia experimentó esta dinámica con su marido, Adán, a quien describe como «un hombre increíblemente fuerte». En trece años de matrimonio, Adán ha tenido dos tumores cerebrales. Es una situación que da miedo, por supuesto, pero Coppelia cree que estar casada con un hombre que ha pasado por esto la ha fortalecido espiritualmente.

«Siento que me he vuelto más fuerte porque he tenido que depender de Dios para que salgamos airosos», comenta ella. «He tenido que orar con más frecuencia, tanto con él como a solas en las salas de espera. He tenido que estar dispuesta a pedir ayuda y aceptarla de la gente que nos rodea, lo cual ha sido duro para mí, un monstruo introvertido y perfeccionista que trata de controlar todo. Y los momentos cuando reconocemos que no tenemos el control de las cosas nos impulsan a hacer las preguntas difíciles y determinar si estamos edificando nuestra casa sobre la Roca, Jesús, o sobre la arena».

Prácticamente todos nosotros decimos que queremos depender de Jesús, pero las emergencias médicas de un cónyuge pueden convertir un ideal en una necesidad. Ninguna esposa probablemente escogería esto, pero Dios con toda certeza puede usarlo para formar poderosas mujeres de fe.

Cuando usted aprende a recibir el amor de Dios aun en medio de la desilusión, el matrimonio siempre será un beneficio espiritual. Como el tercero de cuatro hijos, yo me sentía un tanto excluido en mi familia. Pero ese sentimiento de no encajar o no ser apreciado me llevaba a los brazos de mi Padre celestial. Si me hubiera sentido más seguro, ¿me hubiera acercado tanto a Jesús? Solo Dios sabe. Yo desde luego no quiero parecer que estuviese diciendo que solo la gente insegura busca a Dios. Pero esto es cierto: Dios usó mi inseguridad como herramienta. Dios también puede usar la frustración, el abandono y la desilusión como herramientas.

Cualquiera que sea su situación, cuando el matrimonio la deje vacía, permita que esto sea un recordatorio para regresar a Dios y ser llenada. Mi libro *Sacred Pathways* [Senderos sagrados] se enfoca en esta necesidad: ayudar a creyentes a encontrar la mejor manera de conectarse con Dios para que puedan ser llenos a fin de vivir en un mundo necesitado, decepcionante y pecador que se vuelve glorioso cuando vivimos como hijos amados de Dios.

PREGUNTAS PARA DISCUTIR Y REFLEXIONAR

1. Si es cierto que las fallas de su esposo pueden ser herramientas de Dios para transformarla, ¿qué cree que Dios está tratando de obrar en su vida hoy?

2. ¿Por qué es importante que las esposas mantengan la actitud bíblica saludable de «llegar a ser dignas» mientras tratan de influir en el crecimiento de sus maridos?

3. ¿Cómo está Dios usando su matrimonio —tal como es ahora mismo— para enseñarla a amar?

4. ¿Cómo el estar casada con un hombre imperfecto la ha hecho más fuerte y más sabia?

5. ¿Cuál es la diferencia entre soñar cosas para su esposo y exigir que él cambie?

6. ¿Cómo la noción de que Dios está con usted en su matrimonio le ayudará a enfrentar sus frustraciones y luchas conyugales actuales?

7. ¿De qué maneras el tratar los problemas en su matrimonio en forma activa y valiente la prepararán para influir y transformar el mundo?

CAPÍTULO 3

LA BELLEZA DE LA FORTALEZA DE DIOS EN UNA MUJER

Volviéndose lo suficientemente fuerte para lidiar
con la «fijación funcional» de su esposo

Mark admite que tiene un comportamiento controlador. Jim tiene cientos de razones para explicar su desempleo crónico por más de una década.

Sus esposas han sido pacientes y han aguantado este comportamiento durante años. Lo más frustrante para cada esposa era el hecho de que, aunque el esposo sabía que su conducta estaba causándole un gran y continuo dolor, *el esposo no cambiaba*. Ambos esposos escuchaban las quejas de sus esposas, e incluso reconocían la veracidad de lo que las esposas estaban afirmando. Ambos *decían* que iban a intentarlo con más ganas.

Pero jamás cambiaban.

Lo que las dos esposas necesitaban saber era la esencia de la «fijación funcional», lo cual se puede definir a través de una pregunta: ¿Y si su esposo no se siente motivado por *su* dolor? ¿Y si solo lo motiva el *suyo*?

Muchas esposas viven con gran frustración porque permanecen diciendo a sus esposos que algo que están haciendo (o no haciendo) está causándoles gran dolor, pero los esposos nunca cambian. Esto confunde a la esposa. Ella piensa: *Si yo supiera que estuviese haciendo algo que realmente lo estaría lastimando, dejaría de hacerlo tan pronto como me diera cuenta. ¿Por qué no lo hace él?*

La respuesta, según mi amiga la doctora Melody Rhode (una talentosa terapeuta del matrimonio y la familia), es el concepto de la «fijación funcional».[1] Se puede usar esta frase para describir a un hombre que jamás se sentirá motivado por el dolor de su esposa, sino que solamente lo motiva su dolor. Para que suceda un cambio, él tiene que sentir su propia incomodidad. A él no le gusta escucharla diciéndole que no se siente feliz; de hecho, probablemente lo irrita. Pero si el dolor necesario para que él cambie es mayor que el dolor de soportar la frustración que a veces usted expresa, él simplemente aguanta los arranques verbales como «el precio de estar casado» y quitará todo el episodio de su mente tan pronto como termine.

¿Por qué?

Porque le es doloroso recordar la conversación y él quiere evitar el dolor a toda costa.

Entonces, la fijación funcional es un trastorno motivacional y espiritual común entre los hombres (pero también se encuentra presente en muchas mujeres) que les impide realmente buscar el cambio. Ellos escucharán las quejas de sus esposas. Reconocerán que sus esposas tienen razones legítimas para sentirse heridas. Pero ellos no cambian. Esto muestra una falta de empatía y madurez espiritual.

Según la doctora Rhode, los hombres normalmente no cambian si lo que han estado haciendo parece que funciona con ellos. Por ejemplo, cuando una mujer deja que su marido la trate sin respeto, él no tiene motivación para cambiar. Es poco probable que alguna vez lo haga.

La doctora Rhode comenta: «Hay una pregunta sencilla que yo hago a las mujeres lastimadas que buscan ayuda para soportar el menosprecio o el trato degradante de sus maridos: "¿Por qué su esposo la trata tan mal? Respuesta: *porque puede*"». Ella prosigue a decir: «Si lo que está haciendo funciona con él, ¿para qué cambiar? Él necesita una razón persuasiva para cambiar, y tiene que ser más persuasiva que la infelicidad o el sufrimiento privado que usted sienta por la situación». Esto *no* es, en ninguna forma, para culpar a una mujer por la mala conducta de su esposo, sino para desarrollar un nuevo entendimiento a fin de planear un futuro distinto.

Un hombre temeroso de Dios *se sentiría* motivado a cambiar simplemente al entender que sus acciones o inactividades la lastiman. Pero usted tal vez se ha casado con un hombre que no le interesa si sus acciones la lastiman, siempre y cuando consiga lo que quiere. Permitir la conducta mientras se queja de ella no cambiará nada porque el esposo se sale con la suya continuamente. Recuerde, con tales hombres no es *su* dolor lo que lo motiva; es el dolor *de él* (esta es, repito, la idea detrás de la fijación funcional). Usted debe estar dispuesta a crear un ambiente en el que el statu quo se vuelve más doloroso que el cambio positivo.

CAMBIANDO EL STATU QUO

A riesgo de deprimirla, necesito decirle que estudios muestran que muchas frustraciones y desacuerdos en el matrimonio (en efecto, más de la mitad) jamás cambiarán. En algún momento, tal vez tendrá que aprender a vivir con estas realidades. Por lo tanto, no le exhorto a aplicar «fijación funcional» a preocupaciones menores. El matrimonio nos llama a muchos actos de gracia, misericordia y bondad. Sería degradante y erróneo que yo tratase de rehacer a Lisa a la imagen de mi «esposa modelo». Eso es narcisismo, no amor.

Permítame darle un ejemplo de «preocupaciones menores» del matrimonio de un pastor que me lo confió a mí. Él es parte del personal de una iglesia muy grande. Los miembros del personal están supuestos a usar el estacionamiento apartado y tomar el autobús de enlace para llegar a la iglesia. Él me dijo: «El reto es que mi esposa tiene su propia relación especial con el tiempo. Ir al estacionamiento apartado y tomar un autobús de enlace requiere por lo menos unos diez minutos más los domingos en la mañana, y Ashley siempre trata de estar lista temprano, pero de hecho casi nunca lo está.

«Yo no me voy a poner a pelear con mi esposa todos los domingos en la mañana. Ella trae mucho a mi vida y sirve a nuestra iglesia tan bien en tantas maneras desapercibidas que simplemente he aceptado que vamos a estacionarnos lo más lejos posible en las afueras del parqueadero de la iglesia, pero casi nunca podemos usar el estacionamiento apartado o llegamos tarde. Puesto que también da un mal ejemplo que un miembro del personal continuamente entre al santuario en medio del culto, yo he tenido que escoger mi veneno».

Este es un ejemplo de una preocupación menor, y aplaudo la decisión de este hombre para lidiar con ello en vez de tratar de cambiar a su esposa. Cuando hablo con otros esposos, les recuerdo que gastar un poquito más en ropa un mes o en ir de compras es diferente a acumular miles de dólares en deudas en una tarjeta de crédito.

Nadie quiere estar casada con un cónyuge que siempre está tratando de «corregirla» para satisfacer sus propios deseos.

Yo estoy tratando problemas en este capítulo que amenazan el futuro de su familia. Regresemos a los dos ejemplos al principio del capítulo para ver cómo dos mujeres distintas confrontaron la fijación funcional de sus esposos (hombres motivados solo por su propio dolor, no el de sus esposas).

Una mujer le rogó a su esposo (Jim) por más de una década que tomase más en serio su búsqueda de trabajo. Él siempre tenía una excusa nueva como razón por la cual no podía. Ella finalmente no aguantó más y presentó una demanda de divorcio, y en su desesperación por hacer que ella cambiara de opinión, su esposo encontró trabajo en *no más de treinta días*.

¿Es eso una coincidencia, o es simplemente evidencia de que él no estaba motivado por su frustración; él solo estaba motivado por el dolor que iba a sentir por perder a su esposa?

Otra esposa había estado quejándose por más de una década de su esposo controlador (Mark). Su esposo admite que era muy controlador. Ella continuamente trataba de decirle que ni siquiera podía respirar, pero él no le prestaba mucha atención hasta que ella se reunió con un abogado para presentar una demanda de divorcio y alquiló un apartamento.

Su esposo se reunió conmigo en un estado de pánico, admitiendo sus fallas y ahora estaba ansioso por tratarlas. Cuando me reuní con ellos, me di cuenta de que la esposa necesitaba un descanso y afirmé la idea de una separación. Excepto por una cosa. Mirando al esposo, dije: «*Usted* tiene que ser la persona que viva en el apartamento, no ella. Sus acciones llevaron a la necesidad de esta separación, así que usted debe ser quien sienta el mayor dolor».

Él estuvo de acuerdo. Su esposa me dijo en los siguientes meses que él verdaderamente había cambiado y se había convertido en un esposo totalmente distinto, y este cambio se mantuvo a largo plazo. Ella había expresado su frustración por más de una década, pero no fue sino hasta que él sufrió su propio dolor y pérdida personal que estuvo dispuesto a cambiar.

El peligro que he visto trabajando como pastor con parejas en estas situaciones es cuando la esposa espera demasiado tiempo para hacer que el esposo rinda cuentas. Ella aguanta, aguanta y aguanta un poco más de tiempo hasta que ya no puede más y lo deja; ahí es cuando el esposo dice que *empezará* a cambiar, pero la esposa está al final de las negociaciones, no al principio.

La doctora Rhode ve la amenaza de que un marido pierda a su mujer como quizás el motivador más grande para un esposo. Por supuesto, tenemos que colocar esto dentro del contexto de un matrimonio comprometido y sometido a un pacto. Por eso, de vez en cuando, la separación puede ser una forma de dejar que un esposo sienta el dolor de sus malas decisiones, de llamarlo al arrepentimiento.

La separación también puede dar a la esposa la oportunidad de despejar su mente y acercarse más a Dios. La separación no es tan solo para dejar que el esposo sienta el dolor de sus consecuencias, sino también para ayudar a la esposa a que recupere su orientación espiritual y darle la oportunidad de salir del caos de definir su bienestar y persona por medio de la conducta de su esposo. No es un pecado necesitar unas «vacaciones» si su matrimonio la está volviendo loca.

Si suena duro hacer que el esposo rinda cuentas, simplemente recuerde que la misma Biblia que prohíbe la mayoría de los divorcios, también prohíbe el duro trato hacia las esposas (Colosenses 3.19: «Esposos, amen a sus esposas y no sean duros con ellas») y el adulterio, incluyendo la pornografía (Mateo 5.28). Nosotros no deberíamos actuar como si un mandamiento fuera más importante que otro. La Palabra de Dios está claramente dirigida hacia la protección de los matrimonios, y a la vez con toda claridad desafía a los esposos a no convertir sus matrimonios en un suplicio mediante palabras y conductas abusivas, o infidelidad lujuriosa. Usted no escribió la Biblia, así que usted no es responsable de que Dios pida a los hombres que se comporten de cierta manera.

Confrontar la mala conducta, entonces, es simplemente un método de alcanzar la clase de matrimonio que Dios dice que quiere que nosotros tengamos. Dejar que un matrimonio enfermo continúe perpetuamente sin que se le desafíe no honra completamente a Dios.

Yo he visto a Dios obrar de muchas maneras milagrosas cuando una mujer cobra fuerzas. Un hombre le fue infiel a su esposa tantas veces que cualquiera le hubiera dicho que estaba en su derecho de divorciarse bíblicamente hablando. Pero ella empezó a ver un quebrantamiento y arrepentimiento que nunca había visto y estuvo dispuesta a trabajar en su matrimonio con esta salvedad: su esposo tenía que ir a un centro de recuperación para la adicción sexual que requería que él se sometiera a una prueba de detector de mentiras cuando ella le hiciera cualquier pregunta que quisiera. Y él estuvo de acuerdo con someterse a una prueba de detector de mentiras cada tres meses por varios años. También se sobreentendía que un acto más de adulterio resultaría inmediatamente en un divorcio.

Su matrimonio finalmente alcanzó un nuevo nivel de intimidad, pero fíjese, no se basó en hacerse la vista gorda. Se basó en: «Tú hiciste esto; estas son las consecuencias; y este es el paso necesario para seguir adelante. Si no aceptas las consecuencias y haces el trabajo necesario para llegar a ser una clase distinta de esposo, me pierdes».

En cuanto a Jim, el hombre que simplemente no quería conseguir trabajo, la Biblia es clara al decir que cuando un hombre se rehúsa crónicamente a mantener a su esposa e hijos es un grave abandono espiritual: «El que no provee para los suyos, y sobre todo para los de su propia casa, ha negado la fe y es peor que un incrédulo» (1 Timoteo 5.8).

Si un hombre está desempleado y está buscando trabajo con ganas, sería cruel que una mujer se divorciara o separara de él. Pero cuando ha pasado una década encontrando una excusa tras otra como razón por la cual no puede conseguir trabajo, cuando tiene una buena educación y es capaz físicamente, uno podría cuestionar la paciencia de la esposa más que su llamado para que su esposo rindiera cuentas. Yo no estoy recomendando el divorcio, pero no objetaría que se separara de él financieramente y le dejase enfrentar las consecuencias de su falta de acción.

Dios está en contra del divorcio en la mayoría de los casos, pero está igualmente en contra de los matrimonios que están succionando la vida de las mujeres casadas con hombres espiritualmente enfermos. Si un hombre tiene una adicción, pero se rehúsa a trabajar en su recuperación, si le es infiel a ella o está tan enredado en la pornografía mientras se rehúsa a recibir ayuda, que su vida íntima casi se ha extinguido totalmente, entonces la falla en el deterioro conyugal está en la ofensa en contra de la esposa, no en la esposa admitiendo que los votos matrimoniales se han roto.

Y un terapeuta cristiano me recuerda que una «orden de divorcio» no es un divorcio. Es una declaración de que las cosas no pueden permanecer igual, de que se ha devuelto el pase para «salir libre de la cárcel» y que las cosas necesitan cambiar. Usted necesitará tratar detenidamente sus propias creencias en cuanto a la base bíblica para el divorcio y la separación antes de emplear cualquiera de estas estrategias.

La doctora Rhode trata de animar a las mujeres «que, debido a tantas corrientes en su crianza, socialización y cultura, no se dan cuenta del poder que se les ha dado en Cristo, en su propio carácter y persona, para mover a sus maridos. Ellas se sienten impotentes a causa de su género, y esto ha resultado en enojo reprimido, frustración e incluso desesperación».

Como su hermano en Cristo, yo la estoy animando para que sea osada, valiente y fuerte. Use la influencia espiritual natural y muy real y el rol que Dios ha diseñado para usted para mover al hombre en su vida. Aprenda a expresar su persona y su voz mientras desarrolla nuevas fuerzas. Desarrolle su sentido de propósito y de sí misma. En otras palabras, no solo se enfoque en ayudar a su esposo a vencer sus cualidades negativas; trate de hacer crecer sus propias cualidades positivas también.

Y, por favor, no deje que la falta de salud espiritual de su esposo provoque la suya. Jesús nos dijo «busquen primeramente el reino de Dios» (Mateo 6.33), esto es, continuar enfocándose en la obra de Dios a través de nosotros, no buscar primeramente un cónyuge sano. A veces una esposa tiene que hacer a un lado la codependencia y simplemente admitir: «Si él va a traerse consecuencias negativas, yo no voy a participar. Yo aún me voy a enfocar principalmente en buscar primeramente el reino de Dios. ¿Cómo quiere usarme Dios el día de hoy? ¿Hay otro ministerio que no he visto en mi obsesión de mantener a mi esposo centrado? ¿Es rescatarlo una vez más realmente el mejor uso de mi tiempo? Tal vez necesite agarrarle la mano a una amiga mientras sufre de cáncer en lugar de tratar de identificar el origen de la más reciente mala conducta de mi esposo».

La separación es una estrategia arriesgada (aunque a veces necesaria). A excepción de mudarse, su meta podría ser determinar cómo dejar que su esposo sienta el dolor de sus decisiones. Si él es irresponsable con las finanzas, por ejemplo, quizás usted tenga que eliminar la televisión por cable o simplemente rehusarse a salir a comer con él. Si él no cumple con lo que le corresponde de las tareas domésticas, no limpie la casa.

La idea en general es entender que a él no lo motiva su dolor, sino solamente su inconveniencia. Es una diferencia importante: usted no lo está castigando, sino que lo está dejando enfrentar las consecuencias de sus acciones, está transfiriendo el dolor a sus hombros en vez de a los suyos.

Así es como usted brega con ello en forma relacional, veamos la solución espiritual.

UN NUEVO CAMINO HACIA ADELANTE

La doctora Rhode señala que la fijación funcional en los hombres tiene sus raíces en el pecado original: nuestro egoísmo y la naturaleza pecaminosa. Muchos hombres jamás conectan su conversión espiritual con la manera en que se relacionan con sus esposas. Lo ideal sería que el discipulado tratase cómo rendirse a Dios y la obra del Espíritu Santo nos hacen más sensibles con nuestras esposas, más dedicados a ellas, y quizás más delicados. Lamentablemente, muy pocos hombres conectan la «conversión espiritual» con la «conversión conyugal».

Déjeme decirlo así: si hay algo de malo con la manera en que un hombre está tratando a su esposa, hay algo de malo con su corazón hacia Dios; tiene una relación espiritual inmadura con su Padre celestial. La doctora Rhode compara la fijación funcional con «lo que la Biblia llama ser un pueblo obstinado o con el pensamiento entenebrecido, incluso duro de corazón. Teniendo ojos, no ven a la mujer que tienen delante de ellos excepto en relación con sus propios sentimientos y necesidades. Teniendo oídos, no oyen a la mujer con quien se casaron excepto en lo que concierne a ellos: ¿Me está fastidiando o afirmando? ¿Está diciendo algo que quiero escuchar o algo que quiero evitar? El verdadero problema aquí es que las mujeres no pueden cambiar esto. El problema está con el hombre. Es su corazón incircunciso y su mente no renovada que ven a su esposa como un objeto suyo y su dolor como algo que hay que evitar, silenciar, ignorar o incluso tratar duramente».

¿Entiende lo que está diciendo la doctora Rhode? Usted está pensando: *¿Cómo puedo lograr que mi esposo sea más sensible?* mientras su esposo está pensando: *¿Cómo puedo terminar esta conversación que me está causando dolor?*

Él no quiere que *usted* deje de sufrir; *él* quiere dejar de sufrir. Esto es porque su corazón no se ha renovado. Él desconoce el amor *agapē* (desinteresado, como Cristo). Poner las necesidades de otro por encima de las suyas ni se le ocurre porque no tiene un corazón o una mentalidad que se sacrifique.

Si su esposo está envuelto en la fijación funcional, cualquier llamado a la empatía es inútil. Él es espiritualmente incapaz de la empatía.

Cuando un hombre está cerca de Cristo, cuando se ha entregado a la obra del Espíritu Santo, una de las primeras evidencias será una nueva sensibilidad hacia su esposa y empatía por su bienestar. La insensibilidad hacia nuestras esposas es, en efecto, insensibilidad hacia Dios, quien adora a nuestras esposas y quiere que las amemos en forma sacrificada. El problema del matrimonio es el problema de la madurez espiritual; los mismos hombres que obedecen a Cristo solo cuando es conveniente, aman a sus esposas solo cuando más les conviene.

¿Qué puede hacer una mujer? Formar grupos de oración con otras esposas y orar por el avivamiento de sus maridos. Pedirle a Dios que se mueva de una manera profunda para que los hombres tengan la convicción de amar a su Dios más profundamente, que tomen sus votos matrimoniales más en serio, y estar más dedicados a la crianza de los hijos.

Una cosa es que una esposa fastidie a su marido; otra cosa totalmente más efectiva es cuando Dios *trae convicción* a un esposo. Lo primero es lo primero. En vez de estar obsesionada con el síntoma, pídale a Dios que cure la enfermedad. Esto significa que usted necesita adoptar un concepto del cambio a largo plazo que sea interno y espiritual antes que externo y conyugal. Más que simplemente orar por un cambio en la manera que su esposo la trata, ore primero por un cambio en su propio corazón hacia Dios, que Dios la establezca firmemente en su fortaleza para enfrentar el desafío que tenga por delante. Luego, ore por un cambio en el corazón de su esposo hacia Dios. Al final, esa es la manera más efectiva para que él cambie la forma en que su esposo la trata y la mira. Él está torcido espiritualmente, y ese necesitará ser su enfoque ante Dios. En vez de tratar de *arreglar* su matrimonio, pídale a Dios que abrume el alma de su esposo para que se enamore del Siervo Sufrido, Jesús.

Únase a otras mujeres para rogarle a Dios que traiga un avivamiento a los hombres en su comunidad. Pero mientras ora por su esposo, por favor manténgase orando el uno por el otro. Pídale a Dios que le revele su propia fijación funcional y pecados atrincherados. Luego, como esposas unidas a Cristo, aliéntense mutuamente orando Efesios 1.17–23 para cada una de ustedes:

> Yo me mantengo pidiéndole al Dios de nuestro Señor Jesucristo, el glorioso Padre, que les dé el Espíritu de sabiduría y revelación, para que lo conozcan mejor. Oro para que les sean iluminados los ojos de sus corazones para que sepan a qué esperanza él los ha llamado, cuál es la riqueza de su gloriosa herencia entre los santos, y cuán incomparable es la grandeza de su poder a favor de los que creemos. Ese poder es la fuerza grandiosa y eficaz que Dios ejerció en Cristo cuando lo resucitó de entre los muertos y lo sentó a su derecha en las regiones celestiales, muy por encima de todo gobierno y autoridad, poder y dominio, y de cualquier otro nombre que se invoque, no solo en este mundo sino también en el venidero. Dios sometió todas las cosas al dominio de Cristo, y lo dio como cabeza de todo a la iglesia. Esta, que es su cuerpo, es la plenitud de aquel que lo llena todo por completo.

Y cuando usted acabe con ese pasaje, anímense mutuamente con este de Efesios 3.16–21:

> Les pido que, por medio del Espíritu y con el poder que procede de sus gloriosas riquezas, los fortalezca en lo íntimo de su ser, para que por fe Cristo habite en sus corazones. Y pido que, arraigados y cimentados en amor, puedan comprender, junto con todos los santos, cuán ancho y largo, alto y profundo es el amor de Cristo; en fin, que conozcan ese amor que sobrepasa nuestro conocimiento, para que sean llenos de la plenitud de Dios.
>
> Al que puede hacer muchísimo más que todo lo que podamos imaginarnos o pedir, por el poder que obra eficazmente en nosotros, ¡a él sea la gloria en la iglesia y en Cristo Jesús por todas las generaciones, por los siglos de los siglos! Amén.

En estos pasajes se halla su esperanza final, su gloriosa herencia como una de las hijas de Dios. Siempre es mejor concluir una sesión de oración enfocándose en el poder de Dios que en la debilidad de los hombres.

DIOS ES SU AMIGO

En un matrimonio frustrante, Dios puede parecer como su único amigo, así que me apasiona ayudarla a permanecer conectada a él. Esto significa aceptar la responsabilidad por la situación en que se encuentra. Cuando usted se casa con un hombre de corazón duro, puede llevar un largo tiempo para que se ablande el corazón, pero no se olvide: *usted escogió a este hombre*. Quizás él era un encantador que la engañó, o usted era menos conocedora del mundo de lo que ahora es, así que no le estoy diciendo que se golpee por ello. Pero usted hizo un compromiso por voluntad propia. No le servirá en lo absoluto acusar a Dios por elegir a este hombre para usted. Yo he tratado esto en otros libros y artículos de blogs. Usted necesita a Dios de su lado como fuente de ánimo; nada se ganará convirtiéndose en su acusador.

Usted quizás se sienta tentada a decir: *¿Por qué no impidió Dios que me casara con él?* Pero eso es como un ladrón de bancos sentado en la cárcel, culpando a Dios, gritando: *¿Por qué no impediste que tratara de robar ese banco?*

Necesitamos que Dios nos consuele cuando enfrentamos las consecuencias de nuestras acciones; no hace bien culpar a Dios por las consecuencias de nuestras acciones. En cambio, debemos pedirle a Dios que nos ayude a aplicar su gracia y poder para ayudarnos a salir adelante.

Cuando usted hace una promesa a alguien, independientemente de su motivación detrás de esa promesa, sigue siendo una promesa. Usted tiene que asumir la responsabilidad. La desilusión pasiva y compadecerse de sí misma no cambiará nada. Volver a tomar interés con entusiasmo, motivada por su propia pasión hacia Dios, y la acción valiente, motivada por su seguridad en Dios, es la mejor plataforma desde la cual usted puede influir en su esposo.

SEA OSADA

Lo primero que a muchas mujeres de la Biblia se les dijo fue dejar de temer y ser osadas. Cuando Agar fue abandonada por su esposo y exiliada a lo que parecía ser una muerte lenta de hambre para ella y su hijo, el ángel de Dios le dio ánimos: «No temas» (Génesis 21.17). Cuando las mujeres que habían sido fieles a Jesús estaban fuera de sí por el dolor, preguntándose qué había pasado con el cuerpo de su preciado Jesús, un ángel las reprendió: «No tengan miedo» (Mateo 28.5).

Sé que parezco que le estuviera animando a tomar una acción arriesgada, pero el camino «seguro» a veces es una marcha lenta hacia la destrucción. Uno de mis filósofos cristianos favoritos, Elton Trueblood, lo dijo tan bien:

> La persona que nunca salta de una rama, por cierto, jamás pedirá que le corten la rama mientras esté sobre ella, pero tampoco llegará a alcanzar el mejor fruto. El mejor fruto que ofrece la vida humana parece estar solo al alcance de aquellos que enfrentan la vida osadamente... sin una preocupación exagerada por el posible fracaso y el peligro personal. La buena vida es siempre la decisión del apostador, y llega a aquellos que eligen a qué bando pertenecer. La neutralidad es rara vez una virtud.[2]

El temor da origen a la parálisis, y a veces la inacción es nuestro mayor enemigo. Los matrimonios pueden morir lentamente a causa de años de apatía. Yo he visto a muchas relaciones marchitarse por patrones poco sanos que uno o ambos cónyuges se rehusaron a tratar. La cosa más dañina que usted puede hacer en una relación poco sana es *nada*. El fundador de FedEx, Frederick Smith, observó: «Muchos piensan que la inacción es el camino menos riesgoso. A veces la acción es el camino más conservador y seguro. No hacer nada es sumamente peligroso. Antes del incidente de Pearl Harbor, ponían los aviones en medio de la pista de aterrizaje pensando que los saboteadores eran el riesgo más grande, no un ataque aéreo. Quedaron deshechos por la cautela, no las bravuconadas».[3]

Si siempre usted se desenvuelve con cautela en su matrimonio, va a terminar estancada en la rutina. Lo que yo creo que le dará más osadía y valor para tratar problemas que necesitan cambiar es, primero, entender quién es usted en Cristo y, segundo, dejar que Dios, no su estado civil, defina su vida. Armada de esa aceptación, seguridad y atribución de poder, usted se convierte en una poderosa fuerza para el bien. Entonces podrá proclamar el poder de las palabras de Moisés en Deuteronomio 31.8: «El Señor mismo marchará al frente de ti y estará contigo; nunca te dejará ni te abandonará. No temas ni te desanimes».

El temor y desánimo crean estancamiento y constante desilusión en el matrimonio. Si usted ha tenido su dosis de todo ello, ¿por qué no probar el camino de Dios de fe y osadía? Cuando usted empieza a tomar la iniciativa en vez de simplemente compadecerse de sí misma, se convierte en una mujer activa, y las mujeres activas reflejan al Dios activo que las creó.

DIOS ACTIVO, MUJERES ACTIVAS

Génesis 1 provee nuestro vistazo inicial de quién es Dios. Lo primero que Dios quiere que sepamos es que él es un Dios extraordinariamente *activo*. En Génesis 1, *treinta y ocho* verbos activos describen lo que Dios hace: él crea, él habla, él separa, él llama, él bendice, él da, y mucho más, todo en solo un capítulo.

Luego —y esto es clave— él le dice a la mujer y al hombre *que hagan lo mismo*: «Y los bendijo con estas palabras: "Sean fructíferos y multiplíquense; llenen la tierra y sométanla; dominen a los peces del mar y a las aves del cielo, y a todos los reptiles que se arrastran por el suelo"» (Génesis 1.28).

Dios la creó, como mujer, para ejercer dominio sobre este mundo, para someterlo, para actuar de acuerdo a su imagen. El pecado a menudo nos arrastra hacia el aletargamiento, la desesperación y el abatimiento; rendirse a la vida tal como es, en lugar de rehacer la vida como podría ser cuando se desata el poder redentor de Dios. La gente deja de luchar por sus matrimonios, se rinde en la oración, deja de luchar por sus iglesias, deja de luchar por sus hijos y al final incluso deja de luchar por ellos mismos. Ellos dicen: «Es inútil», y empiezan a refunfuñar en vez de dolorosamente rehacer su matrimonio; simplemente porque su primer (o incluso décimo) intento falló.

La intensidad romántica inicial es inmerecida; parece que nos cae de cualquier lado. Pero el matrimonio tiene que edificarse piedra por piedra. Debemos tomar decisiones deliberadas. Debemos ser activos y confrontar las debilidades que vemos en nosotros mismos y en el otro.

Los desafíos actuales en su matrimonio pueden muy bien ser el vehículo de Dios para que usted se convierta en la mujer fuerte que él creó.

PREGUNTAS PARA DISCUTIR Y REFLEXIONAR

1. ¿Alguna vez ha encontrado fijación funcional en su propio matrimonio? ¿Cómo era? ¿Qué fue lo que no funcionó cuando trató de lidiar con ello? En base a lo que Gary compartió, ¿cuál sería un método más efectivo en el futuro?

2. ¿Cuál es una manera apropiada para que una mujer que está comprometida a un concepto bíblico del matrimonio —«hasta que la muerte los separe»— se ponga de pie y diga: «Si esto no cambia, nuestra relación *será* afectada»? ¿Cuáles podrían ser los peligros de tal declaración? ¿Cuáles podrían ser algunos de los beneficios, tanto para la esposa como para el esposo?

3. ¿Está de acuerdo con Gary en que lo más dañino que usted puede hacer en una relación poco saludable es nada? ¿Qué impide que algunas mujeres actúen con osadía? ¿Qué les ayudará a actuar con más valentía?

4. ¿Alguna vez ha dejado de lidiar con un problema en su matrimonio? ¿En qué forma? ¿Qué hizo usted que no funciona? ¿Qué hizo usted que parece funcionar?

5. ¿En qué área de su matrimonio se le hace más difícil ser activa y mostrar valor? ¿Cómo pueden las mujeres animarse mutuamente para ser menos pasivas y más activas en sus matrimonios?

6. Haga una lista de las principales dos áreas de su matrimonio que necesitan una influencia positiva que honre a Dios. Empiece a orar para que Dios le muestre respuestas apropiadas, activas y que afirmen su amor.

PARTE 2

CREANDO UNA ATMÓSFERA DE CAMBIO

CAPÍTULO 4

ACEPTANDO A UN HOMBRE DONDE ESTÁ

Entendiendo el deseo más profundo de un hombre

En una tierra en ruinas por la hambruna, sin comida por ningún lado, una madre vio la harina y el aceite que le quedaban y se dio cuenta de que tenía suficiente para una última comida.

Esta escena se desarrolló hace casi tres mil años, mucho antes de que los supermercados sobreabundasen en comida y antes de que las tiendas de atención inmediata y los restaurantes de comida rápida en cada esquina prometieran remedios rápidos para los estómagos que gruñen por el hambre. En ese entonces, durante una hambruna y sequía, no hay comida significaba, literalmente, *no hay comida*. Todas las manzanas se habían recogido; todas las papas se habían extraído. Hasta la corteza se les había quitado a los árboles. Cualquier cosa que pudiera consumirse se había consumido, dejando a la muerte como la certeza final.

Imagínese que usted sea esa viuda, cuya historia es relatada en 1 Reyes 17. Usted ha soportado el trauma de ver a su esposo morir, y ahora enfrenta la terrible posibilidad de ver a su hijo deteriorarse lentamente hasta morir de hambre.

Justo entonces, un hombre desconocido entra en su vida, proclamando ser un profeta de Dios. Él le pide que le haga una comida. Cuando usted contesta que se le está acabando la harina y el aceite, y que solo tiene lo suficiente para hacer una última comida para usted y su hijo, él le asegura que, si usted le prepara el último panecillo, su tinaja de harina jamás se agotará y su jarro de aceite nunca se acabará.

¿Qué tiene que perder? Así que haga lo que él dice y luego vea con asombro conforme sus palabras demuestran ser ciertas. Durante meses y meses, ese pequeño puñado de harina y ese jarrito de aceite continuaron reabasteciéndose. Al principio, usted abría esa tinaja y ese jarro con gran temor. Quería creer que estaba viviendo un milagro, pero su mente batallaba totalmente con la idea: *Tal vez la harina solo se había pegado a los costados de la tinaja; quizás el aceite se corrió por los costados y se acumuló en el fondo.* Gradualmente, después de unos cuantos días, usted se da cuenta de que solo una explicación tiene sentido: Dios está proveyéndole milagrosamente por medio de este profeta llamado Elías. Ningún fenómeno natural puede explicar lo que usted está viviendo.

Con el tiempo, usted ya no se sorprende cuando abre la tinaja y el jarro. De hecho, aunque va en contra de todo razonamiento, usted estaría más sorprendido si esos recipientes estuvieran vacíos en vez de llenos. El reabastecimiento ha sucedido tan a menudo que ya no parece un milagro. Simplemente así son las cosas.

Pero luego llega la tragedia y le sacude su complacencia. Su hijo se enferma gravemente de una enfermedad que no tiene conexión con el hambre. Después de una dolorosa batalla, él sucumbe a la enfermedad y muere.

Ahora usted se enfurece con el hombre de Dios que la salvó de morirse de hambre. ¿De qué le sirvió que la salvaran de morirse de hambre y después ver a su hijo morir de una enfermedad? Usted confronta a Elías y le dice exactamente lo que piensa de él y cómo deseaba no haberlo visto jamás.

Elías lleva a su hijo al cuarto de atrás, fuera del alcance de la vista. Un corto tiempo después, usted no puede creer lo que ven sus ojos: ¡su hijo que estaba muerto camina directamente hacia sus brazos! Jamás sintió un gozo como este, y en un arranque espontáneo de alabanza, usted clama: «Ahora sé que eres un hombre de Dios, y que lo que sale de tu boca es realmente la palabra del Señor» (1 Reyes 17.24).

De pronto todo se pone en silencio. Usted se da cuenta de que acaba de insultar al hombre que salvó a su hijo. *¿Ahora* usted sabe que él es un hombre de Dios y que Dios habla a través de él? ¿Recién *ahora* le cree? ¿Qué ha estado comiendo los últimos meses? ¿De dónde cree que siguió viniendo esa harina? ¿Quién le dijo, contra todo razonamiento, que el aceite iba a seguir fluyendo? Y sin embargo, ¿requiere *esto* para que usted crea sus palabras?

Lo que le pasó a la viuda hace tanto tiempo continúa sucediendo en muchos matrimonios hoy. La provisión milagrosa de Elías para esta mujer se volvió algo común y corriente. Lo que una vez pareció ser un evento extraordinario, la harina y el aceite que nunca se acabaron, al poco tiempo se volvió una bendición común que se esperaba tanto que dejó de llamar la atención y mucho menos de ser apreciada. Después de una semana más o menos, simplemente así fueron las cosas.

Lamentablemente, muchas mujeres ven a sus maridos de esta forma. Los puntos fuertes de sus esposos se vuelven tan conocidos que las mujeres ya no los ven, y mucho menos los aprecian. Pero cuando una debilidad asoma su horrible cabeza, todo lo demás queda borrado de la memoria.

Los maridos detectan esto. En una encuesta de mil hombres realizada hace varios años, solo el diez por ciento de los esposos, solo uno de diez, creía que sus esposas los amaban más que ellos.[1] Nosotros pensamos que somos mucho más felices con ustedes que ustedes con nosotros.

SIN PODER VER LA BENDICIÓN

En el primer aniversario de los ataques terroristas aéreos del 11 de septiembre en la ciudad de Nueva York y el Pentágono, Lisa y yo vimos varias entrevistas con mujeres que quedaron viudas como resultado de dichos ataques. «¿Qué fue lo que más cambió acerca de su perspectiva en este último año?», preguntó el entrevistador. La primera viuda en responder dijo: «Lo que no puedo soportar es cuando escucho a esposas quejarse de sus maridos». Cada mujer asintió su cabeza y después otra viuda añadió: «Me haría feliz si entrara al baño de nuestra habitación y viera el inodoro con la tapa levantada».

Las cosas pequeñas que dejamos que nos molesten parecen ser triviales comparadas con la pérdida de las bendiciones que una vez dimos por sentado. Cuando confrontaron su enorme pérdida, a estas mujeres ya no les importaban las pequeñas irritaciones; en cambio, ellas tenían que encarar que el gran hoyo negro de todo lo que sus esposos habían hecho por ellas, repentinamente había sido extraído de sus vidas para siempre.

Sara vive en la costa oriental. Ella asistió a una de mis conferencias titulada «Matrimonio sagrado» y se había reunido con varias mujeres de un pequeño grupo entre las sesiones. Una esposa empezó a jactarse del hermoso jardín trasero que su esposo había construido en un fin de semana de tres días. Sara parecía más callada que de costumbre hasta que finalmente levantó la mano y dijo: «¡Por favor, basta! Mi esposo pasó todo el último fin de semana en el sofá viendo un torneo de golf. ¡No necesito oír acerca de cómo su esposo pasó esos días trabajando en el jardín!».

Posteriormente, hablé con Sara a solas, queriendo poner en acción el principio de este capítulo. Empecé haciéndole unas cuantas preguntas sencillas.

«¿Qué tan grande es su casa?», pregunté.

«Un poquito más de dos mil pies cuadrados», dijo ella. «Y tiene un lindo jardín».

«Vaya, eso parece fabuloso, especialmente con tres hijos pequeños. Usted deberá sentirse afortunada de estar ahí».

«Supongo que sí», dijo ella.

«¿Dónde trabaja usted?», pregunté yo.

«Oh, yo no trabajo», respondió Sara. «Mi esposo gana lo suficiente para que yo me quede en casa con los niños, como siempre quise hacerlo».

«¡Eso es fantástico!, le dije. «¿Sabe que el sesenta y cinco por ciento de las mujeres en su situación tienen que trabajar fuera de casa, lo quieran o no? Usted es una en tres en lo que respecta a ser capaz de elegir quedarse en casa. Eso tiene que sentirse bien».

«Supongo que sí», dijo ella.

Yo desvié la conversación hacia el lunes después del perezoso fin de semana de su esposo. Sin que lo supiera Sara, yo había hablado con su esposo, así que supe lo que había sucedido el lunes. Jeremy llevó a su hijo afuera para una pequeña práctica de bateo; el jovencito se estaba preparando para empezar su primera temporada de béisbol y estaba ansioso de recibir algunos consejos de su papá. Posteriormente, esa tarde, Jeremy llevó a sus hijas a ver una película. De regreso a casa, él llamó a Sara y le preguntó si necesitaba que comprara algo en la bodega.

Después que Sara contó todo esto, le pregunté: «¿Tiene usted alguna idea de lo que una mamá soltera diría si solo por un día un hombre viniera y sacara a su hijo a pasar un tiempo como varones, enseñándole a golpear una pelota de béisbol, o si le diera a ella un descanso sacando a sus hijas en la tarde y luego llamase para ver si él necesitaba comprar algo para ella en la tienda camino a casa? Ella se sentiría tan bendecida. Ella se iría a la cama orando: *Gracias, Señor, por un día en el que todo no estaba sobre mis hombros*».

Vi como si una luz se prendiera en el rostro de Sara. Ella se lanzó hacia Jeremy y lo besó en la frente.

«¿Por qué fue eso?», preguntó él.

«Por ser como eres», respondió Sara.

Sara se había olvidado de las «bendiciones comunes» de Jeremy. Minutos antes, ella no había visto lo que su esposo hizo al enfocarse solamente en lo que él no había hecho en un fin de semana. Ahora, ella lo veía bajo otra luz.

ACEPTACIÓN AMOROSA

Es un reto espiritual sofisticado no comparar el defecto de su cónyuge con la cualidad de otro cónyuge.

Admito que, si estuviera hablando con Jeremy, lo retaría a considerar si pasar la mayor parte del fin de semana viendo golf es el mejor uso del tiempo para un esposo y padre joven. Jeremy probablemente se excedió en esa ocasión. Aun así, no era justo que Sara viera a Jeremy solo en relación con un fin de semana perdido. Jeremy había brindado un hermoso hogar. Él ganaba suficiente dinero como para que Sara pudiera quedarse en casa con sus hijos, como ella quería. Él estaba involucrado en la vida de sus hijos. Jeremy no era un hombre perfecto, pero había bastante que agradecer.

Digo esto no para ser el defensor de su esposo, sino el *suyo*. Para mover a un hombre, usted debe aprender a apreciarlo por lo que es, lo cual viene envuelto dentro de todo lo que no es. Santiago 3.2 ha revolucionado la manera en que veo la vida familiar: «Todos fallamos mucho». Fíjese en las palabras *todos* y *mucho*. Ningún cónyuge evita esta realidad. *Todos* —incluyendo a su esposo— fallamos *mucho*. Vivir con cualquier hombre es vivir con alguien que con certeza la va a defraudar, no solo una o dos veces, sino muchas. ¿Ese «Sr. Esposo Perfecto» que usted ve abriendo cortésmente la puerta para su esposa todos los domingos, que siempre parece gentil y considerado y que provee maravillosos ingresos? Por algún lado, de manera concreta, ese hombre falla mucho. Si usted se fuera a divorciar de su esposo y pasara cinco años entrevistando posibles segundos esposos, si usted les diera pruebas sicológicas y entrevistara a sus amigos y familiares más cercanos, si hallara a un hombre que pareciera corresponderle exactamente en forma emocional, espiritual y recreativa, si usted cree que la Escritura es verdad, aún acabaría con un esposo que fallaría *mucho*.

Piense en el concepto maravilloso y sincero del matrimonio en los votos matrimoniales: «en las alegrías y en las penas, en la prosperidad y en la adversidad, en la salud y en la enfermedad». Estos votos nos dicen que el matrimonio es acerca de la aceptación del hecho de que todos nosotros somos débiles. El matrimonio es un compromiso de aceptar tanto las falibilidades de nuestros cónyuges como sus puntos fuertes. En cierto sentido, todos somos limones, pero usted puede hacer cosas muy buenas y creativas con limones cuando acepta sus beneficios y sus peligros. Dios puede hacer cosas divinas a través de nuestras debilidades. Puesto que él es un músico maestro, él puede tocar una música exquisitamente hermosa a través de instrumentos abollados. Por ser hechos a su imagen, esto también se convierte en nuestra meta en el matrimonio: sacar la mejor música de nuestro «abollado» cónyuge.

Ya que cada esposa está casada con un hombre imperfecto, cada esposa tendrá decepciones legítimas en su matrimonio. ¿Va a definir usted a su marido según estas decepciones, o va a orar para que Dios abra sus ojos a fin de que vea las bendiciones comunes que su esposo provee y que usted a menudo no puede ver?

Mi esposa y yo una vez conocimos a una mujer que se casó con un maravilloso especialista en reparaciones caseras, el tipo de persona que puede arreglar todo. Si construye una casita encima de un árbol para sus hijos, esta tiene puertas y ventanas que funcionan. Él mantiene el automóvil de su esposa en perfectas condiciones. Nada en su casa se queda sin funcionar por más de cuarenta y ocho horas. Pero él no es una persona particularmente profunda, según su esposa. A él no le gustan las conversaciones largas y conmovedoras. Es una persona que sabe escuchar, pero no lo va a escuchar compartiendo muchos sentimientos personales. Y jamás abre un libro.

A mi esposa inmediatamente le gustó oír de este hombre, porque ella vive con la constante frustración de tener a un torpe de manos como esposo. Ella tiene que aguantar inodoros con agua que no deja de circular, puertas que se quedan pegadas y proyectos que se postergan hasta que ahorremos suficiente dinero para pagar a un profesional para que los realice. Cuando trato de arreglar algo, el problema invariablemente empeora, costándonos aún más arreglarlo a la larga.

Y sin embargo esta otra esposa dejó bien claro que deseaba que su esposo estuviera disponible para hablar abiertamente de las cosas. Ella le dijo a mi esposa que se preguntaba cómo sería estar casada con un esposo que brega con conceptos y que regularmente habla con la gente y que le gusta conversar con su esposa acerca de libros. Estoy muy seguro de que mi esposa se sintió tentada a preguntarse si esta mujer la estaba pasando mucho mejor, en particular cuando Lisa tenía que levantarse a la medianoche (por enésima vez) ¡para sacudir la manija del inodoro para que deje de pasar el agua!

Ningún esposo viene en un paquete perfecto. Ningún esposo puede hacerlo todo. Su tarea como esposa es pelear para permanecer sensible a los puntos fuertes de su esposo. Resista la tentación de comparar sus debilidades con los puntos fuertes de otro esposo, mientras se olvida de los puntos fuertes de su esposo y las debilidades del esposo de otra persona. No se resienta con su esposo por ser menos que perfecto, él no puede ser otra cosa.

DETECTORES DE DECEPCIÓN

¿Por qué es esta perspectiva crucial si usted va a proveer una influencia sagrada? Los esposos detectan la decepción con precisión prodigiosa. Y nosotros tendemos a reaccionar así: *Si no la puedo complacer tratando lo más que puedo, ¿entonces por qué debo intentarlo en lo absoluto?* No estoy diciendo que *debemos* reaccionar de esta manera. Solo estoy diciendo que esa es la manera en que generalmente reaccionamos.

Si usted quiere mover a su esposo hacia una dirección positiva, entonces necesita apreciarlo con el corazón.

En su libro *Capture His Heart* [Cautiva su corazón], Lysa TerKeurst habla de abordar un autobús en el aeropuerto, donde se encontró con un hombre de sesenta años que dijo algo muy simple pero asombroso. Lysa le comentó que a la gente le debe encantar ver llegar al autobús porque significa que nos vamos a casa. El chofer se rio. «Sí, todos se emocionan de verme llegar. Por eso me gusta tanto mi trabajo. La gente se sube al autobús y se sonríe mucho. Ellos me han estado esperando, y cuando finalmente llego, se ponen muy contentos de que yo esté aquí. Frecuentemente he deseado que tuviese una cámara de video para grabar a la gente mientras suben a mi autobús con los rostros sonrientes y comentarios diciendo "gusto de verte". Me encantaría que mi esposa viera una grabación como esa. Así es como siempre he querido que ella se vea cuando llego a casa del trabajo».[2]

Así es como siempre he querido que ella se vea cuando llego a casa del trabajo.

Dudo que haya algún tipo vivo que no se sienta de esta manera. Ya sea que seamos un chofer de autobús, un director general ejecutivo, un atleta de talla mundial, o un asistente de gerente en una bodega, causa algo en el corazón de un hombre cuando su esposa e hijos parecen contentos de verlo. Yo sé, a veces debido a nuestros estados de ánimo hoscos y nuestro aire de engreimiento, podemos hacer que les sea muy difícil sentirse contentas de vernos.

Mi amigo Dave Deur, un pastor de la iglesia Central Wesleyan Church de Holland, Michigan, impartió una clase sobre el matrimonio, durante la cual pidió a todos los hombres que hicieran una lista de cinco maneras en que les encantaba ser amados. Prácticamente *todas* las listas incluían actos o palabras de apreciación, y muchos hombres mencionaron afirmación varias veces, usando palabras diferentes. Me impresionó cuántos hombres usaron por lo menos dos (o a menudo hasta tres) de sus cinco respuestas para describir afirmación. De hecho, ¡la lista de cinco cosas de un hombre podría resumirse como afirmación!

Lo cual significa que el chofer del autobús que quería que el rostro de su esposa brillara cuando lo viera no es raro, él es una persona típica. La regla número uno para influir en su esposo es esta: *Deje de dar por sentado a su esposo.* Él quiere sentirse percibido, especial y apreciado. Eso lo pone en un estado de ánimo «moldeable». Cuando él siente que se le está dando por sentado, se vuelve defensivo y resentido con la simple sugerencia de un cambio. El cambio no sucederá cuando está ausente la *motivación*.

Leslie Vernick, autora de *How to Act Right When Your Spouse Acts Wrong* [Cómo actuar correctamente cuando su cónyuge actúa mal], una vez le preguntó a un esposo en una situación de consejería qué era lo que más le gustaría de su esposa. Él respondió: «Había un tipo en el trabajo que era torpe y que nunca hacía el trabajo muy bien. Ninguno de nosotros, los hombres, le dábamos mucha importancia a él, pero cuando un día vino su esposa, ella lo miró como si él no pudiera hacer nada malo. Todos nosotros estábamos celosos de él de ahí en adelante, porque sabíamos que él no era perfecto, pero su esposa lo trataba como si lo fuera. Me encantaría que mi esposa me mirara así».

ACEPTACIÓN ESPIRITUAL

Si usted nota mucha tensión en su hogar, un alto nivel de frustración y enojo en la vida de su esposo, un desánimo conduciendo a la pasividad (en el cual él se conforma con lograr menos de lo que se propone), o una mentalidad «escapista» (en la que pasa su tiempo libre jugando videojuegos o viendo deportes, escapándose del hogar con recreación excesiva), usted podría estar viendo a un hombre que no se siente amado, apreciado y respetado, un hombre que está *sobrellevando* las cosas, pero no verdaderamente viviendo. Y los hombres que solo sobrellevan nunca cambian, solo pasan el tiempo. Están medicando el dolor en vez de atacar la enfermedad.

No la estoy culpando por la pasividad de él; tal vez esté verdaderamente apreciando a un hombre que es pecaminosamente pasivo. Solo estoy tratando de ayudarle a entender una posible plataforma desde la cual lo pueda confrontar.

La afirmación es más que el deseo de un hombre, mucho más. La aceptación y el ánimo son requisitos bíblicos:

- «Por tanto, acéptense mutuamente, así como Cristo los aceptó a ustedes para gloria de Dios» (Romanos 15.7).
- «Anímense y edifíquense unos a otros» (1 Tesalonicenses 5.11).
- «Anímense unos a otros cada día» (Hebreos 3.13).

Aun si su esposo nunca cambia, incluso si cada hábito malo, responsabilidad descuidada, o fastidioso rasgo de carácter permanecen exactamente igual, entonces, para su propia salud espiritual, usted necesita aprender a amar a este hombre *tal como es*. Hay demasiados libros y artículos que ignoran este punto. Su primer paso, el principal, es amar, aceptar, e incluso honrar a su esposo imperfecto.

Afirmado

Después de una conferencia reciente que di acerca de mi libro titulado *Valorar*, una mujer norteamericana de origen africano con un acento sureño habló con mi esposa en la mesa de libros. Ella había escuchado acerca de la manera en que hablé de Lisa y solamente quería que ella supiera: «Él la ama. Él la *aprecia*. Usted es una esposa apreciada».

Mi esposa sonrió y dijo: «Yo sé», pero lo que esa mujer no sabe es la travesía de treinta años que nos llevó para llegar donde estábamos.

Lisa se casó con un hombre con muy pocas habilidades. Yo no me podría comparar con su papá en términos de sagacidad empresarial, sagacidad financiera, sagacidad de Sr. Reparador, y cualquier cantidad de temas. Además, ella era un poquito ingenua cuando se casó conmigo. Puesto que yo era un líder en nuestro ministerio universitario y se me daba cierto respeto por mi rol ahí, Lisa le dijo a una amiga: «Yo pensaba que Gary no podía hacer nada malo. Si él creía algo, debía estar bien porque él parecía estar muy cerca de Dios. Y si hacía algo, debía estar bien. Pero después nos casamos, y entonces descubrí que él *podía* estar equivocado. Y él *podía* pecar».

Ese fue un descubrimiento desilusionante, estoy seguro. Y luego pasamos dos décadas de «sueldo ministerial», lo que significa que el dinero siempre nos eludía y las facturas siempre eran dolorosas. Además, puesto que el ministerio requiere mucho tiempo, yo estaba en casa con menos frecuencia que la de muchos esposos. En contraste, su papá había sido un trabajador por cuenta propia y estaba en casa más a menudo que la mayoría de los esposos.

Yo sentí la desilusión temprana de Lisa profundamente. Mirándolo ahora, fue una herida terrible porque soy una persona que le gusta agradar a la gente y la idea de no poder agradar a mi esposa era doblemente dolorosa. Ojalá pudiera simplemente retroceder el tiempo, darle un abrazo a esa pareja joven y decir: «Todo va a estar bien».

Lo que yo disfruto mucho ahora, sin embargo, es sentirme aceptado. Lisa sabe lo que carezco y lo que aporto, y ella está finalmente en paz con ello. Ella soporta mis peculiaridades, respeta las áreas que Dios ha refinado, y parece deleitarse de haberse casado conmigo. En los últimos dos años, muchas veces la he escuchado decir a otros (y de vez en cuando a mí): «Bueno, da la casualidad que yo me casé con el mejor esposo del mundo», pero no estoy seguro de que ella lo haya dicho *una vez* en nuestras primeras dos décadas de matrimonio. Y yo probablemente he cambiado más en la última década que en las primeras dos juntas.

Aceptar a su esposo es uno de los mejores regalos que le puede dar, y provee la tierra más fértil para producir aún más cambio. Como lo escribí en *Valorar*, yo aprecio a mi esposa porque prometí hacerlo y porque Dios me llamó a hacerlo, pero ella está haciendo que esto sea más fácil cada día. Para una persona bastante insegura como yo, que nunca sintió que estaba a la altura, ser atesorado por encima de hombres que yo sé que son más capaces, atractivos e inteligentes que yo me hace querer agradarla más y más.

Esto no será cierto con todos los esposos, pero la edad, para ser franco, ayuda. El cerebro masculino recibe un mayor porcentaje de estrógeno conforme envejecemos, y nosotros tendemos a valorizar ser fieles a nuestras esposas y así las agradamos un poquito más.

Pero considere la estrategia que usó Becky Allender con Dan cuando él era más joven, y ella lo sorprendió actuando lo peor posible en una pendiente de esquí.

«Eres un buen hombre»

En su excelente libro *How Children Raise Parents* [Cómo los hijos crían a los padres], el doctor Dan Allender describe cómo su joven hijo perdió su valentía en una pendiente de esquí. Andrew le pidió a su papá que lo cargara para bajar, pero Dan se rehusó porque quería que el chico confrontara sus temores. A Andrew le dio la pataleta, cayéndose al piso y pateando sus pies en frente de todos.

Dan tiene un doctorado en consejería, y la pataleta de un niñito no iba a ser permitida. Dan alzó su voz con enojo, así que su esposa, Becky, intervino y sugirió que él se fuera y la dejara que se encargase de la situación.

Dan esquió solo treinta o cuarenta metros cuesta abajo y luego se detuvo para mirar. Andrew continuó con su pataleta a pesar de las suaves súplicas de Becky. Eso fue el colmo para Dan. Él subió la pendiente, echando humos, y se encontró con Becky diciéndole: «Muévete. Tu método no funcionó. Yo lo bajaré a mi manera».[3]

Usted está por ser testigo del profundo poder que representa una mujer fuerte y piadosa. Dejaré que Dan se encargue de decirlo de aquí en adelante:

> Becky defendió su posición.
>
> Mi esposa me miró con bondad y fortaleza. Cuando finalmente llegué hasta donde estaba ella, su cabeza lentamente giró de un lado al otro, y dijo: «No».
>
> Hubo un momento de silencio, y ella dijo: «Yo sé que has sido avergonzado por muchos hombres que significaban todo para ti. Y sé que eso no es lo que quieres hacerle a tu hijo». Fue todo lo que tenía que decir. Miles de rostros aparecieron rápidamente en mi memoria, y sentí otra vez la cruda experiencia de ser humillado y avergonzado por hombres que realmente eran importantes para mí. Silenció mi enojo y empecé a llorar. Mi esposa puso su mano sobre mi corazón y dijo: «Eres un buen hombre». Ella se apartó y en un movimiento fluido y lleno de gracia, esquió cuesta abajo por la pendiente empinada y helada.[4]

Aun cuando Dan estaba en su peor momento, su esposa lo llamó a sacar lo mejor, usando la afirmación. Ella le hizo frente, pero también lo tocó en su enojo, y firme pero suavemente le recordó: «Eres un buen hombre», aunque no estaba actuando como un buen hombre.

Cuando Dan llegó hasta donde estaba su hijo, él estaba escarmentado y ablandado. Ese es el poder que tienen las mujeres; un gesto magnánimo y una frase hablada acertadamente pueden hacer maravillas. Ya que el hijo de Dan había visto y escuchado todo, Dan optó por el trato directo.

> «Andrew, tú viste mi rostro cuando subía la pendiente, ¿no es verdad?».
>
> Él tembló y dijo: «Sí».
>
> «Y viste lo enojado que estaba, ¿no es verdad?
>
> «Sííí».
>
> «Y tuviste miedo, ¿no es así?».
>
> «Sí, sííí».
>
> «Y sabías que te iba a hacer pagar si mamá no hubiera sido tan fuerte y amorosa, y me desafiara y te protegiera».

A estas alturas sus ojos estaban repletos de lágrimas, y sus mejillas estaban temblando de miedo. Yo lo miré, puse mis manos en sus mejillas, y dije: «Andrew, yo estaba equivocado. Mamá me amó bien y también te amó bien. Ella me invitó a ver en qué me había convertido y lo que no quería ser. Andrew, discúlpame por estar tan enojado. Por favor perdóname».

El regalo que me dio mi hijo es incalculable. Él puso su mano sobre mi corazón como había visto hacer a mi esposa y dijo con lágrimas: «Papá, mamá tiene razón. Eres un buen hombre».[5]

Esta pudo haber sido la historia de una pesadilla, alejando al esposo de su esposa y al padre de su hijo. La habilidad de Becky de ver y extraer lo bueno en su esposo, aun cuando él estaba actuando de la peor manera, lo convirtió en un momento especial de intimidad poco común entre un papá y su pequeño hijo.

¿Puede usted ver lo bueno en su esposo? ¿Aun cuando él está comportándose de la peor manera? ¿Puede hacer usted una pausa lo suficientemente larga para ver la herida detrás del acaloramiento, y llamarlo a comportarse de la mejor manera? Si usted puede aprender a hacer eso, empezará a recorrer la senda sagrada de influir en un hombre hacia usted, Dios y su familia.

PREGUNTAS PARA DISCUTIR Y REFLEXIONAR

1. Haga una lista de los principales tres rasgos que primero la atrajeron hacia su esposo. ¿Cuándo fue la última vez que usted le hizo un cumplido a su esposo por esos rasgos?

2. Si su esposo se fuera a morir, aparte de su compañía, ¿qué dos o tres cosas extrañaría más? ¿Cómo podría afirmar estas cualidades ahora?

3. ¿Le ayuda Santiago 3.2 («Todos fallamos mucho») a ver a su esposo, y su matrimonio, de una forma distinta? ¿Cómo?

4. ¿Qué clase de expresión está generalmente en su rostro cuando su esposo regresa a casa (o cuando usted regresa a casa)? ¿Cómo puede saludarlo de una manera cultivadora y afirmadora?

5. ¿Cómo describirían los amigos de su esposo la forma en que usted mira a su esposo? ¿Necesita cambiar esto? ¿Cómo?

6. ¿Dónde es más probable que falle su hombre con respecto al carácter? ¿Cómo puede usted, siguiendo el ejemplo de Becky Allender, llamar a su esposo a que se comporte de la mejor manera posible mediante la afirmación mientras aún dice no al pecado?

CAPÍTULO 5

PIDIÉNDOLE A DIOS QUE NOS DÉ NUEVOS OJOS

Cómo puede conocer el amor con un hombre imperfecto

Cuando Bobby Kennedy se convirtió en el procurador general de Estados Unidos, los líderes del movimiento por los derechos civiles se desesperaron. Bobby estaba, según un líder de ese entonces, «famosamente desinteresado en el movimiento por los derechos civiles. Sabíamos que teníamos un gran problema. Estábamos alicaídos, en desesperación, hablando con Martin [Luther King Jr.], gimiendo y quejándonos por el giro de eventos, cuando el doctor King dio un manotazo y nos mandó que dejáramos [de quejarnos]. "¡Basta de todo esto!", dijo él. "¿No hay alguien aquí que tenga algo bueno que decir de Bobby Kennedy?". Nosotros dijimos: "Martin, ¡eso es lo que te estamos diciendo! No hay nadie. No hay nada bueno que decir de él... él es una mala noticia"».[1]

Tal vez usted se haya sentido así a veces con respecto a su esposo. Ve tantas cosas negativas, tantos desafíos, prejuicios y malas costumbres que conquistar, que sinceramente no puede pensar en una cosa buena que decir de él. Mientras usted permanezca en ese lugar, jamás lo moverá. Nunca influirá en él.

Martin Luther King Jr. entendió esto profundamente. Él miró a sus compañeros líderes y dijo: «Bueno, entonces, cerremos esta reunión. Volveremos [a reunirnos] cuando alguien haya encontrado una cosa redimible que decir de Bobby Kennedy, *porque esa, amigos míos, es la puerta a través de la cual pasará nuestro movimiento*».[2]

En su opinión, no había forma en que pudieran mover a este hombre hacia la posición de ellos hasta que ellos encontraran una cosa redimible que decir de él. Esa cosa sería la puerta de la redención, la puerta de la influencia, la puerta del cambio.

El plan de King funcionó. Ellos descubrieron que Bobby era cercano a su obispo, y trabajaron a través de este obispo con tanta eficacia que, según el mismo líder que una vez no podía encontrar una sola cosa positiva que decir de Kennedy, «no había un mejor amigo del movimiento por los derechos civiles [que Bobby Kennedy]. No había alguien a quien le debíamos más por nuestro progreso que a ese hombre».[3]

Su pesadilla más grande se convirtió en su sueño más grande.

Este triunfo increíble se formó en base al poder de reconocer uno o dos puntos fuertes, edificar en base a ellos y hallar el camino para su movimiento por medio de eso. Usted moverá a su esposo de la misma manera. Cuando se encuentre desesperada, abrumada por la negatividad hacia el hombre con quien se casó, recuerde las palabras de Martin Luther King Jr.: «Volveremos [a reunirnos] cuando alguien haya encontrado una cosa redimible que decir de Bobby Kennedy, porque esa, amigos míos, es la puerta a través de la cual pasará nuestro movimiento».

Usted necesita saber que los hombres tienden a ser hipersensibles a la crítica y el juicio, especialmente por parte de la gente que valorizamos. El núcleo premamilar dorsal (ubicado en el hipotálamo), descrito como el área del cerebro que «defiende su terreno», «contiene el sistema de circuitos del instinto masculino de tratar de quedar por encima de los demás, defender su territorio, temor y agresión. Es más grande en los hombres que en las mujeres».[4] Si nos sentimos atacados, a menudo nos enfocamos más en el hecho de que estamos siendo atacados que en el contenido o el meollo de lo que alguien nos está desafiando. Eso rara vez conduce a una conversación productiva. No estoy diciendo que *debemos* ser así. Es inmaduro y nosotros podemos aprender a lidiar con este reflejo natural. Al vivir en el mundo real, sin embargo, esto es algo de lo cual las esposas necesitan estar conscientes junto con sus esposos.

USTED NO ESTÁ SOLA

Cuando yo le exhorto para que afirme los puntos fuertes de su esposo, no estoy minimizando sus muchas debilidades; simplemente la estoy animando para que espiritualmente decida todos los días enfocarse en las cualidades por las cuales usted se siente agradecida. Llegará el momento en que usted podrá tratar las debilidades, después que ha establecido un fundamento firme de amor y aliento. Por ahora, usted debe decidir conscientemente agradecer por sus puntos fuertes.

Yo he descubierto que Filipenses 4.8 es tan relevante para el matrimonio como lo es para la vida: «Consideren bien todo lo verdadero, todo lo respetable, todo lo justo, todo lo puro, todo lo amable, todo lo digno de admiración, en fin, todo lo que sea excelente o merezca elogio».

Estar obsesionada con las debilidades de su esposo no hará que desaparezcan. Tal vez usted haya hecho eso durante años, y de ser así, ¿qué resultado le ha dado, aparte de lo mismo de siempre? Leslie Vernick advierte que con regularidad pensar negativamente en su esposo *aumenta* su descontento con él y su matrimonio. Afirmar los puntos fuertes de su esposo, sin embargo, probablemente reforzará y edificará esas áreas que usted aprecia y lo motivará a ir en pos de la excelencia de carácter en otros.

Los hombres responden a los elogios. Cuando alguien nos hace un cumplido, queremos mantener intacta la opinión positiva de esa persona. Nos encanta cómo se siente cuando nuestras esposas nos respetan; somos estimulados incomparablemente cuando la escuchamos elogiándonos o vemos esa mirada de admiración en sus ojos, y somos capaces de viajar hasta el fin del mundo para que continúe.

¿No es este método, basado en la Palabra de Dios, por lo menos algo que vale la pena probar?

Para hacer que esto sea realista, usted debe tomar en cuenta que no hay un hombre que «haga todo bien» todo el tiempo. Esto explica por qué su esposo puede ser muy considerado, bondadoso y atento un día, y muy distante, duro y crítico al siguiente. Usted tiene que darle a su esposo espacio para que sea un ser humano menos que perfecto, que tenga días malos, días en que «todo lo hace mal» y días comunes y corrientes. El desafío espiritual viene del hecho de que es más probable que usted defina a su esposo por sus días malos que acepte los días buenos como la norma. Aférrese a lo bueno; empiece a definirlo por lo bueno; agradézcale a él (y a Dios) por lo bueno, y de este modo refuerce lo bueno.

El resto de este capítulo proporcionará ejemplos espirituales prácticos para ayudarle a aprender a apreciar a un hombre imperfecto. En cierto sentido, el matrimonio consiste en aprender a vivir con el quebrantamiento y las debilidades de otra persona. Ruego a fin de que esto la guíe para que deje de dar por sentado a su esposo, y la haga sentirse agradecida en forma intensa y constante por el hombre que Dios le ha dado como compañero en la travesía de la vida.

Yo entiendo completamente que pueda sentirse como algo muy difícil —puede ser incluso un desafío espiritual monumental— aprender a apreciar a un hombre que la defrauda de muchas maneras. Pero aquí tiene unas cuantas prácticas espirituales probadas para guiarla en la dirección correcta.

Adopte un corazón protector

En los días de mi niñez, nuestra familia tenía una perra que le encantaba perseguir a los carros. Una tarde fatídica, la perra finalmente agarró uno y se lesionó gravemente. Mi papá salió a la pista para recogerla, y nuestra mascota familiar se volvió un monstruo. Frenética por el temor y dolor, esa perra continuó mordiendo a mi papá mientras él la ponía en sus brazos. Él había corrido para ayudarla y traerle sanidad, pero el dolor la abrumó tanto que solo podía morder las manos que estaban tratando de protegerla.

Su esposo puede ser así. Aun si él hubiese tenido padres extraordinarios, es muy probable que todavía traiga a su matrimonio algunas heridas. Tal vez sus hermanos lo fastidiaban. Tal vez una exenamorada rompió su corazón. Quizás tuvo una madre o un padre frío y calculador. Las posibilidades son infinitas, pero él viene a usted como un hombre herido. Tal vez usted se casó con un hombre *profundamente* herido. Lamentablemente, los hombres heridos muerden; a veces, como nuestra perra, muerden las mismas manos que tratan de traerle sanidad.

No estoy hablando de aceptar o aprobar una conducta abusiva o un patrón en el que él la amenaza. Como dije al comienzo, este consejo no está dirigido hacia aquellas que necesitan «escaparse» de sus matrimonios porque se han vuelto peligrosos; está dirigido hacia aquellas que necesitan ayudar a sus esposos a que aprendan a ser más gentiles y comprensivos, y aprendan a procesar su frustración, enojo y vergüenza de manera más madura.

Quizás usted podría ver las acciones de tal hombre a través de estos lentes: «¿Y si él es un hombre profundamente herido que actúa como resultado de su vergüenza y dolor?». Antes de que una relación en la que salen juntos se transforme en un compromiso permanente, muchas mujeres ven a un hombre herido y piensan: *Yo quiero ayudarlo*. Pero hay algo en el matrimonio que a menudo gira eso y hace que la misma mujer pregunte: *¿Por qué tiene él que ser así?* Una vez, las necesidades del hombre suscitaron sentimientos de protección y compasión, ahora esas mismas heridas tientan a su esposa hacia la amargura y el lamento.

El momento para juzgar el carácter y decidir es antes de casarse («¿Realmente quiero vivir con las heridas de este hombre?»). Una vez que termina la ceremonia, Dios la desafía a mantener una actitud de interés y protección en lugar de resentimiento y frustración.

Yo reconozco que el matrimonio revela con más claridad el corazón de un hombre. Y los hombres a veces cambian después de casarse. Tener hijos, ser despedido del trabajo, perder un padre, todo esto puede provocar que se dé riendas sueltas a propensiones negativas enterradas en un hombre, así que, repito una vez más, no la estoy reprendiendo por una decisión que tomó en el pasado. Pero usted tomó una decisión. Teniendo en cuenta esa decisión, ¿puede mantener un corazón suave por encima de las heridas pasadas de él, orando pacientemente por un cambio a largo plazo? ¿O lo va a congelar con sus incapacidades por medio del juicio, resentimiento, condenación y crítica? ¿Puede mantener una actitud *protectora* en vez de una sentenciosa? Realmente ayuda si usted ve las fallas de su esposo a través del prisma de su herida, no para excusarlo, sino para planificar una estrategia para la sanidad y luego un cambio positivo.

Véalo de esta manera: ¿Cómo quisiera usted que su nuera trate a su hijo herido? Así es probablemente cómo el Padre celestial de su esposo quiere que usted trate a su hijo herido.

Dele a su esposo el beneficio de la duda

Algunas esposas pueden literalmente empaparse de desilusión por los defectos relacionales de su esposo: «¿Por qué no me ayuda?». «¿Por qué no me habla de esto?». «¿Por qué no parece que le interesa?». Ellas no se dan cuenta de que sus esposos quizás no sepan qué hacer. Muchas mujeres acusan a sus esposos de no ser bondadosos o amorosos cuando, en efecto, puede que no tengan la menor idea. Es posible que él no esté tratando de ser terco, falto de cariño o insensible; él simple y sinceramente no sabe lo que usted necesita o lo que se supone que él deba hacer. Y hay pocas cosas que la mayoría de los hombres detestan más que no saber qué hacer.

Esta es una revelación clave: es más fácil y menos doloroso para nosotros ignorar el problema que admitir la ineptitud.

Una esposa madura dijo a esposas más jóvenes en una célula para parejas casadas: «Las mujeres a menudo sienten que si sus esposos las amaran, los hombres sabrían lo que ellas están pensando y necesitan. Esto sencillamente no es cierto. Como esposas, necesitamos aprender a hablar el lenguaje de nuestros esposos; necesitamos ser directas en nuestra comunicación y decirles lo que queremos que ellos hagan. Cuando queremos que nos escuchen y no nos den consejo, necesitamos decírselo. Cuando queremos su ayuda para algo, necesitamos pedírselo directamente».[5]

Mi hermano una vez frustró a su esposa aun mientras trataba de complacerla. A las hijas se les había acabado la pasta de dientes, así que él se fue a la tienda y compró algo que creyó que les encantaría. Pasta de dientes Star Wars con gel. Sus hijas chillaron del gusto, pero su esposa lo detestaba. «¿Alguna vez has tratado de limpiar esa masa pegajosa azul?», señaló ella. «¡Se pega por todos lados!». Pero ella vio esto como un caso de buenas intenciones que salieron mal.

Lamentablemente, demasiadas esposas asumen que el esposo no se interesa o, lo que es peor, que él está tratando de hacer que sus vidas sean más pesadas, cuando la realidad puede ser que él no tenga la menor idea. Mi cuñada podría escoger una de dos maneras de ver el fracaso del incidente con la pasta de dientes: o mi hermano se interesó lo suficiente para ir a comprar la pasta de dientes, o él intencionalmente hizo que la vida de su esposa fuera más difícil al comprar una marca que crea una pesadilla para limpiar.

Otra esposa me dijo que cuando ella y su esposo por primera vez empezaron a viajar juntos, ella le preguntaba: «¿Ya tienes hambre?». Él decía no, y ella se quedaba sentada y enojada porque obviamente él no se interesaba por ella. Cuando ella aprendió a decir: «Oye, tengo hambre, detengámonos para almorzar», su esposo siempre era complaciente. Ella al final se dio cuenta de que su esposo no estaba tratando de ser desconsiderado; él simplemente no estaba captando la insinuación.

¿Me permite destrozar un mito destructivo? Quizás usted piense que cuanto más le ame su esposo, mejor le leerá su mente. Esa es una noción romántica pero *sumamente* irreal e incluso destructiva. Puede causar estragos en un matrimonio e impedir la comunicación madura al evitar que usted sea directa, mientras al mismo tiempo la tienta hacia el resentimiento cuando su esposo demuestra ser totalmente incapaz de practicar la telepatía.

He aquí una estrategia más sana. En lugar de resentirse por la falta de sensibilidad de su esposo, intente tratarlo de una manera directa. Sea directa en vez de esperar que él adivine lo que usted necesita. Su aparente renuencia para ayudar podría ser el resultado de no tener la menor idea de lo que usted quiere. Donna, una esposa que entrevisté para este libro, me dijo que, a principios de su matrimonio, ella le decía a su esposo: «Cariño, se quemó el foco», y su esposo creía que ella estaba haciendo una observación, mientras que ella pensaba que le estaba pidiendo que lo cambiara.

Respete la posición aun cuando usted no esté de acuerdo con la persona

El primer hijo de Coppelia nació el día anterior al segundo aniversario de boda de ella y Adán. Ellos recientemente se habían mudado a California por el trabajo de Coppelia. Si bien Adán estaba ocupado buscando trabajo, él no pudo encontrar uno que fuera lo suficientemente estable o lucrativo para el momento en que llegó el bebé. Él trabajaba, pero no era ni con mucho suficiente para proveer los ingresos principales, y no tenía beneficios médicos.

Adán se sintió humillado. Antes de la mudanza, él ganaba el doble de lo que ganaba Coppelia y creía que el traslado no le iba a impedir encontrar una posición similar. Ellos se mantuvieron esperando que se abriera una puerta, pero después que Coppelia requirió una cesárea y los doctores les informaron que el bebé iba a necesitar una operación en el primer año, se dieron cuenta de que la única opción era que Adán se quedase en casa con el bebé mientras que Coppelia regresaba a trabajar. A Coppelia se le partía el corazón dejar a su bebé de ocho semanas. Ella dijo: «Nosotros nos sentíamos terriblemente mal, queriendo que nuestros papeles se invirtieran, pero a pesar de lo mucho que lo intentábamos, no resultaba de esa manera».

Esos son los momentos que pueden poner a prueba el temple de un matrimonio, pero simplemente fortalecieron el temple de Coppelia. «Supongo que pude haberme alterado por muchas cosas, pero todo al final señalaba lo que sentíamos que Dios quería que hiciéramos. Ambos oramos mucho acerca de la decisión de Adán de dejar su trabajo bien remunerado, y la mía de aceptar lo que nos trasladó a California. Ambos estábamos en paz con esa decisión. También sabíamos desde el principio que nuestro presupuesto familiar sería uno. Yo no veía mi sueldo como si fuese *mi* dinero, siempre era *nuestro* dinero. Nosotros tomábamos las decisiones juntos, por más difíciles que fueran. La posición de mi esposo como jefe de nuestro hogar nunca cambió, independientemente de sus ingresos. Dios lo puso allí, y mi respeto por él y su liderazgo no cambiaron. Y al final de todo, nos hizo más fuertes para capear esas tormentas. Vimos a Dios supliéndonos, guiándonos en nuestro trayecto, y fortaleciendo nuestro matrimonio y nuestra familia».

Una de las razones por las que el matrimonio de Coppelia prosperó durante este tiempo es que ella no permitió que la desilusión socavara su respeto para con su esposo. Coppelia nos recuerda que la Biblia llama a las esposas a que respeten a sus maridos. «Que la esposa respete a su esposo» (Efesios 5.33). No dice que las esposas respeten a sus esposos *perfectos* o ni siquiera a sus esposos *piadosos*. Dice que los esposos, sin calificadores, deben ser respetados.

Por supuesto, el respeto no es un consentimiento incondicional de una situación o relación poco sana. El respeto no significa ocultar o cubrir una conducta destructiva. Pero sí influye en la manera de tratar una conducta destructiva o decepcionante.

Bíblicamente, hay un cierto sentido en el cual el respeto viene con la *posición*, no con la persona. El apóstol Pablo insultó a un hombre usando un lenguaje atrevido («¡Hipócrita!»), pero luego pidió disculpas después que se dio cuenta de que había estado hablando con el sumo sacerdote: «Hermanos, no me había dado cuenta de que es el sumo sacerdote; de hecho, está escrito: "No hables mal del jefe de tu pueblo"» (Hechos 23.3–5).

Su esposo, *debido a que es un esposo*, ni qué decir por llevar la imagen de Dios, se merece respeto. Usted puede que no esté de acuerdo con su criterio, que objete la manera en que maneja las cosas, que se sienta decepcionada de que no ha tenido éxito, y así legítimamente confrontarlo, pero según la Biblia, tan solo su posición la llama a tenerle cierta cantidad de respeto. Si usted le niega este respeto, su esposo muy bien podría dejar de escucharle.

Comparta una porción de la gracia que Dios le da

Elyse Fitzpatrick, una consejera, una vez le dijo a su célula acerca de cómo Dios la había sacado de una fe legalista y orientada hacia las obras, a «una existencia llena de gracia y pacífica con mi misericordioso Padre celestial».

«Ya no siento la presión», les dijo ella. «No me malinterpreten; no es que no estoy siguiendo la santidad. Es que yo sé que mi Padre me llevará donde quiere que esté y que incluso mis fracasos sirven, en cierta forma, para glorificarlo. Mi relación con Dios está creciendo hasta que todo consista en su gracia, su misericordia, su poder».[6]

Entonces la amiga de Elyse la dejó atónita al responder: «Eso debe ser una gran bendición para tu esposo, Elyse. Estar caminando en esa clase de gracia debe permitirte ser muy paciente y llena de mucha gracia con Phil. Saber que Dios está trabajando en él, así como está trabajando en ti debe hacer que tu matrimonio sea muy dulce y tu esposo muy complacido. Debe ser fabuloso para él saber que ya se le quitó la presión a él también».

La razón por la cual esta amiga dejó atónita a Elyse es que Elyse inicialmente no hizo la conexión que hizo su amiga. «Apenas le extendía a Phil la gracia que yo disfrutaba con el Señor. En cambio, yo era frecuentemente más como el hombre en la parábola de Jesús que, después que se le perdonó una gran deuda, salió y golpeó a su compañero esclavo porque le debía una mísera cantidad de dinero».[7]

Había una brecha en la mente de Elyse acerca de recibir la gracia y darla. Dicho sea en su honor, ella respondió a la verdad tal como se le presentó, y su matrimonio fue bendecido, por consiguiente. Requiere gran madurez espiritual amar la misericordia, ofrecer gracia y darle a alguien los mismos beneficios espirituales que recibimos de nuestro Padre celestial. Medite profundamente en lo mucho que Dios ha hecho por usted: cómo él ha visto cada acto perverso que usted ha cometido, escuchado cada sílaba de cada chisme, notado cada pensamiento malicioso, horrible y odioso, y aún la ama. Es más, él la adora. Y la ha perdonado y dado nueva vida en él.

Ahora viene la parte difícil. ¿Le dará a su esposo por lo menos una porción de lo que Dios le ha dado?

Forme su corazón por medio de la oración

Practique elevar oraciones positivas por su esposo. Encuentre las cinco o seis cosas que él hace realmente bien —o incluso solo una o dos— y trate de cansar a Dios agradeciéndole por darle un esposo con estas cualidades. Dele seguimiento a sus oraciones con comentarios o incluso tarjetas de felicitaciones que le agradezcan a su esposo personalmente por lo que es.

Yo he practicado esto con mi esposa con resultados asombrosos. Una mañana, me desperté temprano e inmediatamente sentí mi frustración de la noche anterior. Tuvimos un problema en nuestra relación que lo habíamos discutido hasta el cansancio durante las últimas dos décadas. Lisa reconoció su necesidad de crecer en esta área, pero eventos de las semanas anteriores me habían convencido de que nada había cambiado.

Yo me resentí, y cuando me siento resentido, puedo caer en lo que llamo «chuponeo cerebral». Empiezo a desarrollar mi caso. Como un abogado, recuerdo cada desaire y cada conversación, y le demuestro a mi jurado imaginario lo equivocada que está mi esposa y cuánta razón tengo yo.

De repente, recuerdo a la viuda de Sarepta, la que fue rescatada de morir de hambre mediante las oraciones de Elías (1 Reyes 17.7–24). Decidí aplicar la verdad de este pasaje, así que mencioné algo de la personalidad de Lisa por lo cual me sentía muy agradecido. Eso me recordó otra cosa, lo cual me recordó otra cosa, lo cual me recordó aún otra cualidad. Después de unos quince minutos, yo literalmente comencé a reírme. Vi tanto de qué agradecer que parecía absurdo que desperdiciase el tiempo inquietándome por este único problema.

Las oraciones de agradecimiento literalmente forman nuestra alma. Ellas preparan con mucha eficacia nuestros afectos. Leslie Vernick explica esto desde una perspectiva consejera: «Los terapeutas cognoscitivos saben que lo que pensamos afecta directamente nuestras emociones. Si pensamos en cosas negativas, abrigamos malas actitudes o espíritus criticones, nuestras emociones se van cuesta abajo. Al contrario, si pensamos en cosas que son buenas, verdaderas, correctas —cosas por las cuales estamos agradecidos— entonces nuestras emociones pueden levantarse».

Use abundantemente esta poderosa herramienta. Tenemos que darle tiempo. Una sesión de agradecimiento no ablandará completamente un corazón endurecido. Pero con el tiempo, el agradecimiento se convertirá en un firme y persistente amigo del afecto.

Deje las expectativas poco realistas

Patricia se casó con un esposo decidido y ambicioso. Ella dice que sabía, aun antes de casarse con Luis, que su esposo tenía la intención de cumplir celosamente el llamado de Dios de alcanzar a los perdidos: «Dios quiere que todos sean salvos (1 Timoteo 2.4), y en ocasiones he pensado que mi esposo estaba decidido a hacer lo mejor posible para alcanzar a las últimas cuatro mil millones de almas perdidas para Jesucristo». Debido al llamado de Luis, Patricia tuvo que enfrentar ciertas dificultades que hubieran vuelto locas a algunas mujeres: «viajes extensos, separaciones largas, y brindar cuidado materno sola a cuatro niños varones por lo menos la tercera parte del tiempo». Añada a esto ingresos inseguros y vivir en tres países durante los primeros años de su matrimonio, y posteriormente una larga lucha contra el cáncer, y usted podría esperar encontrar una esposa resentida y amargada. No si usted habla con Patricia. «Nosotros esperábamos que las cosas fueran distintas a la norma», dice ella. «También supimos desde el principio que no podíamos satisfacer las necesidades del uno y el otro cien por ciento. Darnos cuenta de ello nos protegió de las desilusiones que resultan de las expectativas poco realistas».[8]

Su esposo no va a satisfacer sus necesidades cien por ciento. Probablemente no va a satisfacer ni el ochenta por ciento. Si usted espera que sí, se va a convertir en una persona frustrada, amargada, resentida y enojada. Dios no estableció el matrimonio para satisfacer el cien por ciento de sus necesidades. Si sus expectativas están fuera de control, su problema tal vez no sea con su esposo; quizás sea con Aquel que creó el matrimonio. Cuando usted pide más de su matrimonio que lo que Dios diseñó que podía dar, usted va a vivir con una desilusión profunda y penetrante.

Tal vez se sienta tentada a responder: «Pero *mis* expectativas son legítimas, ¡y él no las está satisfaciendo!». Ese es el reto, ¿no es verdad? Algunas expectativas *son* legítimas. Si su esposo nunca quiere tener relaciones íntimas físicamente con usted, se rehúsa a buscar trabajo y ayudar a mantener a la familia, pasa más tiempo con videojuegos que con usted y los hijos, o crea un ambiente donde usted no se siente segura con él, usted no está siendo irrazonable, y la falla no está en sus expectativas sino en la conducta de su esposo.

Por eso es útil que un matrimonio tenga una amiga madura con quien pueda hablar de la condición de su corazón con respecto a su cónyuge. Yo tengo unos cuantos hombres que me dicen la verdad, sin importar lo que ellos crean que yo quiero escuchar. Ellos tienen la misma probabilidad de desafiarme como de estar de acuerdo conmigo, y han sido una fuente de abundante consejería en mi propio matrimonio.

Una de las primeras cosas que hizo Saúl después de ser coronado como el primer rey de Israel fue rodearse de «hombres leales, a quienes el Señor les había movido el corazón» (1 Samuel 10.26). Conforme usted trata de vivir su llamado como una reina en su casa, encontrará útil, así como yo, hallar amigas osadas que sean sensibles a la sabiduría y voz de Dios, y que valientemente le dirán esa verdad.

Vaya a la cruz

Algunos deseos nunca se van a cumplir y necesitan ser «crucificados». En efecto, varios estudios han sugerido que más del cincuenta por ciento de los problemas conyugales jamás serán resueltos. Esto requiere el brillante pero severo remedio de la cruz. Necesitamos recordar constantemente que a nuestras vidas no las define nuestra felicidad conyugal, sino la búsqueda del reino de Dios y su justicia primero. Esa búsqueda, al final, producirá felicidad, pero tenemos que mantener lo primero como lo primero.

He aquí el truco espiritual. Transforme el enfoque de sus expectativas de lo que usted espera de su esposo a lo que Dios espera de usted. Nosotros no podemos hacer que ninguna persona haga lo que creemos que deben hacer, pero podemos rendirnos a lo que Dios quisiera que hagamos teniendo en cuenta eso.

Patricia descubrió que aceptar el rol de la cruz en su vida le ayuda a verificar sus propios deseos. Escuche una vez más a esta sabia mujer:

Quizás algunas cosas mejoran con la falta de un enfoque interno. En vez de enfocarnos en nuestro matrimonio o nuestros deseos, Luis y yo nos hemos enfocado en el llamado de Dios para nuestras vidas. Hemos vivido para una causa que es más grande que nosotros dos. Y después de cuarenta años, nos gustamos, nos llevamos bien y nos hemos satisfecho mutuamente todo lo posible.

Nuestra satisfacción es hacer la voluntad de Dios. Nuestra plegaria es: *No mi voluntad, Señor, sino la tuya.* Este enfoque evitó que dijera: «Yo merezco más ayuda que esta» cuando Luis se ha ido por dos semanas, dejándome con cuatro varoncitos. Yo no pensé: *No puedo creer que Luis tenga que irse otra vez tan pronto*, dos o tres semanas después de su último viaje. Para mí, el mandamiento del Señor de «llevar su cruz y seguirlo» ha significado dejar que Luis se vaya mientras me encargo de las cosas en casa. No, no es «justo», pero trae vida —vida eterna— a otros. Y yo gano paz, contentamiento y satisfacción.[9]

La actitud de Patricia funciona igualmente bien tanto con las esposas casadas con trabajadores de la construcción como con las esposas casadas con evangelistas o pastores. Patricia se rindió a la *voluntad de Dios*, cualquiera que sea esta. Criar hijos, apoyar a un esposo, permanecer involucrado en la iglesia de uno, todas estas actividades pueden constituir un llamado «más grande que nosotros dos», aun si ese llamado jamás será celebrado en un libro de historia.

Siéntase libre de decir: «¡Esto apesta!», pero luego añada: «Y Señor, ¿cómo quisieras que responda en medio de este hedor?».

Independientemente de su situación, la vida cristiana requiere una cruz. Su cruz puede ser diferente a la de Patricia, pero usted *tendrá* que llevar una cruz. El resentimiento y la amargura harán que cada astilla de esa cruz se sienta como un clavo filudo y oxidado. Una actitud abnegada puede que no suavice la cruz, pero la hará más dulce, y al final de su vida, tal vez hasta parezca valiosa.

Cuando Patricia como mujer madura casada por más de cuatro décadas testifica que ha ganado «paz, contentamiento y satisfacción», quiere decir que ha hallado lo que prácticamente toda mujer quiere y, no obstante, muy pocas encuentran. ¿Por qué? Porque muchas mujeres ven la cruz como su enemigo en vez de su amigo más fiel. ¿Paz? ¿Contentamiento? ¿Satisfacción? ¿De parte de una mujer que crio a cuatro niños con un esposo que a menudo estaba ausente y que resistió *dos años* de quimioterapia? ¿Cómo puede ser esto? Patricia entiende algo de lo cual el mundo se burla: «Al final, nada nos hace "sentir" tan bien como el serle obediente».[10]

Si usted no muere a las expectativas irreales y si rechaza la cruz, se hallará en constante guerra con su esposo en lugar de estar en paz. Se sentirá frustrada en lugar de conformada, y decepcionada en lugar de satisfecha. ¿Por qué? A menudo olvidamos que ambos cónyuges en un matrimonio tienen sus expectativas, y a veces estas expectativas están en conflicto.

Martie descubrió que esto fue cierto en su propio matrimonio.

Cuando Joe y yo nos comprometimos, yo tenía una cantidad de suposiciones acerca de cómo iba a ser nuestra vida de casados. Una de ellas era que Joe estaría en casa la mayoría de las noches y que pasaríamos horas hablando juntos, compartiendo actividades, y soñando juntos, así como lo hacíamos cuando teníamos citas. Pero esas expectativas no se materializaron. Después que nos casamos, Joe hizo malabares para ir al seminario, un trabajo de medio tiempo, y una asignación ministerial además de su compromiso conmigo como su esposa. Él a menudo llegaba tarde a casa y yo me molestaba por tener que pasar la noche sin él después de esforzarme duramente todo el día en mi trabajo frustrante. Sentí que Joe estaba rompiendo alguna promesa tácita de pasar tiempo conmigo. Pero vea usted, ese era el problema: Nunca le dije de mis expectativas. En mi mente él estaba rompiendo una promesa, pero en la suya él estaba simplemente cumpliendo con sus responsabilidades.[11]

Al final, Martie habló con Joe acerca de sus deseos, y los dos llegaron a un acuerdo para pasar algunas noches juntos. Debido a su vocación, Joe no está en casa todas las noches, como Martie una vez lo soñó. Pero él está en casa más noches que lo que probablemente visualizó como hombre soltero. Ninguno recibió todo lo que quería, pero ambos cedieron a algo más grande que ellos mismos. Por eso digo que la armonía, el gozo y la paz jamás honrarán un hogar regido por expectativas en lugar de la cruz.

En su libro *It's My Turn* [Es mi turno], Ruth Bell Graham se vuelve bastante directa al respecto: «Me da lástima la pareja casada que espera demasiado el uno del otro. Una mujer es tonta cuando espera que su esposo sea para ella lo que solo Jesucristo puede ser: siempre listo para perdonar, totalmente comprensivo, infinitamente paciente, invariablemente cariñoso y amoroso, infalible en toda área, anticipando toda necesidad y proveyendo más que adecuadamente. Tales expectativas ponen a un hombre bajo una presión imposible».[12]

Recuerde que su esposo no es una iglesia

Este mundo pecaminoso sin lugar a duda nos defraudará, por eso nos necesitamos mutuamente. Usted tiene un deseo natural de conocer y ser conocida, de amar y ser amada, de cuidar y ser cuidada. Por eso Dios no solo nos llama al matrimonio; también nos llama a la comunidad. Su esposo puede ser un hombre maravilloso y piadoso, *¡pero él no es una iglesia!*

Su esposo no puede ser todo para usted. Usted es responsable por conseguir ciertas cosas que necesita para su propio desarrollo personal, y su salud emocional y espiritual fuera del matrimonio. Si usted no se ha interesado por su sistema de apoyo —sus amigas, sus pasatiempos, su recreación, sus amistades espirituales— esperando que su esposo pueda reemplazar todo esto mientras que también supla todas sus necesidades relacionales, entonces se está dirigiendo usted (y su matrimonio) hacia la desilusión y el fracaso. Ningún esposo, por sí mismo, es suficiente, usted aún necesita a otros, y es *su* responsabilidad cultivar esas otras relaciones.

¿Podría otra persona ayudarle a llenar parte de ese vacío de la desilusión que usted siente con su esposo? Por ejemplo, quizás desea que su esposo orara con usted por su familia más a menudo. Mientras está trabajando en eso, ¿por qué no encontrar otra mujer y orar con ella por sus familias? Si su esposo se siente muy cansado o simplemente no quiere ir al estudio bíblico semanal con usted, pídale a una amiga. Tal vez su esposo es un adicto a la televisión más que un compañero para salir a correr, entonces trate de hallar una mujer que corra unas cuantas millas con usted.

Si llega a satisfacer algunos de estos deseos comprensibles y naturales fuera de su matrimonio será menos probable que se resienta con su esposo por lo que él no hace y más probable que reconozca lo que sí hace. Manténgase recordando: *Mi esposo es un hombre, no una iglesia, y no es justo pedirle que sea todo para mí.*

Pídale a Dios que la cambie

Tan pronto como empiece a ofrecer oraciones de gratitud por su esposo, asegúrese de esto: el enemigo de su alma y el que sería el destructor de su matrimonio le recordará cuáles son los defectos de su esposo. Usted podría encontrarse con que se está resintiendo cada vez más: «¿Por qué debo agradecerle a Dios que mi esposo trabaja duro durante el día, pero cuando llega a casa ni siquiera me habla en la noche?». «¿Por qué debo agradecer a Dios que mi esposo siempre me haya sido fiel, cuando él no gana suficiente dinero para que compremos una casa y yo tengo que trabajar horas extras más de lo que quiero?».

Usted necesita responder a esta tentación con un saludable ejercicio espiritual: tan pronto como recuerde las debilidades de su esposo, en el mismo segundo en que le vengan a la mente esas malas cualidades, comience a pedirle a Dios que *la* ayude con debilidades específicas suyas. Así es, cuán retrógrado que esto pueda sonar, responda a las tentaciones de juzgar a su esposo orando para que Dios la cambie a *usted*. Vaya a orar armada de dos listas: los puntos fuertes de su esposo y las debilidades suyas.

Para que usted no piense que estoy culpando a las mujeres por todo, déjeme decirle que yo hago lo mismo. Yo me voy a orar armado de los puntos fuertes de mi esposa y mis debilidades. Yo creo que tanto los esposos como las esposas deben hacer esto, pero ya que este libro está dirigido a las esposas, estoy enfatizando su respuesta, no la de su esposo.

Permítame ser brutalmente sincero aquí. Un esposo casado con una esposa decepcionada pierde la mayor parte de su motivación para mejorar sus malos hábitos. ¿Por qué cree que su esposo trabajaba tan duro antes de casarse con usted? Porque le encantaba la manera en que usted lo adoraba. Él quería atraer su atención, quería impresionarla. Y cuando vio que usted *sí* lo notó y que *sí* lo apreció, eso hizo que él quisiera complacerla aún más. *Él se sintió motivado a moverse por la manera en que usted lo adoraba.*

El cáncer relacional de la descarada decepción carcomerá cualquier motivación para cambiar más. Antes que usted trate de influir en su esposo, relájese y disfrute de él, aprécielo y agradezca a Dios por él. Antes que empiece a pensar en lo que él necesita cambiar, haga un inventario completo de lo que usted quiere que siga igual. Luego agradézcale a Dios por eso, y agradezca a su esposo también.

Consígase ojos nuevos

A Greg ahora se le conoce como un hombre talentoso y económicamente exitoso, pero en los primeros días de haber empezado su negocio, a pesar de trabajar lo más duro que podía, el dinero era escaso y su joven matrimonio estaba lleno de tensión. La esposa de Greg, Anne, estaba impresionada por lo inepto que parecía Greg comparado con su padre cuando se trataba de cosas prácticas. Ellos tenían un joven bebé, así que Anne esperaba cada vez más de Greg; aunque él necesitaba pasar muchas noches tratando de que despegara su nuevo negocio.

Greg ganó considerable estima por su trabajo fuera de casa. Mucha gente lo elogiaba, le agradecía y lo afirmaba. Él era un tipo simpático en un negocio con más de unos cuantos tarados feroces. También era visto como un pensador creativo, aplicando nuevas estrategias para hacer que despegue un negocio. Sin embargo, en casa, él siempre parecía el esposo que no ganaba suficiente dinero o no podía arreglar cosas o que siempre estaba muy cansado.

¿Puede ver la trampa diabólica que se estaba tendiendo?

Greg ahora libremente reconoce que fue un esposo menos que espléndido durante esa temporada. Él todavía tenía sus veintitantos años, egocéntrico, y no había aprendido a amar o apreciar a una mujer. En retrospectiva, él entiende completamente cómo su esposa se volvió tan frustrada con él.

Greg empezó a trabajar de cerca con una mujer en su negocio. Inicialmente, no se sentía atraído físicamente hacia ella, así que bajó su guardia en cuanto a las largas horas que pasaban trabajando juntos. Pero después de unos cuantos meses, Greg cruzó la línea emocionalmente. Asustado por sus pensamientos, él tontamente se dirigió a la mujer, explicándole, dando rodeos, que ambos no debían pasar más tiempo juntos.

La mujer no era estúpida. Cuando Greg habló de lo importante que le era su familia y cómo él no quería poner en peligro eso, ella pudo leer entre líneas.

«Entonces, tú quieres decir», dijo ella, sin terminar lo que estaba hablando, pero ambos sabían muy bien lo que ella quería decir.

«No puedo creerlo», dijo ella. «Tú eres tan perfecto».

Esas cuatro palabras, «tú eres tan perfecto», se sintieron como la droga más potente que Greg jamás había conocido. Sentirse despreciado, no respetado, y tomado a la ligera en casa, y luego escuchar a alguien pronunciar algo tan cautivadoramente inspirador —*¡él era perfecto!*— lo puso por las nubes.

La relación rápidamente se convirtió en un lío emocionalmente enredado. Greg decidió que podía resolver la atracción por su cuenta, pero por supuesto, no pudo. La relación nunca llegó a ser física, pero la infidelidad emocional causó tremendo dolor. Si no hubiera sido por el firme consejo y corrección de algunos hombres devotos de la iglesia de Greg, y algunas decisiones nobles que tomó la otra mujer, solo Dios sabe lo que pudo haber sucedido.

Sin lugar a dudas, Greg cometió un error garrafal. La percibida negligencia de su esposa no lo empujó hacia esta falla, y él tampoco culpa a la otra mujer. Greg admite libremente su falla.

Yo cuento su historia esperando que su dolorosa lección pudiera dar aliento a otras esposas. Como ve, el *mismo Greg* decepcionó a una mujer y cautivó a otra. Una mujer lo vio con ojos cansados —veía solo lo que no estaba proveyendo— mientras que la otra lo vio con ojos nuevos. Una lo vio a través de expectativas frustradas; la otra lo vio con posibilidades ilimitadas.

¿Con qué ojos está usted mirando a su esposo? *Tome en cuenta que usted no es la única que lo está mirando.* Eso no es una amenaza; es simplemente una declaración de la realidad. Este mundo está lleno de muchos estúpidos. Si su esposo es un hombre relativamente decente, probablemente va a causar algo de interés en su trabajo.

Permítame ponerlo de otra manera. Quizás su esposo es «solo» un asistente de gerente o un vicerrector. Si bien esto tal vez no le parezca mucho a usted, otros aún miran a su esposo con respeto e incluso afecto, aquellos que su esposo ha contratado o entrenado, así como clientes o miembros de la iglesia que han llegado a confiar en su liderazgo y destrezas. Cuando un esposo se siente más respetado y apreciado en el trabajo que en casa, surge la erupción de una situación precaria. Al final, su corazón puede gravitar en torno al lugar donde se siente más apreciado.

Las esposas que salen a trabajar pueden enfrentar esta tentación aún más que las mamás que se quedan en casa, en gran parte porque usted podría estar entre el casi treinta por ciento de mujeres que ganan más que sus maridos (cuando ambos cónyuges trabajan, el porcentaje de mujeres que ganan más en el matrimonio en general es casi el treinta y ocho por cien-to).[13] Ginny Graves escribe sabiamente: «Muchas mujeres están enojadas y agotadas después de pasar largos días en la oficina, y luego hacer la mayor parte del "trabajo de mujeres" en casa. Y si tienen hijos, a menudo anhelan tener más tiempo libre y menos estrés, y desean que sus cónyuges asuman más cargas económicas, un deseo que frecuentemente no se cumple porque muchos hombres no pueden encontrar trabajo mejor remunerado».[14]

En medio de vivir con esta clase de frustración, puede ser fácil que cuando ve a su esposo a través de ojos cansados se olvide de las cosas que al principio la atrajeron a él: su sentido del humor, su consideración, su profundidad espiritual, o cualquier cantidad de otros puntos fuertes. Aunque usted tal vez no pueda ver estas cualidades, eso no significa que todos los demás no las verán. El respeto es una obligación y disciplina espiritual. ¡Dele a su esposo el reconocimiento que se merece!

Linda Dillow se casó con un estimado profesor de la universidad. Una vez, ella habló en la universidad donde trabajaba su esposo. Después de la introducción, una joven de dieciocho años dijo: «Oh, ¿es usted la esposa de Jody Dillow? ¡Yo creo que él es maravilloso!». Linda escribe: «La última oración se dijo con cierta sensación de derretimiento. Ella prosiguió a hablar de mi esposo como si fuera Tarzán, Albert Einstein y Billy Graham juntos. Yo apenas pude terminar mi mensaje esa tarde. Todo el camino a casa pensé en la manera en que esta chica veía a mi esposo. ¡Me sacudió para que lo viera a través de los ojos de otra mujer!».[15]

¿Cómo puede empezar a apreciar a un hombre imperfecto? Pídale a Dios que le dé ojos nuevos.

VALÍA INCONMENSURABLE

En el siglo XII, la enorme riqueza del castillo Weinsberg Castle en Alemania lo convirtió en una joya codiciada. Las fuerzas enemigas sitiaron la fortaleza de piedra y amenazaron las riquezas que había adentro. Los habitantes no tenían la menor probabilidad de defenderse contra tan grande horda, y los maleantes contrarios exigieron una rendición total. Si los ocupantes se po-nían de acuerdo en entregar sus riquezas y los hombres entregasen sus vidas, las mujeres y los niños se salvarían.

Después de consultar, las mujeres de Weinsberg Castle pidieron una provisión: salir con todas las posesiones que se pudieran llevar. Si las fuerzas contrarias estaban de acuerdo con esta petición, los hombres de adentro depondrían sus armas y entregarían las riquezas del castillo. Totalmente consciente de la abundancia de riquezas dentro del castillo, las fuerzas enemigas estuvieron de acuerdo. Después de todo, ¿cuánto se podrían llevar estas mujeres?

Finalmente, se abrieron las puertas del castillo, y la imagen que surgió provocó lágrimas hasta a los soldados más crueles. *Cada mujer llevaba a su esposo sobre su espalda.*[16]

¿Cuántos de esos hombres rescatados eran perfectos? Ninguno. Pero cada uno de esos hombres imperfectos significaba más para sus esposas que cualquier cosa que tenían.

¿Dónde está *su* riqueza más grande?

PREGUNTAS PARA DISCUTIR Y REFLEXIONAR

1. Nombre por lo menos una cualidad redimida de su esposo que ofrezca un posible camino para la influencia sagrada.

2. ¿Qué cosas prácticas pueden hacer las esposas para aplicar Filipenses 4.8 a la manera en que piensan acerca de sus esposos? «Consideren bien todo lo verdadero, todo lo respetable, todo lo justo, todo lo puro, todo lo amable, todo lo digno de admiración, en fin, todo lo que sea excelente o merezca elogio».

3. ¿Define usted a su esposo más por sus días malos que por los buenos? ¿Cómo pueden las mujeres desarrollar expectativas realistas, aceptando el hecho de que sus esposos tendrán días no muy buenos mientras aún trabajan hacia tener una influencia positiva en sus esposos?

4. ¿Qué heridas trajo su esposo a su matrimonio? ¿Cómo calificaría su actitud actual hacia estas heridas: redentoramente protectora o críticamente sentenciosa? ¿Cómo puede crecer una mujer en esta área?

5. ¿Alguna vez ha asumido usted que su esposo de algún modo intuitivamente sabe lo que usted quiere? ¿En qué área sería usted más directa para pedirle que la ayude o apoye?

6. Tome algo de tiempo para considerar la gracia que Dios le ha mostrado a usted. Reflexione en todos los pensamientos impuros, actitudes horribles y actos inmorales que Dios le ha perdonado. Luego pregúntese: *¿Cómo puedo ofrecer a mi esposo la misma gracia que Dios me ha mostrado?*

7. ¿Piensa usted que ha estado pidiendo de su matrimonio más de lo que Dios diseñó que iba a proveer, o piensa que está conformándose con menos de lo que usted debería?

8. ¿Qué necesidades relacionales y espirituales no están siendo satisfechas en su matrimonio que podrían satisfacerse cultivando otras amistades? ¿Ve esto como un compromiso, conformándose con el segundo lugar, o como un beneficio saludable de la comunidad cristiana? Además de asegurarse de que estas amistades sean del mismo sexo, ¿cuáles son algunas pautas básicas para formar estas relaciones?

9. ¿Dónde consigue su esposo la afirmación y validación? ¿Dónde consigue usted la afirmación y validación? ¿Cuáles son algunas maneras en que usted puede estar en ambientes que le ofrecen más afirmación y validación? ¿Cuáles son algunas de las formas en que usted puede hacer que su hogar sea un ambiente afirmador para su esposo y para usted?

CAPÍTULO 6

LA AYUDA

Aceptando gustosamente el sublime
llamado del matrimonio

Cuando Grant Fishbook decidió dejar su puesto en la iglesia, a unas cuantas personas no les gustaron sus motivos, así que inventaron los suyos y comenzaron a calumniarlo. Ellos cuestionaron el carácter y la integridad de Grant, lo cual simplemente aumentó el abatimiento que ya sentía. Grant empezó a trabajar en un lugar donde ganaba casi el sueldo mínimo, arrastrándose debajo de las casas para inspeccionarlas, tratando de ver cómo pagar su hipoteca y sustentar a su familia mientras aún escuchaba la voz de Dios para el futuro.

Grant todavía creía que había sido llamado para el ministerio, así que la desilusión de recientes eventos, la frustración de tener un trabajo que no satisfacía, la incertidumbre del futuro y la repentina crisis económica amenazaban con enterrarlo bajo el desaliento.

Pero Grant tenía una esposa fuerte y devota que intervino. Laurel vio la desilusión en el rostro de su esposo, pero jamás dejó de creer en él. Ella nunca empeoró las cosas preguntando cómo iban a poder alimentar a una familia con casi el sueldo mínimo, o lo que eso significaba para ella en cuanto a tratar de cubrir la diferencia. En medio de la desilusión de Grant, Laurel se convirtió en su protectora en vez de acusadora.

Un día, Grant entró a casa y escuchó sin querer a Laurel hablando por teléfono. Ya que Grant había entrado a la habitación por detrás de ella, Laurel no sabía que él había llegado. Pero esto fue lo que Grant oyó: «No, *no puedes* hablar con mi esposo. No llegas a él a menos que pases por mí. Y si encuentras una manera de pasar por encima de mí, será mejor que recuerdes algo: él es mi esposo, y yo soy su esposa».

Grant se dio cuenta, por el tono de la voz de Laurel, que esa no era la única vez que ella desviaba llamadas como esa. En aquellos momentos en que Grant se sentía más vulnerable, Laurel creaba una almohada de protección para ayudarle a sanar.

Hoy, Grant pastorea la iglesia evangélica más grande de Whatcom County, Washington. Y Grant sería el primero en decirle que el motivo por el cual él puede hacer lo que hace se basa en parte por lo que Laurel hizo en ese entonces. En ese tiempo, él era un hombre frágil apoyado por una mujer fuerte; pero con el apoyo de Laurel, Grant llegó a ser un líder espiritual para la región entera.

Esto es exactamente lo que Dios quiso que hiciera el matrimonio: proveer el ambiente de apoyo en el que tanto el esposo como la esposa puedan llegar a ser todo aquello para lo cual Dios los había creado. Puesto que este es un libro enfocado en las esposas, no obstante, enfoquémonos en lo que significa para usted ayudar a su esposo.

EL PESO ESPIRITUAL DEL MATRIMONIO

Cuando Dios dijo: «No es bueno que el hombre esté solo. Voy a hacerle una ayuda adecuada» (Génesis 2.18), él no estaba hablando consigo mismo, él estaba hablando con *nosotros*. Él nos estaba dejando ver el diseño de la Trinidad para el matrimonio del ser humano. Dios diseñó a la esposa para que ayudase a su esposo.

Esto no la reduce como mujer, como si hubiera sido creada para ser una acompañante de la figura principal masculina. Génesis afirma la realidad de las mujeres como seres que llevan la imagen de Dios. El cristianismo valoriza a las mujeres mucho más allá de sus papeles tradicionales como esposas o madres. Cuando una mujer exclamó a Jesús alabando a María: «¡Dichosa la mujer que te dio a luz y te amamantó!», Jesús respondió: «Dichosos más bien los que oyen la palabra de Dios y la obedecen» (Lucas 11.27–28). En ese entonces, una mujer era valorizada principalmente por lo que lograban sus hijos; Jesús rechazó directamente esto como el único valor de una mujer, diciendo que él también exalta a las mujeres que reciben con gusto su verdad y se ponen a trabajar para su reino.

Pablo incluso exhorta a algunas viudas en 1 Corintios 7 a considerar seriamente quedarse sin casarse, a fin de que puedan dedicarse en forma más completa a la obra del reino. El llamado inequívoco del Nuevo Testamento es que el llamado más sublime de una mujer no es encontrar un esposo a quien ayudar sino un Salvador a quien servir.

Pero una vez que decidimos casarnos, nuestro enfoque debe incluir una devoción sacrificada y el cuidado de nuestro esposo. En mi libro *Valorar*, yo hablo de cómo los esposos deben presentar a sus esposas como una extensión de Ezequiel 16 y Efesios 5. *Esto no se trata de política de género; se trata de la responsabilidad del matrimonio.* Tan pronto como me caso, ya no soy solamente un hombre; soy un esposo, con cierta responsabilidad para con una mujer en particular. Tan pronto como usted se casa, ya no es solamente una mujer; es una esposa, con cierta responsabilidad para con un hombre en particular.

Y la Biblia no es tímida en cuanto a lo que pueda sonar como verdades dolorosas:

> Sométanse unos a otros, por reverencia a Cristo.
>
> Esposas, sométanse a sus propios esposos como al Señor. Porque el esposo es cabeza de su esposa, así como Cristo es cabeza y salvador de la iglesia, la cual es su cuerpo. Así como la iglesia se somete a Cristo, también las esposas deben someterse a sus esposos en todo.
>
> Esposos, amen a sus esposas, así como Cristo amó a la iglesia y se entregó por ella para hacerla santa. Él la purificó, lavándola con agua mediante la palabra, para presentársela a sí mismo como una iglesia radiante, sin mancha ni arruga ni ninguna otra imperfección, sino santa e intachable. Asimismo, el esposo debe amar a su esposa como a su propio cuerpo. El que ama a su esposa se ama a sí mismo.
>
> *Efesios 5.21–28*

Si usted acepta un trabajo que involucra contestar correos electrónicos, no debería decir: «¡Yo no quiero contestar su correo electrónico! Es degradante». Eso es parte del trabajo que aceptó. Lo que estoy por decir no es un reflejo de su valor como persona, ni como individuo ni como miembro de un género en particular. Es parte del trabajo de estar casado.

Como esposo, por reverencia a Cristo, debo someterme a mi rol de amar a mi esposa como Cristo ama a la iglesia. Eso fue lo que acordé cuando me casé. Su salud y vitalidad espiritual deben ponerse por encima de mis propios deseos e incluso mi propio bienestar físico. Jesús soportó la tortura y la cruz para el beneficio espiritual de la iglesia. Pablo está diciendo a los esposos que los hombres deben tener esta misma actitud en el matrimonio. Como lo puso un pastor: «La mejor manera para que yo viva esto es mantenerme preguntándome: "¿Qué es lo que me está costando mi amor por mi esposa?". Si la respuesta es "nada", entonces no estoy amando a mi esposa como Cristo amó a la iglesia».

Esto me llama a levantarme por mi esposa y ser proactivo con respecto a su bienestar, protector de su ser y su llamado espiritual, y rápido para expresar amor. Así es como Dios quiere que su esposo la ame, y es el objetivo de Efesios 5. Lamentablemente, las palabras del apóstol Pablo a menudo se leen como si la parte que le corresponde a los hombres no importara tanto como las palabras escritas para las mujeres. Regresaré a tocar esto, pero por ahora, quiero que vea que, para crear un matrimonio bíblico, *todos* los aspectos de este pasaje necesitan funcionar, no solo los versículos 22–24.

No es que Efesios 5 sea el único pasaje donde Pablo llama a las mujeres para que se levanten y sean fuertes defensoras de sus esposos. En Tito, él asume que la ayuda conyugal es una destreza transferible y fácil de enseñar. Él exhorta a un joven pastor llamado Tito a que se asegure de que las ancianas enseñen apropiadamente a las mujeres más jóvenes a amar a sus esposos (ver Tito 2.3–4). En la mente de Pablo, todas las esposas cristianas necesitan ser entrenadas y enfocarse en cómo amar, apoyar y dar aliento a su esposo.

Puesto que usted está leyendo un libro como este, ya ha aceptado la parte referente al entrenamiento, por lo menos por ahora. Es la aplicación lo que puede ser muy dolorosa. Pero ya que los temas de la política de género y el rol de las esposas son tan contenciosos estos días, aclaremos unas cuantas cosas.

Primero, la Biblia *no* enseña que las mujeres deben estar subyugadas a los hombres. La Biblia no prohíbe que las mujeres sirvan como líderes gubernamentales o directoras ejecutivas o que trabajen fuera de casa. La Biblia trata los roles del esposo y la esposa, y diversos roles dentro de la iglesia, no las relaciones entre vecinos o compañeros de trabajo.

Segundo, la sumisión bíblica, propiamente definida, no quiere decir «inferioridad». Todos somos uno en Cristo de tal manera que usted puede decir que existe igualdad sexual completa (ver Gálatas 3.28). Dios aprecia a las mujeres exactamente igual que a los hombres. Las mujeres pueden ser igual de capaces que los hombres, y quizás más.

Tercero, «ayuda» no es un título *exclusivo* de una esposa. Yo he sido llamado a ser un esposo —un siervo mártir con respecto a mi esposa— pero eso no quiere decir que no tenga otros papeles a los que Dios también me ha llamado. A veces escucho la enseñanza de la sumisión bíblica de tal manera que parece como que el *único* rol de una mujer en la vida es agradar y ayudar a su esposo. Moisés (considerado tradicionalmente como el autor de Génesis), Jesús, y el apóstol Pablo enseñan lo contrario. «Ayudar» puede ser *un* rol definitorio al cual Dios llama a las mujeres casadas, pero no es *el* rol definitorio.

Finalmente, el concepto de sumisión es *mutuo*. Justo antes de que Pablo mande a que las mujeres se sometan a sus esposos (Efesios 5.22), él nos dice a todos nosotros: «sométanse unos a otros, por reverencia a Cristo» (versículo 21). La sumisión de la esposa a su esposo es puesta en el contexto de un matrimonio en el que un esposo es llamado a ser como Cristo, poniendo su vida por ella, poniéndola primero, sirviéndola, cuidando de ella, siempre amándola de la misma manera sacrificada y de entrega total con la que Cristo ama a la iglesia (versículo 25).

Pablo describe un concepto idealista de un compromiso simultáneo con el bienestar del otro. Yo no tengo por intención usar la palabra *idealista* de una manera negativa; por cierto, cada matrimonio debe esforzarse en ello. Pero también pienso que Pablo sería el primero en objetar si escuchara que se les está exhortando a las mujeres para que se sometan mientras que esposos condescendientes y dictatoriales no escuchasen el desafío correspondiente de amar de la manera en que lo hizo Cristo. La iglesia no debe enseñar la sumisión de las esposas *separada del* amor sacrificado y la servidumbre que se requiere de los esposos. Esto no quiere decir que la falta de amor sacrificado de un esposo *cancele* el llamado a la sumisión de la esposa, pero sí hace que la aplicación de este principio sea algo más dificultosa.

Cuando un hombre es condescendiente y dictatorial para con su esposa, cuando él la trata como una sirvienta, cuando requiere que ella haga favores sexuales según sus exigencias, el último lugar que debería buscar para justificar su estilo de vida es la Biblia. Sus acciones y actitudes ofenden la voluntad revelada de Dios y su Palabra escrita. Ese no es un matrimonio tal como lo diseñó Dios, y no es lo que Génesis, Proverbios y los escritos de Pablo enseñan acerca de los papeles del esposo y la esposa.

¿Cuáles son, entonces, estos papeles?

SIRVIENDO JUNTOS COMO COMPLEMENTOS

Los términos teológicos formales para los dos conceptos principales de los roles de género dentro del matrimonio son *igualitario* y *complementario*. El concepto igualitario dice que no hay tal cosa en el matrimonio como los roles de género. Por lo tanto, cada pareja debe tomar sus propias decisiones con respecto a quién hace qué cosas mejor y luego dividir las responsabilidades en base a los puntos fuertes y debilidades de cada uno. Bajo este concepto, el matrimonio es principalmente una colaboración que enfatiza la sumisión mutua.

En el modelo complementario, Dios le ha dado al esposo un rol de amoroso liderazgo servidor. La Biblia, no obstante, describe al rol del esposo más como uno de responsabilidad que de privilegio. Si bien las mujeres del Nuevo Testamento ministraban e incluso enseñaban, el concepto complementario enfatiza que Pablo claramente esperaba que los hombres estuvieran al mando en casa y en la iglesia. Esto es lo que muchos creen que enseña la Biblia en Génesis 3.16, 1 Corintios 11.3, Efesios 5.21–32, Colosenses 3.18–19, 1 Timoteo 2.11–15 y 1 Pedro 3.1–7, entre otros pasajes.

Los creyentes más recientes parece que se están moviendo hacia un concepto más igualitario del matrimonio, aunque algunos —admitiendo que las Escrituras con tendencia complementaria son difíciles de leer de cualquier otra manera— están adoptando un híbrido. Al escribir para *Today's Christian Woman*, Kelli Trujillo creó la palabra «complegualitario» para describir *su* punto de vista.[1]

Cuando estoy trabajando con parejas prematrimoniales, encuentro que la gran mayoría describe un matrimonio igualitario en teoría, pero luego la futura esposa frecuentemente menciona que espera que su esposo redoble sus esfuerzos para convertirse en un «líder espiritual» (lo cual está más de acuerdo con el modelo complementario). Lo que veo que está sucediendo es que una generación más joven está rechazando la mala aplicación de un modelo complementario quizás aún más que disputando las Escrituras usadas para defenderlo.

Hay bastantes lugares para que usted siga su búsqueda de la verdad bíblica al respecto, y no tenemos el espacio para hacer algo más que resumir los conceptos mucho más matizados que pueden hallarse en otro sitio. Casi todo lo que se enseña en este libro funcionará tanto en un concepto igualitario como complementario del matrimonio.

En el concepto complementario, si su esposo siente que usted no está sometiéndose y está tratando de asumir el mando, él se pondrá a la defensiva y no será maleable. Él peleará por su terreno sin siquiera tratar de entenderla. No la escuchará si no siente que usted lo está apoyando. Si bien esto puede parecer un tanto degradante, reconozca que desafía a las mujeres para que crezcan en humildad, lo cual es la actitud fundamental para el crecimiento espiritual. Los clásicos cristianos llaman a la humildad la «reina de las virtudes» con buena razón. Por definición, sin humildad no creceremos porque no pensaremos que necesitamos crecer.

Vale la pena señalar que Jesús se sometió («fue obediente», Lucas 2.51) a sus padres, no porque de algún modo fueran más dignos que él (puesto que él nunca dejó de ser el Hijo de Dios), sino porque esto es lo que su Padre celestial requería de él, para cumplir con los legítimos roles de padre e hijo.

Como estudiante de los clásicos cristianos, estoy familiarizado con la tradición espiritual de la «obediencia» en las órdenes monásticas. Hombres y mujeres mayores que habían hecho votos de celibato, no obstante, les pareció esencial prometer obedecer a sus superiores por el bien de su propia salud espiritual. Thomas à Kempis ataca el rechazo a hacer esto como evidencia del pecaminoso «amor propio». «Debido a que usted todavía se ama desmesuradamente, tiene miedo a renunciar a sí mismo y entregarse completamente a la voluntad de otros». Él luego usa a Jesús como ejemplo:

«Yo me convertí en el hombre más humilde y bajo de todos para que usted pueda conquistar su orgullo con Mi humildad».[2]

Quiero honrarla como mujer sin deshonrarla como cristiana. El orgullo es un cáncer espiritual grave. Dios diseñó el matrimonio como una manera de cortar eficazmente el orgullo tanto del hombre como de la mujer, cuando definimos al orgullo como el ponernos a nosotros mismos primero. No quiero diluir ese beneficio espiritual reduciendo algo que parece ser una aplicación difícil.

Pero también seamos justos con el concepto igualitario. Uno de los puntos fuertes de esta posición es que cuando se trata de influencia, el concepto igualitario del matrimonio llama a las mujeres a que se levanten y asuman su responsabilidad, y no simplemente en forma silenciosa o pasiva dejen que sus esposos guíen a la familia hacia el desvío. Esta perspectiva hace que muchos recuerden a la mujer trabajadora que se describe en Proverbios 31.

En verdad, un concepto bíblico del complementarismo no les pide a las mujeres que sean pasivas, así como un concepto bíblico del igualitarismo no niega el llamado al sometimiento mutuo. Los igualitarios podrían enfatizar la palabra *mutuo* más que *sumisión*, pero eso no ayuda a crear estereotipos u hombres ficticios extremos, solo para deshacerlos.

El hecho es que la Biblia claramente llama a las esposas a algún acto de sumisión, y cada esposa debe lidiar con lo que eso significa si ella está tratando de honrar a Dios. Como dijo Jenny Rae Armstrong, una igualitaria: «La pregunta no es: "¿Deben someterse las esposas a sus esposos?" Porque, sí, deben hacerlo totalmente, dentro de los límites puestos por Dios». Luego Jenny señala una diferencia entre su posición igualitaria y el concepto complementario: «El concepto igualitario es que los hombres deben someterse a sus esposas también». Ella añade: «[El igualitarismo] no consiste en *no* someterse»; consiste en que «el esposo y la esposa se sometan el uno al otro por reverencia a Cristo, cada uno dejando sus intereses propios por el beneficio del otro, en lugar de que uno de ellos establezca los asuntos importantes de la familia y espere que el otro esté de acuerdo».[3]

Y cuando la Biblia habla de sometimiento, podemos asumir que Dios sabía muy bien que las esposas iban a tener que ver a sus esposos fallar y cometer errores. Menos mal que Pablo califica el sometimiento como algo que se hace «por reverencia a Cristo», lo cual significa que ningún esposo o esposa jamás está obligado a hacer algo que ofendería a Cristo.

En mi propio matrimonio, Lisa y yo nos hemos inclinado más hacia el modelo complementario, pero eso no significa que yo me preocupe del «trabajo para hombres» y Lisa se preocupe del «trabajo para mujeres». En cualquier domingo en la mañana, a la hora pico en nuestra casa, es mucho más probable que usted me encuentre planchando la ropa de Lisa que Lisa planchando la mía. Lisa se encarga de todas nuestras transacciones económicas, declaraciones de impuesto, y cosas así porque ella es mejor para esas cosas que yo.

El peso espiritual de cumplir con mi rol como un esposo que se sacrifica, sirve y está al tanto del bienestar de su familia me hace madurar como un hombre en Cristo. Confronta mi pereza y egocentrismo. El llamado de Lisa como ayuda la aparta del orgullo, egocentrismo y la vida frívola. A Lisa aún le faltaban unas cuantas semanas para cumplir veinte años cuando nos casamos, y yo era un joven de veintidós años muy inmaduro, pero las tareas de negarnos a nosotros mismos, aprender a amar y crear una familia unida han resultado en una travesía increíblemente satisfactoria que estira el alma. Para ambos, el matrimonio y la vida familiar han sido componentes esenciales que nos hacen avanzar hacia la madurez espiritual.

Independientemente del concepto que usted adopte para los roles conyugales, Moisés en Génesis y el apóstol Pablo en sus escritos son bastante explícitos en decir que la esposa debe acoger la posición espiritualmente poderosa de ser la ayuda de su esposo.

ALGO QUE DAR

Es interesante señalar que con mucha más frecuencia que llamar a la esposa la ayuda de su esposo, la Biblia llama a Dios nuestra ayuda.

- «El Dios de mi padre me ayudó» (Éxodo 18.4).
- «Él [el Señor] es tu escudo y tu ayuda» (Deuteronomio 33.29).
- «Tú [Dios] eres la ayuda de los huérfanos» (Salmos 10.14).
- «Tú [Señor] has sido mi ayuda» (Salmos 27.9).
- «El Señor está conmigo, él es mi ayuda» (Salmos 118.7).

Génesis presenta a un hombre creado con una vulnerabilidad aguda. Él claramente no es autosuficiente; necesita a alguien que venga a su lado para vivir esta vida con él.

Si usted ha entrado al invento de Dios llamado matrimonio, su rol es ser la ayuda de su esposo. Esto no la reduce más que la reducción de la Biblia para con Dios al llamarlo nuestra ayuda. De hecho, ser capaz de ayudar asume, en cierto sentido, que usted tiene algo que le falta a la persona que está ayudando. Si usted deja de verse como la ayuda de su esposo, el matrimonio sufrirá, porque este rol es la forma en que Dios diseñó el funcionamiento del matrimonio.

Usted no debe entrar al matrimonio y luego entretener pensamientos de «soltera». Esto es, no debe convertirse en esposa y luego actuar como si todavía fuera soltera. Los votos matrimoniales de muchos de nosotros incluyeron la declaración «dejando a todos los demás». Esto va más allá de la fidelidad sexual e incluye la mentalidad «de soltera». Estuvimos de acuerdo en dejar nuestra cosmovisión orientada hacia la soltería en la cual nosotros tenemos la prioridad, y nos comprometimos a formar una *pareja*. Estar casado con un hombre es ayudarlo; ese es el modelo bíblico. La ayuda puede ser de diversas formas, pero siempre sirve para beneficio de la otra persona. Al asumir voluntariamente el rol de esposa, usted promete pasar bastante tiempo y esfuerzo en el bienestar de su *esposo*.

Enfatizo la palabra *esposo* porque la vida contemporánea tienta a las mujeres para que se enfoquen en todo lo demás: su trabajo, su casa, e incluso sus hijos.

Para aquellas de ustedes que tienen hijos con discapacidades, permítame estresar que ser la ayuda de su esposo ante todo (en lo concerniente a la familia) todavía se aplica a usted. Vivir con un hijo que tiene discapacidades permanentes y que requiere ayuda extra es uno de los desafíos más grandes. Lo he visto en matrimonios contemporáneos. Lamentablemente, a veces el esposo no redobla sus esfuerzos. Él escucha el diagnóstico inicial y espera que la esposa lidie con las consecuencias. Esto hace que la esposa sienta que tiene que trabajar el doble para compensar la carencia de su esposo, y puede terminar (quizás pasivamente) castigándolo pasando la mayor parte de su tiempo con el hijo, y dedicando su esfuerzo y atención a él, esperando (aunque rara vez funciona) que su esposo entienda el mensaje y empiece a hacer la parte que le corresponde.

Cuando sucede esta dinámica —la esposa enfocada en el hijo mientras el esposo continúa sin hacer su parte sustentadora—, el matrimonio inevitablemente se vuelve horroroso. La esposa, comprensivamente, se vuelve una persona cada vez más amargada. El esposo se resiente porque su esposa no está ahí para apoyarlo tanto como para con su hijo. La esposa piensa: *Yo podría estar ahí para apoyarte más si me ayudaras más.* Y, por supuesto, ella tiene razón.

Aun así, cuando el modelo bíblico es reemplazado y una mujer o un hombre se vuelve mamá o papá primero en vez de una esposa o esposo primero, el matrimonio sufre, muy a menudo en forma irreparable.

¿Entonces qué va a hacer una esposa cuando criar a un hijo hace muy difícil ser la ayuda de su esposo? La atención (psicológica y física) moderna ha hecho posible gastar mucho dinero y casi todo el tiempo de uno tratando una discapacidad, y muchos profesionales harán que las mamás se sientan culpables si no se aprovechan de cada tratamiento posible.

Tal vez usted no necesite hacer todo eso.

Usted no se descuide de su hijo, por supuesto que no. Pero también aprenda a no dejar que la vida gire alrededor del cuidado de su hijo. No deje que la culpa maneje su horario; viva su vida según las prioridades bíblicas. Usted tiene veinticuatro horas al día y una cantidad limitada de recursos. Dios no la juzgará por no poder usar lo que no tiene. De lo contrario, el matrimonio podría fallar o por lo menos carecer de afecto saludable, y su hijo con discapacidad terminaría sintiendo no solo los efectos de un cuerpo o mente rota, sino de un hogar roto.

Quizás nunca pueda curar a su hijo, pero usted puede *asegurar* el hogar de su hijo para que él o ella crezca en un ambiente amoroso, emocionalmente cercano y espiritualmente saludable. ¿No es eso tan importante como ir en pos de otra cura milagrosa cara y consumidora de tiempo?

A todas ustedes esposas, les pregunto: «¿Con cuánta frecuencia se ponen a pensar en este rol de ser la ayuda de su esposo? ¿Con qué frecuencia se despiertan y piensan: "¿Cómo puedo ayudar a mi esposo hoy día?" *solo después* de haber descubierto cómo primero ayudar a cada uno de sus hijos?». Cuando usted repetidas veces se haga esta pregunta acerca de su esposo, estará viviendo en un matrimonio tal como Dios lo diseñó.

Para que no piense que estoy siendo injusto, por favor sepa que cuando les hablo a los hombres, yo les digo que consideren estos pensamientos diarios: «¿Cómo puedo cuidar de mi esposa hoy día? ¿Cómo la puedo servir? ¿Cómo puedo poner mi vida por ella como Cristo puso la suya por mí?».

ASÍ SON LOS HOMBRES

Laura Doyle sorprendió a algunas de sus compañeras feministas cuando publicó *The Surrendered Wife* [La esposa entregada].[4] Tan solo el título causó una gran controversia en los círculos editoriales de Nueva York; cuando el libro llegó a la lista de los «diez más populares», la gente realmente empezó a hablar.

En su libro, Laura admitió sentirse infeliz en su matrimonio, así que empezó a preguntar a otros esposos lo que ellos querían de sus esposas. Después de escuchar sus comentarios, Laura concluyó que su esposo probablemente quería las mismas cosas, de modo que trató de ponerlas en práctica. Laura dejó de fastidiar a su esposo, detuvo las quejas y críticas, y luego empezó a dejarlo guiar en las decisiones importantes. Ella hizo lo que pudo para ayudarlo, e incluso —esto realmente causó una controversia— empezó a tener relaciones sexuales cuando él lo quería. Cuando fue tratado de esta manera, el hombre de Laura de pronto se convirtió en un esposo «fabuloso».

No siempre termina así, pero por lo menos, la travesía de Laura muestra que el hombre típico no se mueve por maniobras para ejercer superioridad o por críticas o por una esposa que le falta el respeto. Él es más probable que se mueva por una esposa que lo respete y luego le ayude a llegar donde quiere ir.

Esto no es meramente cultural. La neurociencia ha demostrado que así es como está diseñado el cerebro de los hombres. En la mayoría de los casos, los hombres están fisiológicamente inclinados hacia ciertas tendencias en el trabajo y en la casa. Esposas, ustedes no pueden hacer que sus esposos las sirvan o cuiden de ustedes, pero sí *pueden* enfocarse en ayudarlos, y esa acción de por sí puede provocar en ellos el servir y cuidar. Aun si no es así, como dijo una esposa (de quien leerán posteriormente), dará rienda suelta a una gran aventura espiritual en su propia vida.

Aquí tenemos un ejemplo práctico. A menos que esté comprando ropa para salir a correr, yo detesto ir de compras. En una ocasión, había estado buscando un reloj durante varios meses. Lisa recortó una propaganda de un periódico y me preguntó: «¿Qué te parece este?». Me encantó, lo llevé a la tienda, y le entregué la foto a la empleada de la joyería. Ella ordenó el reloj y después de una semana lo recogí. No tuve que ponerme a buscar para nada.

Realmente me encantó mi esposa ese día.

¿Alguna vez se ha encontrado con algo en eBay que su esposo ha estado buscando? Tal vez pueda simplemente hacer una tarea del hogar (llevar el carro para que le cambien el aceite, planchar algunas camisas) que ha parecido como un yunque alrededor de su cuello. Hágale esta pregunta esta noche: «¿Qué es lo que más te frustra de tu trabajo?». Si usted puede hallar una manera de ayudarlo a superar eso, creará un ambiente para que haya una influencia positiva profunda. Yo pienso que esto es especialmente cierto con las esposas que trabajan. Su falta de tiempo limita su capacidad de ayudar, pero si puede encontrar una o dos formas estratégicas de hacer que la vida de su esposo marche con más facilidad, usted fortalecerá sus afectos. Si hace eso solo una o dos veces al año, al final de su tercera década de casados, habrá puesto toda una vida de cuidado práctico, removiendo quizás cincuenta o sesenta cosas que lo han frustrado. En ese proceso, habrá formado una enorme cantidad de gratitud e intimidad correspondiente.

Si usted quiere verdaderamente influir en su esposo, le exhorto a empezar haciendo esta oración: *Señor, ¿cómo puedo ayudar a mi esposo hoy día?*

AYUDANTES CANSADAS

Ana trabaja a tiempo completo mientras cría a una hija de edad preescolar y se siente culpable por el decaído romance en su matrimonio. «Me despierto a las seis en punto», dice ella, «y alisto a mi hija, me alisto para ir a trabajar, pongo ocho o nueve horas, regreso a casa, paso tiempo con mi hija, trato de preparar algo para que todos comamos, acuesto a mi hija, y simplemente no queda mucha energía para la intimidad física».

Ese cansancio es legítimo. Es cruel hacer que las esposas se sientan culpables por no estar a la altura cuando sus horarios están rebalsando. Lo último que yo quisiera hacer cuando hablo de ayudar a los esposos es sermonear a las esposas trabajadoras diciéndoles que no están haciendo lo suficiente. Yo soy un realista, y la vida real implica compromisos. Un marido cuya esposa trabaja fuera de casa debe reconocer que otros elementos dentro del hogar cederán. Si usted está criando niños pequeños y trabajando a tiempo completo (o incluso treinta horas a la semana), esta es, de hecho, esencialmente la manera en que está ayudando a su esposo en esta temporada de su vida.

Pero los sacrificios ocasionales aún pueden decir mucho. Ya que yo trabajo a tiempo completo, me usaré a mí mismo como ejemplo. Yo enfrento las mismas dificultades que usted: tratar de fielmente amar a mi esposa mientras trabajo mucho más de cincuenta horas a la semana. Una mañana, me desperté y dije una oración que en los seminarios «Sacred Marriage» animo a que otras parejas usen: *Señor, por favor muéstrame cómo amar a mi esposa hoy día como jamás ha sido amada y jamás lo será.*

No requirió mucho tiempo convencerme de que necesitaba llevar a mi hija a una sesión de terapia física esa tarde. Normalmente, mi esposa llevaba a cabo esta tarea de cuatro horas, pero cuanto más escuchaba a Dios, más quedaba persuadido de que él quería que yo hiciera esto, aunque iba a producir un agujero en mi horario de trabajo.

Cuando mencioné mis planes a Lisa, ella respondió con un casi frío «Muy bien, como quieras».

Francamente, yo esperaba algo un poquito más entusiasta, como: «¿Sabes? Yo podría buscar en el mundo entero y no hallar un hombre tan generoso y amoroso como tú, ¡uno que está dispuesto a dejar sus propias obligaciones del trabajo para que yo pueda tener una tarde libre!». No tuve suerte. Pero como ya había hecho la promesa, no pude dar marcha atrás.

Mientras la mañana continuaba, Lisa empezó a sentirse enferma. Ella tomó una siesta justo después de almorzar, algo que casi nunca hace. Después llamó su hermana, informándonos que nos iba a visitar. Recién nos habíamos mudado a nuestra casa, y ninguna de las hermanas de Lisa la habían visto, así que Lisa se apresuró desquiciadamente para dejar la casa lista para el día siguiente.

Cuando oré acerca de amar a Lisa, y Dios contestó con una sugerencia muy práctica, ni Lisa ni yo sabíamos que ella se iba a enfermar, pero Dios sí. Ni Lisa ni yo sabíamos que su hermana iba a llamar para preguntar si podía hacernos una visita inesperada de último minuto, pero Dios sí. Y él quería amar a mi esposa a través de mí removiendo un gran compromiso de tiempo que ocupaba su día, a costa mía.

En otra ocasión, hice la misma oración y sentí fuertemente que yo necesitaba dejar que Lisa durmiera mientras yo despertaba a los chicos y me aseguraba de que ellos tomaran el desayuno y se fueran a la escuela con sus loncheras en la mano. Conforme pensaba en hacer esto, comenzó a cundir el pánico en mi corazón. Yo al día siguiente tenía que pronunciar un discurso que iba a marcar la pauta de la reunión y todavía tenía que preparar mis apuntes. Además, tenía que organizar dos talleres, y yo soy más productivo durante las primeras horas de la mañana. Pero Dios dejó en claro que yo debía poner las necesidades de mi esposa por encima de novecientas personas programadas para escucharme al día siguiente. Lisa esencialmente se iba a convertir en mamá soltera el resto de la semana en la ausencia de su esposo, y su Padre celestial quería que ella descansara un poquito antes de que le cayera encima esa tarea.

Por supuesto, yo no puedo hacer esto todos los días. Ni siquiera lo hago la mayoría de los días. Pero aún creo que, a veces, Dios nos pedirá que dejemos que sufra el trabajo para que podamos cuidar de nuestro cónyuge. Yo no llegué a esa conferencia tan preparado como quería estarlo, pero mi primer y mejor compromiso debe ser con Lisa, no con ningún empleador.

Asimismo, usted debe esperar que Dios le llame de vez en cuando para que haga algunos sacrificios vocacionales y pueda ayudar a su esposo. Mi amiga Melody Rhode a menudo me ha impresionado al respecto. Yo estoy convencido de que ella tiene un libro innovador dentro de sí, pero ha elegido abstenerse de ir activamente en pos de ello en estos momentos debido a responsabilidades familiares. Ella trabaja tres días a la semana como terapeuta del matrimonio y la familia y cree que aumentar esfuerzos vocacionales interferiría con su capacidad de amar y cuidar de su familia. No obstante, tiene la intención de ir en pos de escribir su libro cuando los compromisos con su familia lo permitan.

Mientras Melody y yo hablábamos de las responsabilidades vocacionales y familiares, ella me recordó que la vida se trata de compromisos. Nosotros aspiramos al ideal, pero tenemos que vivir en lo real. La familia, por supuesto, siempre está antes de la ambición personal. Algunas parejas pueden decidir cambiar drásticamente su estilo de vida para que la esposa o el esposo no tenga que trabajar a tiempo completo o quizás no lo tenga que hacer en lo absoluto (asumiendo que eso es lo que quiere la pareja). Algunos de nuestros amigos eligieron hacer eso y han logrado resultados emocionantes. Por supuesto, tuvieron que aprender a prescindir de ciertas cosas, pero la intimidad que siguió, combinado con la sensación de unión familiar que trajo, los convenció de que el intercambio más que valió la pena.

Cualesquiera que sean las decisiones que usted y su esposo tomen, ruego para que sus decisiones los unan. Tener dos trabajos para proveer una casa y comida para sus hijos puede convertirse en un esfuerzo en conjunto cuando se apoyan mutuamente, muestran interés el uno para con el otro y hacen aquellos sacrificios de tanto en tanto que demuestran su afecto.

Si en medio de todo esto puede convencer a su esposo de que usted está de su lado, comprometida con su prosperidad y bienestar, entonces probablemente descubrirá una intimidad y una lealtad que no conocen límites. *Cómo* usted ayude a su esposo depende de la situación de su familia, pero el llamado a ayudar a su esposo nunca se aleja.

PREGUNTAS PARA DISCUTIR Y REFLEXIONAR

1. Piense en un tiempo en el que su esposo se estaba sintiendo desanimado o vulnerable. ¿Cómo reaccionó usted? ¿Hubo algo más que usted pudo haber dicho o hecho? Si es así, ¿qué fue?

2. ¿Cuáles son por lo menos tres cosas que las mujeres mayores deben enseñar a las jovencitas (según Tito 2.3-4) acerca de cómo amar y ayudar a sus esposos?

3. Hable del comentario de Gary: «Él [su esposo] no la va a escuchar si no le parece que usted lo está apoyando». ¿Ha descubierto que esto es cierto? ¿Cómo pueden las esposas apoyar a sus maridos y al mismo tiempo estar en desacuerdo con ellos?

4. Haga una lista de tres cosas que usted puede empezar a hacer que realmente ayudarían a su esposo física, emocional y espiritualmente.

5. ¿Cómo el ayudar a su esposo podría preparar el terreno para que usted influya en él?

6. Describa dos o tres cambios que usted pueda hacer en su vida que la moverán para llegar a convertirse en una mejor ayuda.

CAPÍTULO 7

ENTENDIENDO LA MENTE MASCULINA

Aprendiendo a hacer que la masculinidad de su esposo funcione a su favor y no en contra suya

Muchos problemas conyugales no surgen debido a una dificultad en una pareja específicamente —digamos, Jack y Jill, o Larry y Shari— sino a causa de una ruptura en el entendimiento entre un hombre y una mujer. En este capítulo, espero ofrecerle el punto de vista de una persona directamente enterada del funcionamiento de la mente masculina para que usted aprenda a entender y comunicarse mejor con su esposo.

Las últimas décadas de neurociencia han demostrado que mucho antes de que un bebé llegue al mundo, mientras está acurrucado con seguridad dentro del vientre de la madre, el cerebro de un bebé varón es bombardeado con testosterona, mientras que una bebé mujercita recibe grandes cantidades de hormonas femeninas. Entre el tercer y sexto mes de vida de ese bebé en gestación, las hormonas empiezan a amoldar el diminuto cerebro, influyendo en cómo ese individuo interactuará con el mundo. Sí, los varones reciben algunas hormonas femeninas, y las mujeres reciben algunas testosteronas, pero las cantidades de estas hormonas (los varones tienen hasta *veinte veces* más testosteronas que las mujeres; las mujeres tienden a tener mucha más oxitocina que los varones) sellarán el cerebro de ese bebé al sexto mes de embarazo, tres meses antes de que una madre o un padre tengan la oportunidad de «socializarlo».

Hay que admitir que existe lo que los neurocientíficos llaman varones con «cerebro puente» y mujeres con «cerebro puente». Nuestra tendencia hacia el cerebro masculino o femenino ocurre en secuencia, trayendo como resultado diversos grados de sello. Pero aún aquí, un varón con «cerebro puente» tendrá más testosterona que una mujer con «cerebro puente».

El cerebro del varón, por lo tanto, funciona de manera mucho más distinta que el cerebro de la mujer. La doctora Louann Brizendine, que estudió en la Universidad de California (UC) en Berkeley, Yale y Harvard, y ahora está en el cuerpo docente de la Universidad de California, San Francisco (UCSF) Medical Center, declara: «La amplia nueva gama de ciencia cerebral junto con el trabajo que he realizado con mis pacientes masculinos me han convencido de que a través de cada fase de la vida, las singulares estructuras cerebrales y hormonas de niños y hombres crean una realidad masculina que es fundamentalmente distinta a la de una mujer, y que a menudo se simplifica excesivamente y se entiende incorrectamente».[1]

Las pruebas médicas como los escaneos PET, los escaneos IRM y los escaneos SPECT han explotado la pintoresca y falsa noción de que la diferencia entre los géneros está determinada mayormente por la crianza en vez de por la naturaleza. Si bien nuestros cerebros son más «plásticos» (esto es, moldeables) de lo que solíamos creer y, por lo tanto, son susceptibles a la socialización, según la doctora Brizendine: «los cerebros masculinos y femeninos son diferentes desde el momento de la concepción».[2] Puesto que los cerebros se desarrollan por grados, estereotipar nos puede descarriar, pero ciertas cosas tienden a ser ciertas. Por ejemplo, los cerebros masculinos generalmente tienen menos serotonina que los femeninos. Ya que la serotonina calma a la gente, los hombres son más probables a actuar explosiva y compulsivamente. ¿La sorprende? Probablemente no.

Aquí tenemos otro ejemplo. Los hombres también tienen menos oxitocina en sus cerebros. Michael Gurian hace esta observación:

La oxitocina es parte de lo que los biólogos llaman el instinto de «cuidar y hacerse de amigos», y a menudo se contrasta con el instinto de «pelear o huir». Cuanto más elevados sean los niveles de oxitocina en un cerebro,

menos agresiva probablemente será esa persona. Además, la persona
con niveles más elevados de oxitocina tendrá la tendencia a sentir más
empatía en forma inmediata y directa, y tendrá más probabilidad de vin-
cular lazos emocionales y empatía con los centros verbales del cerebro,
preguntando: «¿Cómo te sientes?» o «¿Está todo bien?».[3]

¿Por qué es menos probable que su esposo se compenetre con su dolor
emocional y verbalice su preocupación que, digamos, su hermana, su madre,
su hija, o su mejor amiga? Su cerebro no funciona de la misma manera que
un cerebro femenino; sencillamente no se le ocurre conectar sus afectos con
preguntas verbales. El «sistema reflexivo de las neuronas» del cerebro de
su esposo, lo que la doctora Brizendine llama «el sistema de empatía emocional "Yo siento lo que siento"» —el sistema que ayuda a que una persona
«se sincronice con las emociones de otros leyendo las expresiones faciales e
interpretando el tono de voz y otras claves emocionales» —«es más grande
y más activo en el cerebro femenino».[4]

Los cerebros masculinos también necesitan «descansar» más que los
femeninos, trayendo como resultado que los hombres sean más inclinados a
buscar «siestas mentales».[5] ¿Por qué los hombres giran en torno a la pantalla
del televisor y luego se lanzan a ver todos los canales en vez de enfocarse en
un programa? Nuestros cerebros se cansan. Al final de todo, a menudo no
queremos una trama, una historia, o el desarrollo del carácter; solo queremos
escapar (piense en la explosión de edificios, choques de carros, llantas que
rechinan). Mientras tanto, *su* cerebro, el cual tiene quince por ciento más de
flujo sanguíneo, todavía está funcionando hasta tarde y, por lo tanto, puede
procesar mejor el entretenimiento que es más complejo.

Esto *no* es para excusar a un esposo que se escapa viendo Netflix o
maratones de videojuegos, pero sí le ayuda a ver de dónde viene la tentación.
Un hombre maduro y sano podría muy bien tomar una siesta mental saliendo
a dar un paseo tranquilo con su esposa por el parque al final de la tarde. Es
que la tentación para nosotros los hombres es apagar nuestras mentes, o por
lo menos ponerlas en un estado de baja energía. Si usted trata de combatir
la televisión con una sugerencia altamente cognoscitiva (como: «En vez de
ver televisión, vamos a conversar intensamente»), no solo estará peleando
contra su motivación, estará peleando, por lo menos en parte, con su *biología*.

Recuerde, esto es cierto no solo con su esposo en particular; es cierto con los hombres en general. ¡Tenga cuidado de no culpar o resentirse con su esposo por ser un hombre! Gurian observa: «Como la mayoría de nosotros ha aprendido intuitivamente en nuestras relaciones con el sexo opuesto, la masculinidad o la feminidad del cerebro no es tan cambiante como mucha gente lo desearía».[6]

Si usted realmente quiere motivar a su esposo, comunicarse con él, y disfrutar un matrimonio pleno con él y criar hijos saludables con él, *deje de esperar que él actúe o piense como una mujer*. Él no puede hacer eso. Ni tampoco lo debería.

Deshágase de toda táctica y destreza que usa al hablar con sus hermanas, sus mejores amigas y su madre, y reconozca que la mente de un hombre funciona de manera muy distinta. Existen algunas similitudes, por supuesto, así que unas cuantas cosas estarán interrelacionadas. Pero si usted espera que él le hable como lo hace su amiga de toda la vida o su hermana o su madre, está siendo injusta. Y usted estará defraudada, y probablemente infeliz.

Yo he recibido muchas respuestas positivas por mi afirmación en *Matrimonio sagrado* de que muchos, si no la mayoría, de los problemas en el matrimonio surgen, no entre dos individuos, sino entre dos géneros. Por eso el divorcio y volverse a casar nunca resuelven mucho (aparte de los casos de infidelidad o abuso). Un hombre se casa con una mujer, y hasta que ambas partes acepten esta realidad, continuará existiendo una tremenda tensión. De hecho, si un segundo matrimonio es más exitoso que el primero, a menudo es porque una o ambas partes finalmente lo entendieron y aceptaron que esta es simplemente la manera en que son los hombres y las mujeres. Es mucho más saludable para todos los involucrados y mucho más económico aprender esta lección en el primer matrimonio.

DELE TIEMPO

Aquí tenemos otra gran diferencia en el cerebro masculino que es la raíz de muchas confrontaciones conyugales: estudios neurológicos muestran que los hombres pueden tomar hasta siete horas más que las mujeres en procesar datos emocionales complejos.[7] Piense en eso: *¡siete horas!* ¿Por qué esta demora? Muchos hechos fisiológicos ayudan a explicarlo: los hombres tienen un hipocampo más pequeño en el sistema límbico (el cual procesa las experiencias emocionales); las mujeres tienen más vías neurales desde y hacia los centros emotivos del cerebro; y el manojo de nervios que conecta la parte izquierda y derecha del cerebro, permitiendo el proceso de los pensamientos y el habla con emociones, es alrededor de un veinticinco por ciento más pequeño en los hombres que en las mujeres.[8]

Considere las implicaciones. Suponga que usted tiene una discusión o un desacuerdo justo después del desayuno, y a usted le lleva unos quince minutos en entender por qué se siente tan enojada. Su esposo tal vez no llegue a ese nivel hasta la hora de cenar. Pero a las mujeres a menudo se les hace difícil esperar todo ese tiempo. Ellas quieren discutir sobre sus sentimientos inmediatamente, y quieren que sus esposos discutan sobre sus sentimientos; sin embargo, mientras tanto, su cerebro está retrasado, atascado en las primeras etapas de procesar lo que acaba de ocurrir o incluso cómo se siente por ello.

Permítame describir una imagen. Digamos que su esposo la invita a una reunión nocturna en la iglesia. Justo cuando se está estacionando, él dice: «Ay, sí, me olvidé. El pastor llamó la semana pasada y preguntó si estarías dispuesta a dar un devocional de diez minutos esta noche, justo después de las alabanzas. Yo le dije que estaba seguro de que a ti no te molestaría».

Usted probablemente se pondría furiosa con su marido, aun si disfrutara el dar devocionales. ¿Por qué? Usted aún requeriría de tiempo para prepararse. Usted sentiría que su esposo la puso en apuros injustamente. Así es *exactamente* cómo se siente su esposo cuando usted rápidamente atraviesa su proceso emocional y espera que él esté listo para una discusión intensa para solucionar un problema simplemente porque usted lo está. Él necesita tiempo, *mucho* más tiempo, para llegar a este nivel.

He aquí una sugerencia. Si usted tiene un problema emocional que necesita resolver, ¿por qué no darle a su esposo una notificación por adelantado varias horas antes de tener la oportunidad de hablar? «Cariño, algo realmente me ha estado molestando [o lastimando o frustrando o preocupando]. De esto se trata en pocas palabras. ¿Puedes pensarlo para que podamos hablar de ello después esta noche?». Al usar esta táctica, usted le dará bastante tiempo para procesar datos emocionales complejos.

Si usted tiene un hijo con dislexia o discapacidades físicas, las limitaciones de su hijo le causarán empatía en lugar de enojo, ¿no es verdad? Usted no espera que un niño con autismo tenga la perspicacia emocional de una novelista. Usted no se enoja con un niño en silla de ruedas que no puede saltar encima de una vara de un metro. ¿Verá usted los desafíos emocionales/relacionales de su esposo, dentro de lo razonable, como parcialmente una consecuencia de una discapacidad neurológica? Yo no, no, *no* estoy excusando a un esposo que expresa su «agotamiento cerebral» escapándose al entretenimiento tonto y sin sentido. No estoy sugiriendo que esté bien si él no le habla, no la reconoce, o no pregunta por usted. Estas destrezas se pueden aprender, y espero que este libro la ayude a guiar a su esposo en el futuro. Pero la sanidad y el crecimiento empiezan con *entender los desafíos legítimos*.

Usted debe lidiar con lo que es —no con lo que crea que debe ser o lo que desearía que fuera cierto—, con lo que esta persona es verdaderamente capaz de ser y hacer.

Leslie Vernick ofrece una rectificación útil a las mujeres que tratan de hacer a un lado esta realidad neurológica al decir: «Bueno, la Biblia dice que no debemos dejar que el sol se ponga estando aún enojados, así que por eso necesitamos resolverlo antes de acostarnos». Responde Leslie: «La Biblia nunca dice que tengamos que resolver todas las diferencias o problemas con nuestro esposo antes de acostarnos. Si usted todavía está lidiando con su enojo, usted puede soltarlo *sola*, antes de acostarse, incluso si su esposo no es o no será capaz de discutir ese problema hasta más tarde».

Si una mujer replica: «Pero él *no* lo discutirá más tarde», Leslie trabaja ayudando a las esposas a «aprender a traer a colación algo sin atacar a sus esposos y mientras trabaja en sus corazones y enfoques. La mayoría de los hombres están dispuestos a discutir algo si no se sienten como que están siendo empujados hacia una esquina o culpados por algo que hicieron mal».

¿POR QUÉ LOS HOMBRES USAN MÉTODOS OBSTRUCCIONISTAS?

Cuando una mujer no entiende la manera en que funciona el cerebro masculino, ella corre el riesgo de fomentar una respuesta masculina extremadamente destructiva, algo que los investigadores llaman *obstruccionismo*.

El obstruccionismo describe cómo los hombres se cierran emocional y verbalmente, ignorando a la otra persona y esencialmente retirándose de la conversación. Es comprensible, pocas cosas irritan a las mujeres más que ser ignoradas, y sin embargo es una acción estereotípicamente masculina.

Una razón biológica ayuda a explicar lo que está sucediendo. Michael Gurian escribe: «El sistema cardiovascular masculino permanece más activo que el femenino y se recupera del estrés más lentamente... Puesto que la confrontación conyugal que activa la vigilancia requiere mayor esfuerzo físico en el hombre, no es de sorprender que los hombres sean más propensos que las mujeres a tratar de evitarlo».[9]

Gurian advierte que a la mayoría de los hombres no les gusta hablar inmediatamente de eventos emocionales angustiantes (frustraciones en el trabajo o en las relaciones, decepciones en la vida) porque hablar de tales problemas generalmente les causa gran incomodidad cognoscitiva. En otras palabras, les *duele* hablar de experiencias lastimosas. Debido a la manera en que funciona el cerebro femenino (con la emanación de oxitocina), hablar de problemas emocionales tiene un efecto calmante para la mayoría de las mujeres (no necesariamente todas), mientras que lo opuesto es cierto para la mayoría de los hombres, para quienes tales discusiones pueden crear ansiedad y angustia. Ya que es más difícil para los hombres procesar los datos, ellos sienten angustia en lugar de comodidad. Usted puede sentirse tranquilizada hablando de los problemas; para los hombres puede ser como una tortura. Por eso los hombres a veces dejan de prestar atención; es un acto desesperado (aunque hay que admitir que es poco sano) de autodefensa.

Cuando usted entiende que un bombardeo verbal deja sin fuerzas más a su esposo que a usted, y que a él le lleva más tiempo recuperarse de tal episodio, tal vez empiece a darse cuenta de que criticar, quejarse y mostrar desdén no le permitirán comunicarse eficazmente con él. Proverbios 15.1 nos recuerda: «La respuesta amable calma el enojo».

Usted podría muy bien estar tratando un problema legítimo, pero si trata un problema legítimo de una manera ilegítima, alejará a su esposo. Él la ignorará. Usted se volverá más frustrada porque se dará cuenta de que él no está escuchando, lo cual hace que usted lo critique aún más y aumente su desdén, y el muro obstruccionista de él se elevará cada vez más.

¿Cómo puede saber si su esposo está siguiendo este patrón? El doctor John Gottman observa: «Una persona que levanta muros obstruccionistas no le responde... en forma casual. Tiende a mirar hacia otro lado o hacia abajo sin hacer ningún sonido. Él se sienta como un muro obstruccionista impasible. La persona que levanta muros obstruccionistas actúa como si no le importara nada lo que usted está diciendo, aun si la está escuchando».[10]

Según la experiencia del doctor Gottman, levantar muros obstruccionistas generalmente ocurre en los matrimonios más maduros; es mucho menos común en los recién casados. Lleva tiempo para que se acumule la negatividad hasta llegar a niveles suficientes como para que el esposo elija ignorar a su esposa completamente. Gottman ofrece más conocimiento perspicaz sobre este problema:

> La gente generalmente levanta muros obstruccionistas como protección en contra de sentirse *inundado*. Inundación quiere decir que la negatividad de su esposo —ya sea disfrazada de la crítica o el desdén o incluso la defensiva— es tan abrumadora, y tan repentina, que lo deja traumado. Usted se siente tan indefensa contra este ataque de francotirador que aprende a hacer cualquier cosa para evitar que se repita. Cuanto más a menudo se siente inundada por la crítica o el desdén de su marido, más hipervigilante se pondrá en detectar indicios de que su cónyuge está por «explotar» de nuevo. Todo lo que usted puede pensar es cómo poder protegerse de la turbulencia que causan los ataques de su esposo. Y la manera de hacer eso es desconectándose emocionalmente de la relación.[11]

La trampa mortal aquí es que ante una queja legítima, su esposo está listo para protegerse, en vez de tratar de entender lo que a usted le duele. Mientras él esté en un estado de protección, no podrá estar en un estado en el que diga: «Cómo puedo consolarla/agradarle/adorarla». Usted quizás crea que la necesidad más grande es *asegurarse de que él entienda lo que le está molestando a usted* cuando en efecto la necesidad más grande puede ser *desarmar sus defensas para que pueda escuchar lo que usted está diciendo*. Entonces, y solamente entonces, le será útil a él escuchar la verdadera ofensa.

En vez de reaccionar furiosamente, tome un respiro y pregúntese: «¿Por qué me está ignorando mi esposo?». La respuesta puede tener algo que ver con la manera en que usted lo está tratando. Si usted responde al levantamiento del muro obstruccionista con el mismo comportamiento que lo creó, solo lo estará reforzando. Sea delicada y paciente, y dele tiempo.

DESCANSO EMOCIONAL

Así como un bombardeo verbal puede abrumar un cerebro masculino, también puede suceder con un bombardeo emocional. Cuando una mujer descarga sus sentimientos intensos y más profundos sobre un hombre, todo de una sola vez, él puede empezar a tener pánico. Ella probablemente ha estado pensando en estos problemas por mucho tiempo, y la intensidad se ha estado acumulando. Para él es como ir de cero a sesenta kilómetros por hora en medio segundo, y su motor puede sentirse como que está a punto de explotar. Y para muchos hombres, la biología del cerebro de un hombre requiere que tome algunas vacaciones para dejar de involucrarse emocionalmente.

Es raro que un hombre crezca en intimidad siendo perseguido. Un matrimonio bueno y sano sucede *gradualmente*. Así que dele espacio a su esposo. Si no se siente con ganas de hablar, elija dejarlo pasar poco a poco. Ni siquiera le pida que lo justifique.

Esto es especialmente cierto después del trabajo. La mayoría de los hombres necesitan relajarse. Nuestros cerebros han estado trabajando duro todo el día. (Yo sé, sus cerebros también, pero recuerde, usted está pensando con un tipo diferente de cerebro). Nosotros hemos estado resolviendo problemas mientras nos esforzamos lo más que podemos, y mentalmente necesitamos un poco de tiempo para tirarnos a descansar antes de volver a involucrarnos. No es algo personal; no es un reflejo de usted. En cambio, es un reflejo de nuestros cerebros y su cansancio.

Un esposo le dijo a Shaunti Feldhahn, autora de *For Women Only* (*Solo para mujeres*): «Ojalá pudiera hacer que mi esposa entendiese que a veces cuando no le hablo o no actúo como un esposo amoroso, no tiene nada que ver con mis sentimientos por ella. Simplemente a veces necesito que me dejen solo con mis propios pensamientos».[12]

Usted tiene que esperar a que su esposo le entregue más de sí mismo. Si usted evita que cunda el pánico y resiste el impulso de forzarlo a tener intimidad, las cosas irán mucho mejor para usted a la larga. Déjelo que tenga algunos momentos de silencio. Si usted puede perder un poquito, podrá ganar mucho más.

De hecho, la esposa sabia es quien alienta a su esposo a que de vez en cuando tenga momentos a solas. Mi amigo Dave Deur, el pastor que mencioné en un capítulo anterior que le pidió a los miembros de su clase que hicieran una lista de cinco maneras en que les gusta ser amados, dijo que la tercera respuesta más común (después de la afirmación y el sexo) fue esta: querer la libertad de hacer de vez en cuando algo divertido sin que se le haga sentir culpable, sin un suspiro de desilusión o una insinuación de culpa: «¿Así que tú realmente preferirías ir a gritar por unos jugadores de fútbol que pasar una noche con tus hijos?».

Si un hombre pide dos noches a la semana, yo diría que él tiene problemas con sus prioridades. Pero un hombre que trabaja duro, a veces necesita salir un rato para hacer algo que verdaderamente disfruta. Algunos hombres se sentirán culpables por pedir esto, pero una esposa puede acumular una tremenda cantidad de gratitud dando el ejemplo. En efecto, mi esposa hizo esto por mí recientemente.

A causa de la cercanía de una fecha de entrega de un libro, varios viajes para dar charlas y una clase de seminario para la cual me tenía que preparar, cancelé una salida para jugar golf con tres amigos. Lisa me llamó y dijo: «Gary, el clima es hermoso; realmente necesitas salir». Yo empecé a protestar, pero ella dijo: «No me molesta hacer los viajes extras para recoger a los chicos; tú te mereces una tarde libre». Yo salí, y disfruté el descanso inmensamente. Significó mucho para mí que Lisa voluntariamente se encargara de recoger a los niños después de la escuela para que yo pudiera pasar una tarde con algunos amigos cercanos. Con esto, Lisa me mostró el amor de Jesús.

Considere un episodio importante en la interacción de Jesús con sus discípulos. Estoy hablando exactamente de cómo Jesús cuidó de estos hombres: «Y como no tenían tiempo ni para comer, pues era tanta la gente que iba y venía, Jesús les dijo: Vengan conmigo ustedes solos a un lugar tranquilo y descansen un poco» (Marcos 6.31). Fíjese que cuando Jesús dijo esto, había muchas necesidades apremiantes que satisfacer y mucho trabajo por cumplir. La gente todavía «iba y venía». Pero Jesús, preocupado por sus discípulos, les dijo que hicieran a un lado el trabajo y tomaran un descanso.

Lisa me ama como Jesús amó a sus discípulos.

La autora Linda Weber nos cuenta de la vez en que ella con mucho gusto envió a su esposo a un viaje. Ella inicialmente quería ser parte de ello, pero sabía que «él necesitaba un poquito de tiempo fuera para disfrutar reflexionando en muchas cosas que eran importantes para él». Ella prosigue a hacer esta observación:

> Debido a que yo estaba feliz que él tuviera este tiempo fuera, él sabía que me interesaba lo que era importante para él. En sus frecuentes llamadas a la casa, él tenía muchas ganas de compartir conmigo lo divertido que era ver esto o hacer aquello o simplemente recordar los buenos tiempos. Me encantaba emocionarme con él, y estaba contenta de que él quisiera compartir sus sentimientos conmigo. Era un privilegio mío entrar a su mundo al estar interesada y mostrarme complacida por él. Fue bueno para nosotros.[13]

Esa última frase: «Fue bueno para nosotros» puede ser difícil de entender. Tenga en cuenta que lo que es bueno para su esposo es bueno para ustedes dos. Dígalo en voz alta: *Si es bueno para él, es bueno para nosotros.* Un esposo sano es un esposo más feliz, más bondadoso y más atento.

Hay un corolario positivo de esto, por supuesto. Pocas mujeres hoy reciben el tiempo de renovación que necesitan. Así como su esposo necesita un descanso de vez en cuando del trabajo y la vida familiar, *usted también*. Es más probable que usted obtenga este tiempo si permanece sensible a la necesidad que tiene su esposo de ello. Yo tengo muchas más ganas de hacer todo lo posible para asegurarme de que Lisa tenga tiempo a solas cuando ella me está animando a que yo también lo tenga. Los hombres tal vez no somos terriblemente altruistas, pero generalmente somos sensibles al juego limpio.

SR. ARREGLATODO

Una de las frustraciones más comunes en el matrimonio es que la esposa piensa que su esposo es casi como un robot cuando se trata de las emociones, y el esposo piensa que su esposa es extremadamente emotiva. Esto es realmente «una cuestión del cerebro».

A todos los hombres se les ha dicho que las mujeres quieren que nosotros «escuchemos» en vez de tratar de resolver sus problemas, y esa es una petición justa. Pero usted necesita saber que refrenarse de resolver un problema es *literalmente* doloroso para un hombre.

El siguiente diálogo entre un esposo y una esposa es clásico e informativo:

Daniela: «Yo solo quiero que Neil me escuche, me dé un abrazo y me diga que sabe cómo me siento. Pero él se vuelve como un robot y empieza a decirme lo que debo hacer».

Neil: «No es así como yo lo veo. Ya le dije que me siento mal por toda la presión bajo la cual ella está. Ella quiere que yo la escuche y sea comprensivo, pero después ella no escucha mis sugerencias... Verla llorar y que no se me permita ayudarla es una tortura para mí».[14]

Esposas, ¿por favor pueden considerar la última oración de Neil: «Verla llorar y que no se me permita ayudarla es una *tortura* para mí»? Usted cree que él está siendo insensible; para él, no tratar de hacerla sentir mejor es lo que parece insensible.

Hay dos sistemas emocionales que funcionan en nuestro cerebro. Le pido que por un momento aguante la jerga técnica que mencionaré, pero básicamente las mujeres tienden hacia el sistema reflexivo neuronal (MNS, por sus siglas en inglés), y los hombres hacia la unión temporal-parietal (TPJ, por sus siglas en inglés). Una mujer expresa empatía reflejando la angustia y preocupación de una persona porque su cerebro se inclina hacia la forma MNS de procesar emocionalmente. El cerebro masculino expresa empatía mediante un proceso llamado «empatía cognoscitiva», el cual se enfoca en el poder del cerebro para *detener* el problema en vez de *entender* el problema. *Todavía es empatía*, aunque tal vez no lo parezca para usted. Para resolver un problema, otras áreas del cerebro tienen que estar quietas, lo cual en este caso es el MNS. El sistema TPJ funciona para proteger al cerebro masculino de ser «infectado» por las emociones de otras personas a fin de poder enfocarse totalmente en resolver el problema.[15]

Dos días después de escribir la primera versión de este capítulo, mi esposa pidió hacer oraciones especiales. Ella tuvo una reacción muy mala a un antibiótico muy fuerte y todavía estaba sufriendo algunos efectos secundarios de neuropatía. Casi inmediatamente después de que ella describió sus labios adormecidos y unos cuantos otros efectos, mis primeras palabras fueron: «Quizás deba llevarte a la Clínica Mayo este verano y que los expertos chequeen todo».

Número uno, nosotros vivimos en Houston. Cualquier cosa que usted pueda encontrar en la Clínica Mayo usted la puede encontrar aquí. Número dos, ella solo quería que yo escuchara y orara. Y porque yo escribí este capítulo, yo *sabía* que eso era lo que ella quería y que expresara empatía. La doctora Brizendine me lo había advertido debidamente y yo incluso había puesto por escrito algo de esto, pero la respuesta automática de mi cerebro continuaba siendo: «¿Cómo puedo arreglar esto?».

Nosotros los hombres podemos y debemos aprender a escuchar primero, pero quizás Dios sabía lo que estaba haciendo cuando diseñó el cerebro masculino con una mentalidad de arreglarlo todo. Como mínimo, usted tal vez quisiera dar a su esposo el beneficio de la duda. En lugar de verlo como una persona insensible, considere el hecho de que su respuesta es lo que le parece más sensible a él. Él está tratando de ser sensible, y le es confuso cuando usted no le deja que sea así. Es como tener un hijo adolescente que está sufriendo, y usted instintivamente trata de tocarlo, y él actúa como si su toque físico fuera repulsivo y la empuja. Usted no se puede imaginar que él no quiera que se le abrace, y le es doloroso al igual que confuso que él no quiera. *Usted quiere mostrar su interés, ¡y él no se lo permite!* Así es como se siente su esposo cuando usted se resiente con él por querer interesarse u ofrecer consejo.

No estoy diciendo que tenga que ceder y dejarlo que arregle las cosas; estoy diciendo que es importante aprender a comprenderlo, hablar de esta dinámica y descubrir una forma de tratar esto juntos. Quizás usted sepa muy bien cómo resolver el problema, aun mejor que su esposo, y es totalmente legítimo que usted solo quiera hablar de ello.

Yo he aprendido (aunque estoy muy lejos de ser perfecto en vivir esto) que cuando Lisa comparte una frustración, mi primera y única respuesta es ser comprensivo y empático. *Varias horas después*, todo está bien para que regrese a ella y le diga: «He estado orando acerca de lo que compartiste conmigo anteriormente. ¿Has pensado quizás hacer esto?». Si han pasado horas entre el momento en que compartió y mi «solución», ella típicamente lo recibe mucho mejor. Yo sugiero que hable sobre esta solución con su esposo. Tal vez usted no quiera escuchar sus sugerencias, pero al impedirlas, le está pidiendo que desconecte la función empática de su cerebro. Esto es riesgoso. En cambio, usted puede preparar una solución en la que ambos ganen explicando: «Cariño, cuando comparto algo que me lastima, lo que realmente quiero es que me escuches, me entiendas y me muestres empatía. Hay un lugar y un momento para resolver los problemas. Cuando comparto el problema por primera vez contigo, ese no es el lugar ni el momento. Espera por lo menos unas cuantas horas».

¿POR QUÉ SE PORTAN MAL LOS HOMBRES?

Yo *no* estoy llamando a la conducta pecaminosa una necesidad biológica. La única persona perfecta en la historia del mundo vivió con un cerebro masculino. El apóstol Pablo, quien también vivió con un cerebro masculino, declaró ser «intachable» en términos de la justicia humana y cumplir con la ley (Filipenses 3.6). La masculinidad entonces no puede ser una excusa para el pecado.

Pero los hombres *están* biológicamente menos sintonizados con las consecuencias del mal comportamiento. La corteza cingulada anterior, la cual es «el área que teme el castigo» del cerebro, es «más pequeña en los hombres que en las mujeres». Además, «la testosterona disminuye las preocupaciones por el castigo».[16] La corteza prefrontal, llamada por la doctora Brizendine el «Director General» del cerebro, se enfoca en los buenos juicios y «funciona como un sistema inhibidor para frenar los impulsos», es «más grande en las mujeres y madura más rápido en ellas que en los hombres».[17]

Junte todo esto y se dará cuenta de que se ha casado con una persona cuya capacidad biológica para procesar las consecuencias negativas que surgen de las malas decisiones es menor que la suya, cuyo temor de ser castigado es menor que el suyo, cuya área procesadora del cerebro dedicada a tomar buenas decisiones es más limitada que la suya, y cuyas inhibiciones son naturalmente menos que las suyas.

La doctora Brizendine describe un experimento en el que investigadores pidieron a madres de hijos e hijas de un año que colocaran un juguete interesante pero prohibido en una pequeña mesa: «A cada madre se le dijo que hiciera una seña de temor y peligro solo con expresiones faciales, indicando que su hijo o hija no debe tocarlo. La mayoría de las niñas hicieron caso a la advertencia facial de su madre, pero a los niños pareció no importarles, actuando como si estuviesen magnéticamente atraídos hacia el objeto prohibido. Sus cerebros masculinos jóvenes pudieron haber sido más impulsados que los de las niñas por la emoción y recompensa de agarrar el objeto deseado, aun a riesgo de ser castigados».[18]

Esta acción neurológica puede crear hombres que pueden parecer adorables, afirmativos, y relacionales, y luego asombrosamente pueden no estar conscientes y ser peligrosamente curiosos. Una madre (llamada Jessica) le describió a la doctora Brizendine cómo su pequeño hijo «me recoge flores, me dice que me ama, y me llena de besos y abrazos. Pero cuando tiene ganas de hacer algo, las reglas que le hemos enseñado desaparecen de su mente». La doctora Brizendine escribe: «Ella me dijo que David [su hijo] y su amigo Craig estaban en el baño lavándose antes de cenar cuando ella escuchó a Craig gritar, "Detente, David. Estoy orinando". Luego ella escuchó el claro sonido de una secadora de cabello. *Peligro* pasó rápidamente por el cerebro de Jessica. Salió disparada por el pasillo, abrió de un porrazo la puerta del baño justo a tiempo para recibir un salpicón de orín en sus piernas. David había encendido la secadora sobre el chorro de su amigo, solo para ver lo que iba a pasar».[19]

Como hombre, yo entiendo totalmente esto. Una vez, yo estaba corriendo por una senda hermosa que iba desde Virginia hasta Maryland a orillas del río. Al pasar por un patio de rocas, vi un letrero que decía: «Por favor no arroje rocas al río». Jamás se me hubiese ocurrido arrojar una roca, pero viendo ese letrero realmente me provocó hacerlo. Hay algo en la mente masculina que dice: *¿Ah sí? ¿Y qué pasa si lo hago?*

Esa mente masculina ha ayudado (junto con la ayuda femenina, por supuesto) a lanzar un cohete a la luna y resolver muchos problemas en el mundo, así que hay un lugar para esta curiosidad cognoscitiva. Pero puede ser peligroso cuando no está controlada. Y por supuesto, nosotros siempre rendimos cuentas por rehusarnos a controlar estas ganas. Repito, no estoy pidiéndole que disculpe a su esposo por su mentalidad de «los niños serán niños». Usted puede justamente hacerle rendir cuentas. Lo que le estoy pidiendo que entienda es que lo que resulta fácil para usted, tal vez no sea tan fácil para él.

Un hombre puede entregarse a la obra del Espíritu Santo, llenar su mente con la Escritura y aprender a caminar con sabiduría y discreción. Pero biológicamente, se puede argumentar que en realidad es más fácil para las mujeres «portarse bien».

EL OBJETIVO FINAL

Si usted puede aprender a vivir y apreciar a su esposo con su confuso cerebro masculino a través de su veintena, treintena y cuarentena de años, hay una sorprendente recompensa al final de su cincuentena y después: porque los cerebros masculinos más viejos producen menos testosterona y vasopresina, la proporción de estrógeno a testosterona aumenta, lo cual significa que «hormonalmente el cerebro masculino maduro se está volviendo más como el cerebro femenino maduro».[20]

Su esposo está gradualmente convirtiéndose en una persona que probablemente estará más sintonizada con sus emociones, será más capaz de tomar decisiones sensatas y se relacionará más en general. Si se divorcia de un hombre cuarentón, usted probablemente ha vivido con él durante sus años relacionales más difíciles, y tal vez se pierda de sus años más afinados y empáticos.

Esto no es una promesa; recuerde, la biología no es un destino, y aunque los estereotipos tienden a ser verdad, no son absolutamente verdaderos. Pero el potencial de que su esposo se convierta en una persona que esté más consciente de las insinuaciones faciales y esté relacionalmente más sintonizada con usted es alto.

Esto explica en parte, pero por supuesto no excusa, por qué los hombres mayores a menudo pueden tener citas con mujeres mucho más jóvenes. No es solo el dinero. Una mujer más joven muy bien puede estar cansada de un cerebro masculino en su veintena o treintena de años con su naturaleza hipercompetitiva, territorial y sexualmente depredadora y hallar refrescante tener a un hombre mayor que esté más consciente al relacionarse. El plan ideal de Dios es que la nueva conciencia de este hombre debe ser un regalo para su esposa que ha estado con él durante tres o cuatro décadas. Cuando un hombre deja a su esposa en esta etapa, es un golpe doble: ella sufrió mientras lo aguantaba en sus años más insensibles, y después ella se pierde de lo que bien podrían ser los años en que él más se relacionaría.

La devoción de la mujer más joven puede ser confusa para la primera esposa. La exesposa puede recordar lo que este hombre era y, por lo tanto, no entender el afecto de la nueva esposa, mientras que la nueva esposa aprecia lo que él es y no entiende el rechazo de la exesposa. Esta situación es terriblemente triste y va en contra del diseño creado por Dios. Qué bendición es pasar por las primeras décadas juntos, aprender a entenderse, y luego apreciar esos años dorados cuando sus cerebros se han acostumbrado el uno al otro ¡y ustedes comparten décadas de los mismos recuerdos, los mismos hijos y los mismos nietos!

Si usted valoriza la conectividad relacional y comprende la evolución lenta del cerebro masculino, es realmente cierto que «las cosas están mejorando todo el tiempo». Un esposo más delicado, bondadoso y relacionalmente más consciente está en camino.

EL AMBIENTE PARA EL CAMBIO

Conforme el capítulo llega a su fin, permítame pedirle que haga mucho más que simplemente entender las diferencias neurológicas de su esposo. Yo quiero que las aprecie e incluso trate de aprender de ellas. Es el diseño providencial de Dios que la mayoría de nosotros llegue a ser la persona más completa y más madura posible viviendo en compañía íntima con alguien del sexo opuesto. Debemos aprender a entendernos y respetarnos mutuamente, y no pensar de manera arrogante que nuestro cerebro es superior. Conforme envejecemos, nuestros cerebros empiezan a parecerse cada vez más. Los hombres ganan más estrógeno, y las mujeres más testosterona, y en esto nos convertimos en individuos más completos y más centrados. Qué asombroso es que Jesús, mientras era tan joven (apenas treinta años cuando empezó su ministerio público), demostró el equilibrio perfecto de los típicos puntos fuertes masculinos y femeninos: valentía y delicadeza, acción fuerte y empatía, liderazgo y humildad.

Su esposo tiene mucho que aprender de usted y la manera en que funciona su cerebro, pero usted también tiene mucho que aprender de él y la manera en que funciona el cerebro de él. Además, es el sabio plan de Dios que los hijos sean criados por dos personas con diferentes clases de cerebro, y de este modo reciban lo mejor de ambos. La esposa más feliz de todas será aquella que aprenda a respetar el cerebro de su esposo y agradezca a Dios por ello, aprendiendo lo posible, entendiendo por qué él hace lo que hace, y no hace lo que no hace, y aprendiendo a apreciarlo en medio de todo ello.

PREGUNTAS PARA DISCUTIR Y REFLEXIONAR

1. ¿Cuál de las diferencias de cerebros entre los géneros la sorprendió, o iluminó, más? ¿Por qué?

2. ¿De qué maneras el *no* entender la mente masculina ha creado conflicto en su matrimonio?

3. ¿Hay algunas maneras en que usted ha esperado que su esposo actúe más como una mujer que como un hombre? ¿Alguna vez se resiente del patrón masculino de la manera de pensar de su esposo? ¿En qué forma? ¿Cuáles son algunas respuestas más saludables?

4. ¿Cómo pueden sus discusiones emocionalmente intensas tomar en cuenta que a algunos hombres les lleva hasta siete horas más que a sus esposas procesar datos emocionales complejos?

5. ¿Levanta su esposo muros obstruccionistas? Si es así, ¿ha contribuido usted a esta respuesta inundándolo? ¿Qué consejo le daría a una esposa que nota un patrón de alejamiento en su esposo?

6. Dado el hecho de que hablar sobre dificultades tiende a tranquilizar a la esposa, pero puede ser neurológicamente doloroso para el esposo, ¿cómo pueden las parejas encontrar un equilibrio saludable?

7. ¿Hay algunas formas en que usted podría estar acosando a su esposo emocionalmente? ¿Qué necesita cambiar al respecto?

8. ¿Necesita demostrar amor a su esposo —la clase de amor que Jesús mostró a sus discípulos— animándolo a que experimente algo divertido o relajante? ¿Qué sería lo que más satisfaría las necesidades de su esposo al respecto?

9. ¿Puede pensar en una característica de su esposo, que no sea pecaminosa, que realmente le moleste? ¿Cuál es la respuesta más saludable y que más honre a Dios en tal situación?

PARTE 3

CONFRONTANDO LAS PREOCUPACIONES MÁS COMUNES DE ELLA

CAPÍTULO 8

RAY Y JO: CONTROLANDO EL TEMPERAMENTO, PARTE 1

El autorespeto como primera defensa contra el enojo de su esposo

¿Se encuentra usted casada con un hombre enojado? Quizás usted vio señales de ira antes de casarse, pero en su ansiedad de convertirse en novia, decidió pasarlo por alto o excusarlo como un incidente que solo sucede una vez. Tal vez él fue muy bueno en esconderlo. Quizás usted pensó que podía aprender a apaciguarlo, y que el matrimonio haría que todo fuese mejor. Pero ahora está atascada en una situación aterradora. Usted quiere hacer lo correcto por usted y por sus hijos, pero el temor, la culpa y la confusión la llenan tanto que ni siquiera sabe lo que *es* correcto.

Tal vez el enojo de su esposo es poco frecuente. El noventa por ciento del tiempo, quizás hasta el noventa y nueve por ciento del tiempo, él puede parecer uno de los hombres más simpáticos y más agradables del mundo. ¿Pero el cinco o diez por ciento restante? Esos pequeños espacios la hacen estremecerse.

Esta tal vez no sea su situación, pero puedo asegurarle que es la situación de alguien que va a su iglesia, vive en su vecindario o trabaja en su oficina.

Así que incluso si este capítulo no describe a su esposo, quizás quiera leerlo de todos modos en su búsqueda por convertirse en una mujer que Dios pueda usar para alcanzar a otras.

Recuerde, hay una diferencia entre el enojo y la violencia intimidante. Con «violencia intimidante», no solo quiero decir verdadera violencia física. Si usted se siente amenazada, esa es una situación enfermiza de la cual necesita escapar, no controlar. Hablaremos más directamente acerca de la violencia doméstica en el siguiente capítulo. Este capítulo está escrito para aquellas mujeres que quieren ayudar a sus esposos a aprender a controlar y expresar su enojo de maneras más apropiadas.

EL ENOJO QUE VA EN CONTINUO AUMENTO

Como muchas mujeres que han pasado por el altar, Jo Franz sabía que su futuro novio tenía arranques de «intensidad y enojo», pero ella pensó que, debido a que Ray amaba a Dios, ambos como pareja podían vencerlos. No fue sino hasta que se casaron que Jo se dio cuenta de lo intenso que Ray podía ser.

«Su voz se intensificaba en forma tan dramática que parecía que me podía lastimar físicamente, aunque no creía que él lo haría», recuerda Jo. Ray a veces daba riendas sueltas a su enojo por aparentes pequeñeces, como cuando Jo se olvidaba de comprar algo en la tienda.

«Ni siquiera puedes tener en orden una casa lo suficientemente bien como para que no se nos acabe el jabón», le gritó Ray a ella una vez.

Jo quedó impactada. «No tenía la menor idea de que fuera quisquilloso o que atacase tanto».

En caso de que esté hablando con una mujer que no se ha casado, permítame hacer una pausa para decir que nunca he oído de una situación en la que el matrimonio hizo que un hombre estuviera *menos* enojado. Usted debe asumir que está viendo, a lo mucho, un setenta y cinco por ciento del temperamento de su futuro esposo mientras está teniendo citas con él. Está prácticamente garantizado que su temperamento explotará más después de la boda. Si el hombre con quien está saliendo ya parece demasiado enojado para su gusto, él estará *mucho* más enojado después de la luna de miel.

Mientras una mujer se culpe por causar el mal temperamento de su esposo, ignorará el verdadero problema: ella es el *blanco*, no la causa. No asuma una culpa injustificable por el problema de su esposo. Por supuesto, usted podría estar empeorando una mala situación; un poquito después hablaré de las estrategias para evitar esto. Pero por ahora, usted necesita saber que es imposible vivir con un hombre enojado sin hacer que él se enoje. Asegúrese de entender eso: *es imposible vivir con un hombre enojado sin hacer que él se enoje.*

Pero usted *puede* salirse del blanco.

«YO TENGO VALOR»

Ray se crio con un padre alcohólico que le gustaba criticar mucho y que le enseñó que las relaciones se forman sobre la base de expectativas extremadamente altas. Ray admite: «A veces tengo poca paciencia, y sí, puedo ser intolerante con los patrones de otras personas, como olvidarse de comprar más jabón».

Al principio, Jo respondía al tono enojado de Ray a la defensiva y con culpa, pensando que era más probable que estuviese equivocada. Pero después que Jo analizó varias confrontaciones, al final decidió que Ray no siempre tenía la razón, lo cual la hizo reaccionar con su propio enojo, y eso solo empeoró las cosas. Ray le gritaba, y luego Jo le gritaba en respuesta: «¡No te *atrevas* a hablarme de esa manera!», y el enojo rápidamente se ponía fuera de control.

Proverbios 15.1 es la clave aquí: «La respuesta amable calma el enojo, pero la agresiva echa leña al fuego». Como dije, usted es más vulnerable al pecado cuando se ha pecado en contra suya. La expresión inapropiada de enojo por parte de su esposo no excusa la expresión inapropiada de enojo por parte suya. «Al que le gusta pecar», escribe Salomón, «le gusta pelear» (Proverbios 17.19). Arráiguese en un firme fundamento espiritual para que pueda responder por reverencia a Cristo en lugar de «responder igual». Si usted responde igual, todo lo que conseguirá será lo mismo.

Esa, por lo menos, fue la experiencia de Jo. Un día, finalmente se dijo a sí misma: «Basta ya. No puedo vivir así».

Jo presentó su dilema al Señor.

«Mientras oraba, pensé: *¿Me merezco esto?* Y me di cuenta: *¡No, no me lo merezco!* Como cristiana, tengo valor para Dios, y mi esposo también debe valorizarme, pero no puedo forzarlo a que me valorice. ¿Cómo puedo ayudarle a aprender a respetarme y mostrármelo en su comunicación?».

En el transcurso de las siguientes semanas, Jo se convenció de que Dios quería que ella aprendiera a comunicarse con Ray de tal manera que él pudiera escuchar su preocupación. Conforme Jo reflexionaba en sus acciones anteriores —respondiendo al mal temperamento de Ray dejando que explotara su propio mal genio— tuvo que admitir que ella estaba empeorando la situación. Luego Dios la guio hacia la sabiduría de Eclesiastés: «Más se atiende a las palabras tranquilas de los sabios que a los gritos del jefe de los necios» (9.17).

Jo trató de usar «las palabras tranquilas de los sabios». Ella explica: «Lo que sentí que Dios me estaba diciendo era usar una comunicación que fuera directa y sin atacar, y que mostrara autorrespeto: "Esto es lo que necesito de ti" o "¿Por favor, podrías comunicarte de una manera que no sea tan aterradora?"». Esencialmente, Jo escuchó que Dios le dijo que respondiera con un espíritu delicado y tranquilo (ver 1 Pedro 3.4).

Sería una simplificación excesiva sugerir que sus desacuerdos cambiaron inmediatamente, sin embargo, con el transcurso del tiempo, el enfoque delicado empezó a funcionar. Fíjese en el fundamento espiritual detrás de esta transformación: Jo permitió que Dios *la* cambiara, lo cual trajo como resultado el crecimiento espiritual de su esposo.

Ray explica: «Antes, si yo era condescendiente con ella o degradante o crítico, ella respondía rápidamente con enojo: "¡No me hables de esa manera! ¡No uses ese tono de voz cuando estés hablando conmigo!". Su rostro se apretaba y se ponía tenso, y yo pensaba: *Vaya, ella realmente está sufriendo. He tocado un nervio profundo por ahí*, pero no entendía por qué ella lo estaba convirtiendo en gran cosa».

En medio de subsiguientes encontronazos, Jo se concentró en ser firme pero delicada. «Necesito que lo digas de otra manera», decía ella, «para que no me sienta tan a la defensiva». Reconociendo que Ray se crio en una familia alcohólica, Jo decidió que necesitaba darle clases de cómo hablarle a una mujer.

Ray reflexiona: «Es muy importante que la mujer comparta que ha sido lastimada, pero que primero quite la intensidad de la respuesta. De otro modo, nosotros los hombres tendemos a pensar que ustedes están reaccionando exageradamente. Jo lo puso de esta manera: "Me importas muchísimo, y necesito que sepas que lo que dijiste fue muy doloroso". Ella dejó de decir agudamente: "¡No me hables de esa manera!"».

Según Ray, el método anterior de comunicación de Jo «solo me hacía sentir culpable. Yo ya sabía que había cometido un error, y aquí estaba ella, amontonando sus ataques, convirtiéndolo más en un problema de lo que era. Y cuando usted ya se siente decaído, y luego es atacado, es más probable que devuelva el golpe y aumente la intensidad».

Ray dice que lo que más lo enojaba era el ser malentendido. Él cree que Jo a veces solo veía su comportamiento sin darle el beneficio de la duda. Eso lo dejaba perplejo y frustrado, lo cual se convertía en enojo. De hecho, Ray cree que a menudo él tenía buenas intenciones, pero cuando Jo suponía lo peor, él se frustraba, lo que a su vez lo enojaba, y luego él decidía atacar.

En retrospectiva, Ray ve cómo Dios usó esta situación para desafiar tanto a él como a Jo. «Dios nos puede frustrar a veces, pero debemos darle el beneficio de la duda porque sabemos que sus motivaciones e intenciones son buenas».

Esto puede parecer un punto muy pequeño, pero pienso que es profundo: aprender a amar y comunicarse con un hombre muy imperfecto puede enseñar lecciones valiosas acerca de cómo amar y comunicarse con un Dios totalmente perfecto. A veces nosotros *sí* tendemos a suponer lo peor, no solo de nuestros cónyuges sino también de Dios: «A él no le interesa; él no ve; él está jugando con nosotros». Como mínimo, cuando sabemos que esto nunca es cierto con Dios, quizás nos puede enseñar a mostrar un poquito menos de arrogancia en nuestras suposiciones y mucha más humildad y gracia en nuestra actitud hacia otros.

Personalmente, yo creo que esto será uno de los más grandes desafíos que enfrentarán las esposas casadas con hombres enojados. Va a ser difícil para usted si está casada con tal hombre, no ver cada respuesta nueva como simplemente «más de lo mismo». Por eso el perdón es tan crucial; necesitamos dejar el pasado para no continuar coloreando el presente con ello. De otro modo, el futuro se va a ver verdaderamente sombrío. A pesar de la herida de su pasado, ¿puede usted decidir suspender su juicio inmediato y tratar de darle a su esposo el beneficio de la duda?

PREPARACIÓN ESPIRITUAL

Hay otro principio que podemos aprender de la experiencia de Jo: para confrontar el enojo de su esposo, usted va a necesitar poner en orden su propia casa espiritual; de otra manera, probablemente le faltará la fuerza, la valentía y la perspectiva para ayudar a su esposo.

Jo reconoce que su matrimonio se trata más que de Ray y ella; también se trata mucho de ella y Dios. Cuando usted vive con un hombre enojado, no solo tiene ansias, sino que *necesita* de la afirmación de Dios. Los hombres pueden ser muy crueles con sus comentarios cortantes. Si usted no está recibiendo afirmación y afecto de su Padre celestial, se va a sentir emocionalmente vacía y quizás hasta sin ningún valor, y eso alimentará la respuesta de su marido y la tentará a volverse más en un pisoteado felpudo. Jo fue hacia Dios, comprendió su valor como hija suya, y trató a Ray desde una posición de ser espiritualmente amada en vez de desesperadamente vacía. Si ella hubiera sido espiritualmente indigente, probablemente no hubiera tenido la motivación, la valentía o la voluntad para arriesgarse a confrontar a Ray.

De modo que, si está viviendo con un hombre enojado, por favor acepte que la anime a pasar mucho más tiempo en adoración, oración y comunidad cristiana para que pueda absorber el amor, la afirmación y el afecto que necesita para tener una vida espiritual sana. Desde un núcleo espiritual tan fuerte, usted puede enfrentar el dolor y la frustración en su matrimonio, como lo hizo Jo.

Dios es su Creador. No solo la creó a usted, sino que la puede recrear, dándole todo lo que necesite para cada situación que enfrente. Él es su buen Pastor. Él la cuidará. Él jamás se dormirá en medio de un posible ataque. Él la puede ayudar a escapar (si es necesario), y la puede ayudar a sanar. Él es su amigo más fiel que solo quiere lo mejor para usted, e incluso si todos los demás la abandonan, la cuestionan o se rehúsan a creerle, Dios será su defensor seguro. Especialmente cuando su matrimonio es agotador, usted necesita pasar tiempo extra en oración, adoración y lectura de la Biblia, alimentando su mente, fortaleciendo su alma y sanando su corazón.

Armada con su posición delante de Dios, Jo dejó en claro a Ray que, si bien ella quería entender su frustración, ella no iba a tolerar más abuso verbal. Debido a que Ray deseaba una mejor relación con su esposa, la táctica de Jo funcionó. Él empezó a ver que dejar que su mal temperamento se aprovechara de él estaba lastimando su relación con Jo e impidiendo comunicar sus frustraciones.

«Yo realmente quería, más que todo, ser un buen esposo», dice Ray. «Yo quería reconocer las necesidades de Jo. Cuando ella me confrontó, eso me dijo que ella se valorizaba. Así que yo la valoricé. Me hizo comprender que Jo es una persona con mucho carácter; cuida de sí misma, lo cual creo que es lo que todo hombre quiere. Yo no creo que los hombres quieran a una mujer que simplemente puedan atropellar. Nosotros queremos valorizar el carácter de nuestras esposas. La manera en que Jo me confrontó reveló mucho carácter».

Esto regresa al punto que se tocó en el capítulo 1: el respeto es vital en el matrimonio, y no solo de una mujer hacia su esposo, sino también de un hombre hacia su esposa. Si su esposo no la respeta, usted va a tener mucha dificultad en influenciar en él de alguna manera significativa. Y si usted no se respeta a sí misma, hará que sea mucho más difícil que su esposo la respete.

Llevó tiempo para que el enfoque delicado y autorespetuoso de Jo diera fruto, pero ella persistió. «Cuanto más persistía en pedirle que bajara de intensidad, más empezaba él, gradualmente, a ver lo que estaba haciendo».

Recuerde el concepto de fijación funcional de la doctora Melody Rhode. Los hombres generalmente no cambian a menos que sus esposas les den una razón para hacerlo. Esto requiere una comunicación específica, directa, delicada y autorespetuosa.

«Mi esposo está tan agradecido de que yo lo haya confrontado», dice Jo hoy. «¡Él realmente dijo eso en una de nuestras conversaciones! Cuando él aprendió a bajar su intensidad, empezó a gustarse más, y se dio cuenta de que me estaba amando mejor. Eso lo hizo sentir tanto más como el hombre que Dios quería que él fuera que estaba *agradecido* de que yo lo hubiera confrontado».

Los hombres enojados a veces me dicen algo que rara vez dicen a sus esposas: se sienten avergonzados de la manera en que han actuado; detestan aquello en lo que se han convertido. En la mayoría de los casos, cuando usted ayuda a que su esposo controle su temperamento, estará ayudándolo a convertirse en la clase de hombre que él quiere ser.

AYUDÁNDOLO A QUE LA AME

En su papel como conferencista inspiradora, Jo ha conocido a muchas mujeres cuyos esposos las han intimidado hasta convertirlas en poco saludables y pisoteados felpudos. Tristemente, a veces esta postura se expresa en lenguaje religioso y representa una mala lectura total del sometimiento bíblico. Jo observa: «Las mujeres no les dicen a los hombres lo que necesitan porque se nos ha enseñado que es egoísta hasta pensar en nosotras mismas. De hecho, algunas de nosotras no estamos sintonizadas con nuestros propios sentimientos lo suficiente para siquiera *saber* lo que necesitamos. Las escuelas no enseñan a las mujeres a hacer esto. Se supone que debemos ser lo suficientemente fuertes por cuenta propia, sin pedirle a un hombre que nos ayude, y muchas familias hoy no son lo suficientemente sanas para modelarlo, así que estas mujeres entran al matrimonio mal equipadas para relacionarse con un hombre que asimismo está mal equipado para amarlas».

Este «método de mártir» del matrimonio trata injustamente tanto al esposo como a la esposa. Su esposo prosperará espiritual y personalmente sobresaliendo en amarla. Dios diseñó el matrimonio, en parte, para ayudar al esposo y la esposa a crecer en carácter. Si usted es la única que se sacrifica, si su esposo pasa por encima de usted, él no está creciendo; se está encogiendo, espiritualmente hablando. Él está rebajando su carácter. Usted muy bien podría convertirse en una santa después de vivir con tal hombre durante veinte años, pero él se va a sentir cada vez más como un miserable porque, en última instancia, cualquier hombre que trata mal a otros empieza a despreciarse a sí mismo. Esto puede sonar al revés, pero usted necesita amar a su esposo enseñándole a amarla, porque *es espiritualmente saludable que él aumente su amor por usted.*

Hubo una vez en que la idea de decirle a su esposo lo que ella necesitaba hubiera sonado egoísta para Jo, y ella hubiera descartado la idea. Desde entonces ella ha aprendido que *el respeto es importante* y que un esposo no ama verdaderamente a una mujer por quien no tiene respeto. Jo se dio cuenta de que, si no se respetaba a sí misma, su esposo adoptaría esa misma actitud de falta de respeto.

Jo también llegó a ver que un matrimonio que jamás trata el problema de las necesidades, al final provee muy poca intimidad. Como dije, los esposos no pueden leer la mente. Jo comprendió que, si ella no le enseñaba a Ray a comunicar mejor sus frustraciones de una manera que ella pudiese escucharlas, su matrimonio no satisfaría a ninguno de los dos. Asimismo, ella necesitaba que él entendiese que ella también tenía ciertas necesidades; Ray podía enfocarse en cambiar ciertas cosas, aun mientras había pedido a Jo que cambiase. Hacer esto evitaría que el matrimonio se volviera condescendiente y parcial. Un esposo enojado a menudo actúa como si solo su esposa necesitara cambiar. Este es un concepto falso basado en una falta de respeto.

COMPARTIENDO LAS NECESIDADES

Enfocarse en satisfacer nuestras necesidades puede ser egoísta, por supuesto, pero hay una manera de compartir las necesidades que establece la intimidad y el respeto. Incluso puede convertirse en un acto de humildad: «Necesito tu ayuda. ¿Podrías ayudarme?». Revestido de humildad bíblica, compartir necesidades puede convertirse en un acto increíblemente vulnerable y, por lo tanto, valiente que da a luz un aumento en intimidad. Revestido de exigencias, compartir necesidades puede convertirse en una acusación egoísta que construye muros: «¿Cómo nunca hablas conmigo cuando llegas a casa? ¿Por qué siempre me estás ignorando? ¿Es esa la manera en que un hombre cristiano trata a su esposa?».

La manera apropiada de compartir necesidades incluye tener la *motivación* correcta y usar la *presentación* correcta.

Motivación

Su primera meta como hermana en Cristo es ayudar a su esposo a que exprese en forma más completa la imagen de Jesús. Por supuesto, Dios nos llama a todos nosotros a hacer eso; pero sucede que en esta instancia, tal cambio hará que su vida sea más placentera. Pero si usted hace que el ganar una vida más placentera sea su primer objetivo, sin embargo, su esposo probablemente detectará eso y resistirá su exigencia egoísta. *Ella tampoco es perfecta*, pensará él, *entonces ¿por qué no se me quita de encima?*

He aquí la motivación más pura para el cambio: Dios nos llama a que nos purifiquemos «de todo lo que contamina el cuerpo y el espíritu, para completar en el temor de Dios la obra de nuestra santificación» (2 Corintios

7.1). Usted llama a su esposo a que cambie en el contexto de tener reverencia a un Dios perfecto, no en comparación con una esposa imperfecta.

Sea totalmente sincera consigo misma en oración antes de acercarse a su esposo. Busque profundamente hasta hallar esas motivaciones enterradas. ¿Está usted orando así porque su esposo hace que su vida sea miserable, o porque está preocupada por la manera en que él está entristeciendo a Dios y se está destruyendo a sí mismo espiritualmente? ¿Está usted motivada por una ambición egoísta, o por un amor desinteresado? Yo sé que es verdaderamente difícil ser altruista en medio del dolor comprensible y legítimo, pero en eso consiste la oración y el consuelo, guía y empoderamiento del Espíritu Santo.

Si el egoísmo la motiva, es mucho más probable que usted se dé por vencida si no recibe la respuesta inmediata que esperaba. *No vale la pena*, piensa usted. *Supongo que simplemente tendré que aprender a aguantarlo*. Pero si verdaderamente se dedica al bienestar espiritual de su esposo, usted seguirá adelante y perseverará.

Esto no sugiere que usted sea *responsable por* la salud espiritual de su esposo; algunos hombres se resistirán a los avances más piadosos que se hayan propuesto. Recuerde lo que dijimos anteriormente. Usted no puede garantizar el éxito, pero puede merecerlo. Eso es todo lo que estoy hablando aquí.

Presentación

Ray insta a las esposas que están casadas con hombres enojados a que «usen un tono de voz amoroso y les hagan saber que usted realmente se interesa por ellos y que está comprometida con ellos. Si usted dice algo de la manera equivocada, puede destruir el contenido. No es lo que usted dice; es la manera en que lo dice. Dígale a su esposo que usted se interesa por su carácter porque ve a un buen hombre en él. Eso le dice que usted está de su lado. Y una vez que él sabe que usted está de su lado, puede usar una palabra que le muestre cómo la hace sentir su reacción enojada».

¿Se acuerda de nuestra discusión inicial acerca de la afirmación? Nosotros los hombres nos sentimos desesperados por conservar la buena opinión que ustedes tengan de nosotros. Cuando usted dice cosas como: «Tú eres mejor que eso», queremos ponernos a la altura de ello. Si nos menosprecia con palabras como: «Tú eres un hombre tan despreciable, no entiendo por qué me casé contigo», no escucharemos nada después de la palabra «despreciable», y como autodefensa podríamos recurrir a la falta de respeto y soltarla. Yo pienso en Efesios 4.15 al respecto: «Al vivir la verdad *con amor*, creceremos hasta ser en todo como aquel que es la cabeza, es decir, Cristo» (énfasis añadido).

EXPRESANDO LAS NECESIDADES

Jo se dio cuenta de que su renuencia a hablar de sus propias necesidades de una manera franca y directa causaba confusión en su matrimonio. Ella dice: «Yo me di cuenta de que cuando no me comunicaba claramente, sonaba como algo manipulador y controlador. Yo podía ser indirecta —"¿Por qué no haces esto y aquello?"— en vez de simplemente decir: "Por favor, ¿me puedes hacer esto?" y explicar por qué era importante. El método directo es mucho mejor; lo honra más y no suena controlador o manipulador. Es solo una petición sencilla».

Expresar las necesidades es, por supuesto, más saludable —relacional, espiritual y psicológicamente— que llenarse de resentimiento y amargura porque el esposo (por su intencionada falta de respeto o tal vez por ignorancia) parece que no entiende.

Ray admite que muchos hombres tienen este problema. Él dice: «Yo no entendía las necesidades de Jo hasta que las compartió conmigo. Yo siempre solía decir: "¿Qué quieres decir?" o "Solo dame la versión abreviada". Pero Jo quería procesar todo conmigo, y yo no entendía eso».

Un ejemplo sucedió cuando Jo le pidió a Ray que saliera de compras. Ray se volvió una persona orientada a los objetivos. «Yo tenía la intención de ir al departamento de camisas, encontrar un estilo que nos gustara, chequear el tamaño, comprarla y salir». Pero Jo finalmente aprendió a expresar que cuando ella sugería salir de compras, a menudo solamente quería pasar un tiempo con él. Salir de compras no se trataba necesariamente de comprar algo; se trataba de salir como en una cita.

Ray aconseja a las mujeres: «Sería mucho más útil si las esposas solamente dijeran: "Quiero que salgamos de compras, pero quiero usar el salir de compras como una forma de pasar más tiempo juntos y hablar. Realmente no me interesa si en verdad compramos algo. Tal vez solo caminemos por ahí y hablemos de lo que vamos a hacer con el patio o cómo les está yendo a los niños. Así que solo relájate y no salgas disparado de la tienda, ¿está bien?"».

Jo admite que el deseo de Ray de cambiar jugó un papel clave en el éxito de ambos. Pero ella cree que un principio detrás de su método continúa siendo cierto para muchos matrimonios. «Cuanto más compartimos con nuestros esposos lo que necesitamos, más nuestros esposos podrán satisfacer esas necesidades. Las mujeres frecuentemente no se dan cuenta de eso, nuestros esposos no saben lo que necesitamos; a menos que les digamos cómo queremos que se comuniquen con nosotras, ellos continuarán con cualquier patrón que hayan aprendido de sus padres. Y si no tuvieron un padre sano, ¡cuidado!».

LECCIONES ESPIRITUALES

Además de cambiar su presentación verbal con Ray, Jo pasó por un proceso espiritual de tres fases para relacionarse con él de una manera mucho más distinta en su corazón.

Primero, Jo buscó las Escrituras para ver quién era ella en Cristo. La manera bíblica en que Dios honró a las mujeres y la forma afirmadora en que Jesús trató a las mujeres contrastó absolutamente con la descripción servil que a menudo escuchaba que aplicaban a las mujeres en muchas iglesias. «Cuando busqué las Escrituras y me di cuenta de lo que yo era en Cristo, empecé a valorizar eso. Dios piensa que soy una persona de valor, ¡y yo necesito estar de acuerdo con él!». Ella había aprendido la verdad que se destacó anteriormente: *Dios, no su estado civil, define su vida.*

En segundo lugar, Jo aplicó este mismo método de la «persona de valor» a Ray. «No solo Dios me valoriza como mujer y esposa», dice ella, «sino que él valoriza a Ray como hombre y esposo. Cuando Ray me hablaba con enojo, yo no lo valorizaba como Dios. Yo me resentía con él. Le temía. Pero no lo valorizaba. No fue sino hasta que confronté a Ray que pude empezar a valorizarlo».

Una vez más, es bueno hacer una pausa aquí, porque Jo menciona algo perspicaz. Es mucho más fácil *desechar* a un hombre enojado que *valorizarlo.* El enojo no atrae a nadie; un tipo que da pataletas puede parecer completamente tonto a un observador. Cuando una mujer verdaderamente valoriza a un hombre, ella lo confronta y dice: «Tú eres mejor que eso. No te hagas esto a ti mismo, o a nosotros». Una fiel hermana en Cristo desafía a su esposo a que crezca en gracia, misericordia y humildad.

Y, en tercer lugar, Jo se dio cuenta de que como obrera en Cristo ella debe hacer que Ray rinda cuentas por tener en su vida lo mejor que Dios ofrece. *No* era lo mejor de Dios para Ray dejar que su mal temperamento dirigiera sus relaciones. «Muchos cónyuges cristianos no se rinden cuentas mutuamente», advierte Jo. «Nosotros dejamos que las cosas se vengan abajo». Un matrimonio bíblico ofrece una pequeña imagen de la iglesia. Debemos usar la posición y los dones que Dios nos ha dado «a fin de capacitar al pueblo de Dios para la obra de servicio, para edificar el cuerpo de Cristo. De este modo, todos llegaremos a la unidad de la fe y del conocimiento del Hijo de Dios, a una humanidad perfecta que se conforme a la plena estatura de Cristo» (Efesios 4.12–13).

Al hacernos rendir cuentas como hermanos y hermanas en Cristo, no solo tratamos los problemas que tienen el potencial de arruinar nuestras familias; también nos ayudamos a aprender a relacionarnos mejor con la gente en general. Los verdaderos creyentes acogerán este proceso de santificación.

Hoy, Jo habla maravillas del cambio de relación que tiene con Ray. «Ray ha visto que ha cambiado mucho desde que yo pacientemente perseveré», dice ella. «Mi insistencia le mostró que yo quiero la mejor relación con él, que valorizo a la persona en la cual se ha convertido. Él quiere continuar siendo esa persona. Yo sé que quiere ser el mejor esposo posible. Sé que quiere amarme como Cristo ama a la iglesia. Cuando yo le hago rendir cuentas, le doy más oportunidad para convertirse en esa persona».

EL ENOJO MASCULINO

Una advertencia es necesaria mientras continuamos tratando este problema: el enojo es perfectamente natural e incluso, a veces, es una emoción espiritualmente saludable. La Biblia dice que hasta Dios se enoja (Nahúm 1.5–6 y muchos otros pasajes). El enojo en sí no es un pecado. Responder con ira o dejar que el enojo alimente un arranque amenazador, hiriente o abusivo siempre es un pecado. Usted no puede culpar a su esposo (o a usted misma) por enojarse, pero debe enfocarse en lo que usted o su esposo hacen con ese enojo.

También podría serle útil saber que «el área del cerebro de un hombre donde se reprime el enojo, el septum, es más pequeña que la del cerebro femenino, de modo que expresar el enojo es una reacción más común para los hombres que para las mujeres».[1] Estos circuitos del enojo en el cerebro masculino son reforzados hormonalmente, pero amenguarán un tanto conforme envejece su esposo.

A veces, debe dejar que su esposo se sienta legítimamente enojado con usted. Usted no es perfecta, a veces su esposo tendría que estar negando profundamente la realidad, o ser menos que humano para no estar enojado con usted. Si usted actúa como que el enojo siempre es ilegítimo, simplemente lo confundirá, porque pedirle que no se sienta enojado es como pedirle que nunca sienta el dolor. No obstante, tenemos que controlar nuestro enojo de manera apropiada, y para usted esto empieza con ganar un mejor entendimiento de las dinámicas del enojo masculino.

El enojo masculino es alimentado en parte por niveles más elevados de testosterona, lo que nos hace sentir diferentes a lo que usted podría sentir. Eso es en parte la razón por la que tenemos más probabilidad de responder automáticamente dándole un puñetazo a la pared sin siquiera pensar en lo estúpido que eso es. Nosotros «fisicalizamos» el enojo y, por tanto, necesitamos calmarnos antes de poder procesarlo apropiadamente. Le será útil como esposa saber qué es lo que provoca y qué es lo que calma esta reacción.

El enojo como sentimiento se vuelve pecaminoso cuando al expresarlo produce miedo, amenaza, o lastima a mi esposa. También es pecaminoso cuando la presiona a ceder o evita que usted exprese su propio enojo o sentimientos. Es útil cuando una esposa puede soportar el enojo del esposo mientras controla el suyo, ya que la expresión de las emociones de ambos cónyuges puede crear comprensión. Hay que admitir que esto es un alto nivel de la manera de relacionarse, y puede requerir la ayuda de un consejero para que una pareja llegue a este punto.

Cuando se trate el enojo de un esposo, es beneficioso que recordemos las diferencias entre el cerebro femenino y el masculino (repito, los cerebros se forman a lo largo de un «espectro»; nosotros solamente podemos tratar lo que es verdad en la mayoría de los casos típicos). Muchas veces, las mujeres asumen en forma equivocada que hablar de las cosas en forma detallada siempre es mejor, pero muchos hombres simplemente necesitan tiempo para procesar su enojo. Es un hecho biológico que la conversación emocional puede parecer muy estresante para un hombre y en realidad *aumenta* su enojo, en particular si se le impone esa conversación a la fuerza.

Si usted se casó con un hombre cuya ira parece que se forma cuanto más habla usted, *¡deje de hablar!* Deje que el cerebro de su esposo procese el estrés mientras espera que él retome la conversación. Simplemente porque la conversación la calma a *usted*, no significa que tendrá el mismo efecto en su esposo. Usted aún llega a decir lo que está en su corazón, pero considere ofrecerlo en porciones pequeñas. Encuentre la manera más directa y sucinta de expresarlo, y luego sepa que él podría necesitar salir a correr, patear la pelota en una cancha, hacer un poco de esto y aquello en el garaje, o arreglar el jardín mientras procesa su enojo. Su necesidad de esta actividad no equivale necesariamente a levantar muros obstruccionistas. Puede ser simplemente su manera, muy distinta pero legítima, de procesar su enojo.

También sepa que, en algunos cerebros masculinos, particularmente si el esposo tiene alto nivel de testosterona, vasopresina y cortisol, meterse en una discusión puede activar su reacción belicosa. Esto significa que estar enojado produce *placer*. Su esposo puede en realidad disfrutar al máximo un interludio de enojo, lo cual puede ayudarlo a tener éxito en los negocios o en el deporte, pero es destructivo en el matrimonio. Así que no participe en ello. Por cierto, no lo refuerce. Usted no tiene que discutir. Puesto que la testosterona es alimentada por un desafío, no le lance miradas desafiantes. No le grite como respuesta. Deje que su esposo se responsabilice y controle su enojo diciendo calmadamente: «Lidia con tu enojo, y después hablamos».

El doctor Ed Welch, quien está en la facultad de la Fundación de Consejería y Educación Cristiana, recomienda algunos de los siguientes comentarios «desactivadores»:

- «Si es importante que hablemos de mis pecados, podríamos hacer eso. Déjame saber cuando puedas hablar».
- «¿Qué está pasando realmente?».
- «¿Qué es lo que realmente quieres?».[2]

El doctor Welch aconseja que, si el enojo de su esposo lo incapacita para tener una conversación decente, espere hasta que pase su enojo y luego mencione estas preguntas cuando las cosas no estén tan tensas.

- «Tu enojo está diciendo: "Te odio". ¿Es ese el mensaje que quieres que reciba? Yo creo que estás diciendo más que eso».
- «Tú no sabes qué hacer o decir cuando estás enojado. Yo creo que te importa nuestra relación, pero parece que tú quieres que yo me aleje».[3]

Con demasiada frecuencia, las mujeres esperan discutir con un hombre de la misma manera que lo hacen con una mujer. Es más, *ellas* asumen que la forma en que manejan los conflictos es la mejor, o incluso la única manera apropiada. En *For Women Only* (*Solo para mujeres*), Shaunti Feldhahn hace una pregunta provocadora: «Si usted tiene un conflicto con el hombre de su vida, ¿cree que es legítimo derrumbarse y llorar? La mayoría de nosotras probablemente contestaría sí. Permítame hacer otra pregunta: en ese mismo conflicto, ¿cree usted que es legítimo que su hombre realmente se enoje? Muchas de nosotras tenemos un problema con ello, pensamos que él no se está controlando a sí mismo o que se está comportando inapropiadamente».[4]

Se necesita hacer la pregunta: ¿por qué las mujeres tienden a responder con dolor, y los hombres con enojo? Todo tiene que ver con la necesidad masculina de ser respetado. Feldhahn prosigue a citar al doctor Emerson Eggerichs, quien explica: «En un conflicto en una relación, llorar es a menudo la reacción de una mujer a sentirse con falta de amor, y el enojo es a menudo la reacción de un hombre a sentirse que se le ha faltado el respeto».[5]

Feldhahn condujo su propia encuesta, la cual confirmó esta realidad. Aquí tiene la declaración:

Hasta las mejores relaciones a veces tienen conflictos sobre temas cotidianos. En medio de un conflicto con mi esposa/pareja, es más probable que yo esté sintiendo:
- que mi esposa/pareja no me respeta ahora mismo: 81 %
- que mi esposa/pareja no me ama ahora mismo: 19 %[6]

Los hombres se frustran y enojan más cuando sienten que se les ha faltado el respeto. Usted no puede controlar el enojo de su esposo, pero puede provocarlo al ser irrespetuosa. Eso no excusa cualquier acción inapropiada por parte de él, pero si verdaderamente quiere ser parte de la solución, entonces trate de aprender a no estar de acuerdo con su esposo sin mostrar falta de respeto, y eso incluye rutinas no verbales tales como cruzar los brazos, alejarse, poner sus ojos en blanco, o hacer gestos burlones.[7]

Además, considere cuidadosamente sus palabras. ¿Sugieren ineptitud? Cuando usted continuamente cuestiona las compras de su esposo, su capacidad de cuidar la casa o arreglar las cosas, la ropa que escoge, la manera de tratar a los hijos, y cosas así, usted crea una «bomba de frustración». Estas cosas se acumulan con el tiempo, y al final, un acto descarado más de falta de respeto enciende la mecha que resulta en un aumento de la expresión de enojo, quizás más fuerte de lo que jamás haya visto.

Cada hombre es diferente, así que estudie a su esposo para que aprenda cuándo debe dejar que pasen las cosas. Tal vez no esté de acuerdo con la manera en que él está arreglando algo, o quizás piense que ya se ha pasado el tiempo para que él traiga a un experto, pero en la mayoría de los casos, deje que él decida. Las mujeres a menudo simplemente no entienden cuán ofensivo y fastidioso le puede parecer a un hombre estar constantemente atacado y corregido, especialmente de una manera irrespetuosa.

Trate de detener esos pequeños actos de falta de respeto: el tono que lo ridiculiza, el molestoso comentario cortante que para usted se siente como pequeños salpicones y para él como maremotos, las quejas constantes con sus amigas, el frecuente cuestionamiento: «¿Estás *seguro* de que sabes lo que estás haciendo?» y cosas así. En cambio, enfóquese en lo positivo. Asegúrese de que él sepa que usted cree que él es apto, competente y capaz. Resalte sus puntos fuertes. Elógielo en público. Muéstrele su apoyo incondicional.

Si usted hace todo esto, el medidor de su enojo puede alcanzar excepcionales niveles bajos en un sorprendente corto lapso. Desde esa plataforma, usted puede entonces empezar a aplicar los principios que aprendimos de la experiencia de Jo.

Una salvedad aquí. En una relación destructiva, una mujer no tiene voz o no se le permite que exprese una opinión contraria. El enojo de su esposo de este modo se convierte en un arma para silenciarla y degradarla. Eso no es sano y no es algo para controlar, sino para desafiar y confrontar con consejería profesional. Tal vez requiera la separación. Si usted sospecha que eso es lo que está pasando en su matrimonio, le insto a que chequee *The Emotionally Destructive Marriage* [El matrimonio emocionalmente destructivo] de Leslie Vernick para obtener sugerencias específicas, y usted también hallará ayuda en *Overcoming Emotions That Destroy* [Venciendo las emociones que destruyen] de Chip Ingram.[8]

LA REINA DE LAS VIRTUDES

Santiago 4.1–2 explica el origen de todo argumento conyugal: «¿De dónde surgen las guerras y los conflictos entre ustedes? ¿No es precisamente de las pasiones que luchan dentro de ustedes mismos? Desean algo y no lo consiguen. Matan y sienten envidia, y no pueden obtener lo que quieren. Riñen y se hacen la guerra. No tienen, porque no piden».

Según Santiago, nosotros peleamos porque somos egoístas, porque estamos decepcionados, porque no nos salimos con la nuestra, y porque estamos dependiendo de alguien que no es Dios para que satisfaga nuestras necesidades. Hay una palabra que describe esta disposición horrorosa: *orgullo*.

Los ancestros llamaban a la humildad «la reina» de las virtudes porque correctamente entendían que la Escritura enseñaba que el orgullo es el pecado más grande de todos. La humildad le servirá muy bien a su hogar, y también puede jugar un papel preeminente en reducir los arranques de enojo.

Ray me dijo que una de las cosas más útiles que sugirió su consejero fue aprender a pedir por la sabiduría de Dios para que recobrara la compostura a fin de que pudiera enfocarse en las necesidades de Jo, haciéndola el centro de su atención. Por naturaleza, los hombres pueden ser egocéntricos; Ray necesitaba aprender que Jo *es importante*.

Esto va al meollo del asunto, porque un hombre enojado frecuentemente actúa como si fuera la única persona que importara. Un hombre enojado trata de ejercer control, aprovechando la situación a la fuerza y tratando de usar su enojo para intimidar o asustar a la otra persona para que haga lo que quiere. La humildad —enfocarse en otra persona que no sea usted— proporciona el mejor remedio espiritual para su esposo.

Pero aquí le presento la trampa. Usted debe esforzarse para mantenerse humilde a medida que se opone al orgullo. ¡Tal vez el lado de su argumento es que no quiere aguantar a un hombre enojado! Quizás lo que usted quiere, pero no está teniendo es una relación pacífica, de modo que está tentada de atacar con la misma actitud de orgullo y expresión de enojo.

Hay un principio espiritual muy importante detrás de esto: solo porque alguien a quien me estoy oponiendo esté equivocado, no quiere decir que yo esté bien. Hay cientos de maneras de fallar el blanco, pero solo una de acertar.[9] Es muy posible que, en un determinado día, y en medio de algún argumento en particular, tanto usted como su esposo estén sucumbiendo al orgullo, lo cual a su vez les cegará para que no vean la sabiduría de la humildad de Dios. Su esposo podría estar equivocado y tal vez esté expresándose de una manera indebida, pero eso no significa que usted tenga que descender a su nivel. Cuando usted responde como Dios quisiera que usted lo haga, usted ha logrado el éxito y agradado a Dios, aun si eso no le gusta a su esposo.

Ore por la humildad. Lea libros que traten directamente este tema. Ore con algunas amigas. Siempre tomando en cuenta Santiago 4.1–2. El orgullo es un enemigo que siempre está presente, así que haga que la humildad sea un amigo que siempre esté presente.

EL RESTO DE LA HISTORIA

Hasta este punto, a propósito, he dejado de mencionar un elemento final, pero crucial, de la historia de Jo y Ray. El esposo de Jo se casó con ella *después* que los doctores la habían diagnosticado con esclerosis múltiple. Una mujer que está enfrentando una enfermedad debilitante que tiene el potencial de dejarla en una silla de ruedas, enfrenta ciertas tentaciones que otras mujeres jamás conocerán.

Sería fácil que una mujer en la situación de Jo se sienta tan asustada de perder a su marido —y tan aterrada de perder su apoyo a medida que enfrenta un futuro incierto— que simplemente se callaría y soportaría los arranques de enojo. Después de todo, ¿dónde estaría ella si la dejara su esposo?

Jo es una mujer con tremenda valentía. Aunque su cuerpo está perdiendo gradualmente algunas de sus funciones, ella aún sabe que en Cristo está altamente valorizada. Y desde esa valentía, ella llama a su esposo para que también la valorice y respete.

Como Jo, usted es una persona de *gran* valor para Dios. La palabra de aliento de Pablo es para usted: «Por último, fortalézcanse con el gran poder del Señor» (Efesios 6.10).

Este capítulo se ha enfocado en controlar el enojo de un hombre. Sin embargo, llega un momento en que el enojo se convierte en más que un simple enojo y termina en abuso. Ese tema merece todo un capítulo aparte, al cual ahora nos dirigimos.

PREGUNTAS PARA DISCUTIR Y REFLEXIONAR

1. ¿Notó usted un aumento en el nivel de enojo de su esposo después que ustedes dos se casaron? ¿La sorprendió esto? En retrospectiva, ¿puede ver usted algunas semillas de ese enojo?

2. ¿Por qué las mujeres a veces se culpan por el enojo de su esposo?

3. Jo descubrió que debido a que Ray se crio en una familia alcohólica, ella «necesitaba darle clases de cómo hablarle a una mujer». Hable de maneras efectivas que usted haya descubierto para enseñar a su esposo cómo expresar su enojo en formas apropiadas.

4. Gary escribe que «Jo fue hacia Dios, comprendió su valor como hija suya, y trató a Ray desde una posición de ser espiritualmente amada en vez de desesperadamente vacía». ¿Alguna vez ha tratado a su esposo a raíz de una necesidad en vez de a raíz de sentirse amada por Dios? Hable de la diferencia que marca cuando las esposas primero cultivan una relación con Dios que satisface, antes de tratar de influir en sus esposos.

5. Gary comparte que «los hombres enojados a veces me dicen algo que rara vez dicen a sus esposas: se sienten avergonzados de la manera en que han actuado... En la mayoría de los casos, cuando usted ayuda a que su esposo controle su temperamento, estará ayudándolo a convertirse en la clase de hombre que él quiere ser». ¿Cómo podría esta revelación perspicaz ayudar a motivarla a que finalmente

confronte el enojo de su esposo, o persevere si su confrontación no es inmediatamente recibida con gratitud?

6. ¿Alguna vez, como Jo, se ha contenido de compartir sus necesidades por temor a parecer egoísta? ¿Qué piensa de la opinión de Gary sobre enseñar pacientemente a su esposo a amarla para proveerle un valioso servicio espiritual?

7. ¿Cómo podría el ser motivada por el bienestar espiritual de su esposo —en lugar de la comodidad suya— transformar el problema de lo que usted trata con su esposo y cómo lo trata?

8. ¿Por qué cree que tantas mujeres proveen insinuaciones o indicios indirectos acerca de sus necesidades, pero rara vez las expresan de una manera concreta? ¿Por qué cree que le fue tan difícil a Jo decir a Ray que ir de compras no se trataba simplemente de comprar algo sino, aún más, de estar juntos?

CAPÍTULO 9

CONTROLANDO EL TEMPERAMENTO, PARTE 2

Protegiéndose contra el enojo de su esposo

La violencia del hombre causa estragos por todo el mundo. Casi no se puede recoger un periódico sin leer por lo menos un relato del carácter destructivo del enojo y la violencia masculina en prácticamente todos los aspectos de la sociedad. Tal vez sea ignorado por la mayoría de los púlpitos, pero las esposas saben por haber hablado con otras, si no es por experiencia propia, lo frecuente que esto es. Y debido a que los hombres tienden a ser más fuertes físicamente que las mujeres, el temperamento masculino puede convertirse en un problema aterrador en muchos matrimonios. Así que yo quiero pasar un poquito más de tiempo hablando de ello como tema general, más allá de lo que aprendimos de Ray y Jo.

¡YA BASTA!

Hay un momento en que el enojo se convierte en furia, y cuando la furia se vuelve física o tan degradante, la situación requiere una respuesta más drástica que la que discutimos en el capítulo anterior.

En *Matrimonio sagrado*, yo hablo extensamente acerca de cómo Dios puede usar un matrimonio difícil para amoldarnos. Él usa las pruebas para transformarnos, y nos enseña a responder al mal con bendiciones. Dios ha usado muchos matrimonios difíciles para ayudar a amoldar a la gente para la vida y el ministerio. Dicho esto, es una aplicación errónea de principios bíblicos creer que usted debe permanecer en una situación en la que está siendo abusada físicamente.

Dios usó una antigua conferencia norteamericana de mujeres para abrir mis ojos cuando estuve abrumado por la horrorosa naturaleza de las cosas que algunas esposas están teniendo que aguantar. Entre las sesiones, fui bombardeado por preguntas sinceras: «¿Qué hace una esposa cuando su esposo hace esto? ¿O cuando él hace aquello? ¿O sigue haciendo esto?». Me partió el corazón. Sentí como si necesitara tomar una docena de duchas ese fin de semana.

En retrospectiva, yo creo que esta conferencia fue una cita divina. No me puedo sacar de la mente estas conversaciones. Una esposa empezó nuestra conversación con: «Dios odia el divorcio, ¿no es verdad?».

«Sí», dije yo, «yo creo que sí».

«Entonces tengo que aceptar lo que está sucediendo en mi matrimonio, ¿no es verdad?».

Cuando ella me dijo lo que estaba sucediendo, la corregí rápidamente. «Si el precio para salvar un matrimonio es destruir a una mujer, el precio es demasiado alto», dije yo. «Dios ama a la gente más que a las instituciones, incluso aquellas que él ha creado». A través de la historia, Dios dejó que un mundo fuera destruido por un diluvio; una nación favorecida y escogida, destrozada por sus enemigos; un templo como ninguno, destruido; y congregaciones de iglesias, desaparecidas, aunque él edificó y creó a cada uno de ellos. Dios creó la idea de un día de reposo, pero cuando el día de reposo empezó a ser usado para lastimar a la gente en lugar de servirla, Jesús dejó bien claro: «El sábado se hizo para el hombre, y no el hombre para el sábado» (Marcos 2.27).

El esposo de esta mujer es un persistente adicto a la pornografía (yo trataré la pornografía en un capítulo posterior). Él la ha desatendido sexualmente excepto para satisfacer sus propios deseos cada vez más torcidos. Se mantiene amenazándola con el divorcio, lo cual la hace sentir como un fracaso como cristiana. Le presentó una lista de cinco cosas que quería hacer que él notaba en la pornografía, y si ella no estaba dispuesta, le dijo que no quería saber nada más de su matrimonio. Ella estuvo de acuerdo con cuatro de ellas, pero simplemente no podía hacer la quinta. Y ella se siente culpable.

Dios odia el divorcio, ¿no es verdad?

La situación de esta esposa es monstruosa y vil, y en realidad tiene muy poco que ver con el sexo. Yo he visto cómo la pornografía crea hombres enojados que usan exigencias sexuales torcidas como un arma. Esta mujer necesita estar protegida de un abuso tan grotesco, y si el divorcio es la única arma para protegerla, entonces la iglesia debe agradecer a Dios de que tal arma exista.

Una esposa joven, apenas poco más de veinte años, sostenía un bebé en una frazada y me miraba con lágrimas en los ojos. Su esposo tiene un tremendo problema con su mal temperamento. Él la forzó a salir del carro, en una carretera, con su bebé, *dos veces*. «Pero en ambas veces él regresó por nosotros», dijo ella en su defensa. Ahora estaban separados, y ella estaba viviendo con sus padres. Ella quería saber si debía aceptarlo, porque su psiquiatra dijo que él no estaba mal. Su esposo no cree que tiene un problema, y que, en efecto, el problema es con la «falta de perdón» de ella.

Ellos habían estado casados solo tres años, y ella ya había sufrido una vida más infernal que lo que una mujer sufre en toda una vida (ella compartió más detalles conmigo, pero no tengo tiempo para compartirlos aquí). Yo no pensé en cómo «salvar» el matrimonio, sino en cómo tranquilizar su conciencia y ayudarla a prepararse para una nueva vida, sin él.

Cuando un joven es tan inmaduro que pone en riesgo la vida de su esposa y de su bebé en una carretera (entre otras cosas), la idea de que nos preocupemos de lo «apropiado» del divorcio muestra que nuestras lealtades están sesgadas. Como lo dice hábilmente Kevin DeYoung: «Todo divorcio es el resultado del pecado, pero no todo divorcio es pecaminoso».[1]

Otra mujer me dijo que había estado aguantando la horrorosa conducta de su esposo por *más de cuarenta años*. Se me invitó a que viera su rostro, viera la lucha, y viera la perseverancia heroica, pero también se me recordó que la consejería tiene consecuencias. De modo que cuando hablo con una joven en su tercer año de matrimonio, y es evidente que se ha casado con un monstruo, y luego veo a alguien que quiere «salvar» el matrimonio, quiero que se dé cuenta de que probablemente la está sentenciando a cuatro décadas de abuso, quizás debido a una decisión que tomó cuando era adolescente. Cuando no se confronta a estos hombres y no se arrepienten, *no cambian*.

Jesús dijo lo que dijo acerca del divorcio para proteger a las mujeres, no para encarcelarlas. El divorcio fue un arma que se le impuso a las mujeres en el primer siglo, no que *ellas* pudieran usar, y casi siempre las dejaba desposeídas si su familia de origen no podía o no deseaba intervenir.

¿Honra el concepto del «matrimonio cristiano» hacer valer la continuación de una relación abusiva y destructiva que lentamente saca toda la vida y el gozo del alma de una mujer? Nuestro enfoque debe ser exhortar a los hombres a que amen a sus esposas como Cristo ama a la iglesia, no decir a las mujeres que aguanten a esposos que maltratan a sus esposas como Satanás nos maltrata. Nosotros debemos *confrontar y detener* la obra de Satanás, no permitirla.

Yo odio el divorcio tanto como todos. He estado casado por treinta y dos años y no puedo concebir dejar a mi esposa. He orado con parejas, aconsejado parejas, escrito blogs, artículos y libros, y viajado a cuarenta y nueve de los cincuenta estados de Estados Unidos, y a nueve países distintos trabajando para fortalecer los matrimonios de la iglesia. Por lo que dicen todos, yo creo que he sido un embajador de la mejoría y el crecimiento de los matrimonios.

El matrimonio no es fácil. Cada matrimonio debe vencer las heridas, el dolor y el pecado. Ningún esposo es un santo, y cada esposo con toda seguridad necesitará que se le perdone, y será dificultoso y a veces hasta doloroso. No estoy hablando de las luchas cotidianas de vivir con un pecador común. Pocas cosas me inspiran tanto como las historias de un amor basado en la gracia que trae de regreso a Dios a un cónyuge recalcitrante.

Por favor, entienda lo que estoy tratando de decir: me encanta el matrimonio —hasta las luchas del matrimonio— pero detesto cuando las hijas de Dios son abusadas, físicamente o de otra manera. Y jamás defenderé un matrimonio por encima de la salud emocional, espiritual y física de una mujer.

Algunos hombres perversos están usando el sentimiento de culpa de sus esposas y la enseñanza de la iglesia acerca de la santidad del matrimonio como armas para continuar lastimándolas. No puedo evitar sentir que si más mujeres empezaran a decir: «Se acabó», y fueran respaldadas por una iglesia que les permitiera escapar en lugar de dejar que continúe el abuso, otros hombres de la iglesia que estén tentados hacia el mismo comportamiento podrían finalmente despertar y cambiar su manera de conducirse.

Los cristianos tienen más probabilidad de tener familias donde solo hay un sueldo, lo cual hace que algunas esposas cristianas se sientan aún más vulnerables. Debemos poner nuestra propia casa en orden. Tenemos que decir: «¡Ya basta!». Debemos poner el temor de Dios en los corazones de estos terribles esposos, porque con toda seguridad no temen a sus esposas, y su falta de respeto los está llevando a un continuo comportamiento deplorable.

Hemos sido llamados a amar el matrimonio, pero cuando el matrimonio permite el mal, no debemos valorizarlo por encima del bienestar de una mujer. Como pastor, yo mantengo un concepto estricto de la Escritura, particularmente en cuanto al divorcio y el volverse a casar. Yo he visto a Dios cambiar completamente a hombres. Pero hay veces en que tenemos que darnos cuenta de que una mujer va a ser destruida, a menos que ella (por lo menos) se separe de su esposo. Y, tristemente, puede haber veces en que, en última instancia, esto conduzca a un divorcio. En estos casos, las mujeres de matrimonios abusivos necesitan aliento y consolación, no represión y culpa.

Si usted se está preguntando si el tratamiento en su matrimonio se eleva al nivel de abuso, recomiendo los ministerios de Leslie Vernick (www.leslie-vernick.com) y Megan Cox (ella misma una sobreviviente de abuso, www.giveherwings.com).

CONFRONTANDO PRÁCTICAMENTE EL ABUSO

Algunas mujeres espiritualizan la violencia doméstica. Ellas asumen que es su deber soportar la agresión y, por cierto, no reportarlo a nadie, para que sus esposos no se metan en problemas.

Usted no le está siendo infiel a su marido cuando busca ayuda. No es un chisme (sin importar lo que su esposo u otros podrían decir) compartir su dolor o preocupación con una persona capaz de ayudarla, especialmente cuando lo comparte de una manera redentora (esto es, genuinamente buscar ayuda o trabajar hacia un matrimonio sano). Ridiculizar a su esposo delante de un grupo de amigas solo para desahogarse o provocar risas es chisme;

ir privadamente a un consejero o amiga de confianza que pueda ofrecer respuestas piadosas y ayudar se llama *compañerismo*.

Usted está, de hecho, actuando en amor ayudando a su esposo a confrontar una conducta que ofende a Dios y podría resultar ser fatal. Pablo escribe: «No tengan nada que ver con las obras infructuosas de la oscuridad, sino más bien denúncienlas» (Efesios 5.11).

El sometimiento bíblico *jamás* significa que usted debe servir como el saco de arena de alguien. Hemos sido llamados a someternos unos a otros «por reverencia a Cristo» (Efesios 5.21), lo cual califica nuestra respuesta. Si mi esposa me pide que haga algo o participe en algo que ofende a Cristo, no estoy obligado a unirme a ella. Al contrario, tengo un deber para con Dios de resistirla. Lo mismo es cierto para usted como esposa.

Si bien la separación es generalmente necesaria para terminar la violencia doméstica que se ha vuelto física, por favor trate de buscar el consejo de profesionales capacitados primero. A veces cuando una mujer se separa de un hombre abusivo, ella se pone aun en más peligro de abuso. Usted necesita trabajar con una persona experimentada para que la ayude a elegir el curso de acción más sensato y seguro. Por eso la consejería de parejas es a menudo una decisión poco sabia ante el abuso. Primero busque consejería por cuenta propia con un consejero que tenga experiencia ayudando a esposas a evaluar y confrontar su situación. Muchas que han pasado por esto me han dicho que la consejería para parejas empeoró las cosas.

Usted necesita protección y sabiduría, y su esposo necesita rendir cuentas. Una vez que el problema de él ya no continúa siendo un secreto entre ambos, será menos probable que él intensifique el daño. Él sabe que finalmente está «en público» y podría estar en un gran problema si continúa fastidiando. Si usted trata de resolver esto «solo entre ustedes dos», usted se pondrá en mayor peligro. Su esposo podría asustarse de que lo descubran y hacer algo desesperado para silenciarla.

Así que, por favor, por favor, por favor, ¡consiga ayuda! Y si se siente amenazada, llame a la policía.

Aunque algunas mujeres espiritualizan la violencia doméstica, otras viven en negación, descartándola como si fuera un juego que se le pasó la mano. Ximena Arriaga, una profesora asociada de ciencias psicológicas que estudia el compromiso en las relaciones y la violencia doméstica, ofrece esta explicación:

Escuchamos a la gente decir mi pareja estaba bromeando cuando me golpeó, pateó o quemó. También pueden excusar comentarios degradantes como si fueran simples bromas. Cuando una pareja es violenta, la víctima debe preguntarse: «¿Por qué esta persona que se supone que me ama también me está lastimando?». Una manera de interpretar este rompecabezas es ver la violencia como algo benigno. Si la persona puede explicarla como si fuera otra cosa —algo menos negativo, como el bromear, y atribuirlo al sentido del humor de la pareja— entonces pueden negar que son abusadas y no tienen que soportar la posible vergüenza que viene con el permanecer en una relación violenta.[2]

Le duele tanto a una mujer saber que su esposo la está lastimando que podría pasarlo como «humor tosco» o «un accidente». Una «broma aislada» es más fácil de enfrentar que el hecho de que usted se ha casado con un abusador de su esposa. Pero el daño físico nunca es gracioso. No hay humor en el daño.

Si usted está en esta situación, no se avergüence. No está sola. Aunque la violencia doméstica es menos común en los matrimonios que en las relaciones de convivencia, todavía ocurre con demasiada frecuencia, motivo por el cual las iglesias pueden hacer un gran bien poniendo avisos de programas útiles en sus baños de mujeres. Cuando usted valientemente pasa adelante y habla con un pastor o consejero, podría convertirse en la persona líder para ayudar a su iglesia a confrontar un problema que con demasiada frecuencia se mantiene oculto. Si nadie habla con el pastor, tal vez no reconozca que hay un problema y jamás lo tratará desde el púlpito.

No deje que el temor de sus necesidades económicas y responsabilidades de los padres se interpongan a la confrontación de este problema, porque es devastador para sus hijos permanecer en un hogar violento. Permitir que usted sea abusada «por el bien de ellos» es una contradicción. Mi amiga Megan Cox, quien es una consejera pastoral, compartió conmigo una percepción espiritual perspicaz y útil: «Confrontar y a veces dejar a un esposo abusivo ayudará a evitar que sus hijos tengan un concepto o conocimiento torcido de nuestro Dios Padre, Abba Padre, porque les mostrará que el comportamiento abusivo de su esposo no representa la verdadera paternidad. Los hijos hallarán consuelo en Dios, como su

Padre, sin confundir el comportamiento de su padre terrenal con el corazón de Dios Padre».

Otras parejas han trabajado en esto. Ignorarlo o postergarlo solo empeorará las cosas. El hábito se arraigará más, y usted y su esposo podrían llegar al punto en que el matrimonio no puede ser rescatado.

Muchos grupos y organizaciones pueden ayudarla a enfrentar las implicaciones económicas inmediatas. Si usted no puede encontrar ayuda adecuada por medio de su iglesia, considere contactar al National Domestic Violence Hotline [Línea Nacional de Violencia Doméstica] llamando al 1-800-799-7233, o visite www.ncadv.org para información sobre el National Coalition Against Domestic Violence [Coalición Nacional contra la Violencia Doméstica].

Denunciar a su esposo puede, en verdad, enojarlo muchísimo. Si como resultado de esta confrontación él decide arrepentirse y tratar de madurar, al final él le agradecerá. Después que confronte su conducta y empiece a hacer cambios, él descubrirá que es mucho más satisfactorio amar, proteger, animar y apoyar a una mujer que abusar de ella. Si él no se arrepiente, usted realmente tendrá por delante días oscuros, pero al final, será mejor que quedarse en un hogar donde teme por su vida. Además, usted enseñará a sus hijos que la conducta de su padre simplemente no es aceptable. Sus hijas aprenderán a rehusarse a aguantar esa clase de comportamiento, y su valiente acción puede ayudar a detener un patrón generacional de destrucción.

DE FORTALEZA EN FORTALEZA

Yo apelo a las mujeres con matrimonios sanos para que se conviertan en defensoras de sus hermanas con matrimonios poco sanos. Debido a que algunos abusadores son astutos y manipuladores, a muchas esposas no se les toma en serio cuando tratan de encarar esto. Y, francamente, muchos hombres no entienden lo aterrador que es vivir con alguien que podría lastimarle físicamente, de modo que no toman estas acusaciones lo suficientemente en serio. Por eso una mujer abusada puede lanzar una «insinuación a medias», quizás una media broma acerca de su propio matrimonio a otras mujeres como un clamor desesperado para que alguien la tome en serio. Ella puede estar muy asustada como para admitir abiertamente lo que está sucediendo y está esperando insinuárselo a alguien para que se lo sonsaque.

Por favor sea esa amiga. Ayúdela a salir de este valle de violencia. Sea una buena samaritana que saca tiempo para detenerse y cuidar a una forastera herida. Si está leyendo este libro en grupo, por favor deténgase ahora mismo y pregunte si alguien necesita compartir su historia, quizás incluso para averiguar si está siendo abusada (advertencia: dependiendo de la dinámica del grupo, podría ser sensato hacer esto en forma individual).

Cuando una mujer respetada que tiene un matrimonio sano ayuda a iluminar una situación poco saludable, es mucho más probable que se le tome en serio que cuando una mujer abusada que tiene un matrimonio poco sano presenta cargos y su esposo abusivo les dice a todos que ella está loca. Hacer que alguien se sienta loca por admitir la verdad es una de las armas más crueles que los abusadores usan para acusar a las mujeres, y es aterradoramente común.

Si usted está en un matrimonio dificultoso y está temiendo el duro camino que tiene por delante, permítame animarla. Yo he sido parte de un grupo de entrenamiento para maratones por muchos años. He visto mujeres que nunca habían corrido cinco millas, lentamente ponen en forma sus cuerpos y cinco o seis meses después terminan una maratón. Tampoco estoy hablando de mujeres en excelente estado físico. Usted miraría a algunas de ellas y pensaría: *Lo último que esperaría de ellas es que corrieran veintiséis millas en un día*. Pero a través de meses de pequeñas decisiones y preparación con paciencia, lo hacen.

Si usted vive con un hombre enojado, esta es su maratón espiritual. Usted va a ser desafiada en formas que la podrían aterrar. Tal vez se sienta aterrada, pero piense conmigo en un futuro en el cual es apoyada en vez de amenazada, en el cual se siente adorada en vez de atacada y apreciada en vez de insultada. ¿No vale la pena arriesgarse, por usted y por sus hijos, para trabajar hacia el logro de ese matrimonio?

Además, Dios puede usar esta situación para ayudarla a volverse mucho más fuerte. Lamentablemente, a menudo solo es cuando nos sentimos que ya no podemos más que nos entregamos completamente a la misericordia de Dios y aprendemos a caminar con la atribución de su poder y gracia. Deje que la fe y determinación espiritual ganen a cualquier temor comprensible (y legítimo). Recuerde, el valor no es la ausencia del temor; se expresa a medida que usted pone su fe en Dios y sigue adelante, aun cuando está aterrada y convencida de que todo saldrá mal.

Su situación puede parecerse a la de Jo: enojo, pero no violencia. Necesita el valor para aceptar el concepto que Dios tiene de usted como persona valiosa y luego la sabiduría para enseñar a su esposo cómo responderle apropiadamente. Si su situación está empezando a volverse violenta, necesita actuar ahora, busque ayuda, y sea parte de la creación de una crisis que puede conducir al cambio.

Por encima de todo, recuerde que, si bien usted podría sentirse asustada, insegura, culpable o confundida, *nunca* está sola. Su Dios está con usted, y su pueblo la rodeará. Pase tiempo pidiéndole a Dios que traiga ayudantes a su vida antes de que usted actúe; este podría ser el paso más sabio que pudiera dar. Y luego, de ahí en adelante, avance. Si se mantiene caminando con fe, descubrirá lo fuerte que usted puede ser en Cristo, y esa es una lección valiosa de la vida. Si usted persevera, ni siquiera se reconocerá a sí misma después de varios años. Yo he sido testigo de personalidades tímidas, temerosas y victimizadas que se han desvanecido a favor de mujeres de fe fuertes, sabias, osadas y valientes.

Como escribió el apóstol Pablo: «Con este fin trabajo y lucho fortalecido por el poder de Cristo que obra en mí» (Colosenses 1.29). Este es su refugio y su esperanza.

PREGUNTAS PARA DISCUTIR Y REFLEXIONAR

1. ¿Cómo puede la iglesia hacer un mejor trabajo para ayudar a las mujeres que están en relaciones abusivas?
2. Hable de por qué no le conviene más a un niño estar en un hogar donde hay violencia doméstica.
3. Pregunte si algunas mujeres necesitan ayuda para entender si están en una relación abusiva.

CAPÍTULO 10

RICH Y PAT: LA PREGUNTA MÁGICA

Ayudando a que su esposo se involucre más en casa

Aunque Rich y Pat tienen tres hijos juntos, ellos llevaron vidas mayormente separadas por un buen tiempo. Según Pat: «Nosotros hacíamos pocas cosas juntos excepto discutir acerca de los hijos».

Rich coincide. «La vida hogareña era bastante belicosa», dice él.

Una vez, quejándose, Pat describió a Rich como un trabajador exageradamente involucrado durante la semana y un ávido cazador y pescador los fines de semana. Cualquier otro tiempo libre que tuviera la pasaba viendo la TV o usando la computadora, convirtiéndolo en un esposo y padre relativamente desinteresado. Cuando Pat mencionó las frecuentes ausencias de Rich durante los fines de semana, Rich decía: «No te preocupes, cariño. La temporada de cacería casi ha terminado». Pero Pat al poco tiempo se enteraba de que la temporada de pesca estaba por empezar.

Desde la perspectiva de Rich, la vida parecía ser mucho más fácil *fuera* de casa, un concepto compartido por muchos hombres. «Yo probablemente estaba exageradamente involucrado en el trabajo, y cuando no estaba trabajando, quería salir de cacería y pescar. Fuera de casa, había toda clase de cosas en las cuales tener éxito: aves que disparar o problemas que resolver en el trabajo. Hay gran satisfacción en obtener lo más que puedo de truchas o patos y resolver problemas en el trabajo. Además, estos eran problemas que *tenían solución*, que yo podía enfrentar con cierto grado de éxito; los problemas en casa no parecían tener mucha solución».

Nosotros los hombres tendemos a evitar batallas que sabemos que no podemos ganar o que nos hacen sentir ineptos. Yo he conocido atletas profesionales que libremente admiten que el motivo por el cual evitan el golf es que solo quieren jugar algo en lo que pueden sobresalir. La mentalidad es: *Si no hay posibilidad de ganar, no hay posibilidad de que yo ni siquiera compita.* Desgraciadamente, esto significa que cuando comenzamos a sentir que ya no podemos en nuestra vida familiar, el hogar puede convertirse en el último lugar donde queremos estar; *si no podemos sobresalir, ni siquiera queremos intentarlo.* Lamentablemente, podemos terminar aumentando poco a poco nuestras horas en el trabajo y extendiendo nuestra participación en pasatiempos recreativos, tal vez sin siquiera darnos cuenta de que estamos prácticamente escondiéndonos de nuestras familias.

Pat reconoció lo que estaba enfrentando cuando le pidió a su esposo que cuidara a su bebé varón, Ben, una noche a la semana para que pudiera terminar con ciertos quehaceres o tener un tiempo para relajarse sin ser interrumpida. Rich se rehusó, diciéndole: «No estoy realmente muy interesado en bebés». Según la opinión de Rich, ya que él trabajaba todo el día, las noches le pertenecían, y no tenía por qué molestarse con la crianza de hijos. De igual modo, ya que trabajaba toda la semana, los fines de semana eran suyos para que se relajase y recuperara energías. Lo que es más, ya que trabajaba todo el año, las vacaciones le permitían ir en pos de la cacería, la pesca o el campamento. En la opinión de Rich, vigilar a los hijos y cuidar de la casa eran responsabilidad exclusiva de Pat.

Mientras tanto, Pat veía que su trabajo era veinticuatro horas al día, siete días a la semana, sin vacaciones y con poca o ninguna ayuda.

Pat se culpa a sí misma por dejar que esto continuara por tanto tiempo. «Yo no tenía habilidades de negociación o límites», dice ella mientras reflexiona sobre su matrimonio. «Me mantuve pensando que si trabajaba más duro, de algún modo iba a mejorar, pero no era así, y luego yo explotaba, y eso solo empeoraba las cosas. No sabía cómo confrontar a la gente de una buena manera o buscar alternativas. Por ejemplo, pude haber contratado a una niñera para que llevara a los chicos al parque mientras yo me quedaba en casa. Y debí haber puesto mejores límites a mis hijos, como sincronizar el reloj y tener exactamente una hora para hablar tonterías cada día o tener una lista de quehaceres y luego salir al parque. Afortunadamente, empecé a ver mis horas como que eran flexibles y las de Rich como inflexibles. Decidí empezar a divertirme un poco durante el día para sentirme más descansada cuando Rich llegaba a casa».

Poco después de que su hijo mayor cumpliera quince años, «las cosas empezaron a deshacerse», dijo ella. «Nuestra casa se caracterizaba por discusiones, gritos y trajines. Nuestros hijos cayeron en el clásico patrón del niño rebelde, del niño que siempre quiere agradar y del niño retraído. Rich generalmente no estaba y en realidad no quería estar en casa, ¡y yo le había dado todos los motivos para que así fuese! Yo lo recibía con una lista cuando llegaba a casa, estaba crónicamente de mal humor y generalmente estaba deprimida o enojada».

Pat trataba de hablar con Rich acerca de interesarse en las actividades familiares (aparte de la cacería y la pesca), pero Rich respondía: «Mira, yo trabajo duro, no bebo, no apuesto y no voy detrás de otras mujeres. En general, yo diría que soy un esposo bastante bueno».

«Él sí nos mantenía bien», reconoce Pat. «Ante sus ojos, eso lo convertía en un buen esposo y padre. También iba a muchos partidos de los niños. Él simplemente no podía ver que era frío y distante, y que estaba evitando problemas».

FORJANDO UN NUEVO CAMINO

Al final, Pat reconoció que aún después de años de confrontación y discusión, Rich seguía exageradamente involucrado en el trabajo y relativamente ausente en casa. Ahora que ella tenía poco más de cuarenta años, Pat no quería pasar el resto de su vida con un hombre que siempre estaba pensando en otra cosa.

«Para ser sincera», admite Pat, «yo quería divorciarme, pero sabía que el único motivo bíblico era si él cometía adulterio o me dejaba. Así que oré para que se muriera o encontrase a otra».

En cambio, *Pat* encontró a otro: el Señor, a quien ella reconoce como el que salvó su vida. «Sin Dios, yo hubiera terminado en la cárcel o en un manicomio», dijo ella. Pat asumía que siempre había sido una cristiana porque iba a la iglesia, pero una experiencia frustrante con su pastor la llevó a visitar la iglesia Bethel Church en Richland, Washington, donde ella encontró una fe abundante, profunda y auténtica.

En su antigua iglesia, el cristianismo parecía más una cosa cultural. La mayor parte de la congregación consideraba a aquellos que realmente leían la Biblia como raros o fanáticos religiosos. La gente simplemente no usaba frases como «Dios me habló» o «la Biblia dice». Pat empezó a escuchar la radio cristiana, leer la Biblia, aplicar la enseñanza de su nuevo pastor, leer populares libros cristianos, y crecer espiritualmente hora tras hora.

Cuando ella comenzó a leer acerca del sometimiento bíblico de las esposas a los esposos, Pat al principio se sintió desconfiada. «Esa era una idea radical y nueva para mí», dice Pat. «No me crié de esa manera y yo estaba más metida en la filosofía de la igualdad de liberación de las mujeres. Además, me sentía bastante nerviosa de someterme a alguien que no estaba leyendo su Biblia. Hacerlo, iba a quebrantarme o desarrollar mi fe en el amor y poder de Dios».

La iglesia de Pat también le presentó las virtudes cristianas básicas, tales como ser agradecida en toda circunstancia y seguir el amor, el gozo, la paz, la paciencia, amabilidad y bondad. «Yo creí que merecía estar malhumorada, cualquiera que tuviese que aguantar lo que yo tenía que lidiar haría lo mismo. Fue difícil admitir que, independientemente de las circunstancias, la gente puede escoger su respuesta».

LA PREGUNTA MÁGICA

Pat empezó esta travesía de reorientar su matrimonio haciéndole a Rich lo que ella ahora llama la «pregunta mágica». Hacer eso estuvo en contra de cada fibra de todo su ser. Fue en realidad lo opuesto a lo que ella pensaba que serviría mejor en su matrimonio, pero decidió probarlo de todos modos.

«Rich, ¿qué cosas te gustaría que yo hiciera que no estoy haciendo?».

La respuesta de Rich tomó a Pat completamente por sorpresa.

«De alguna forma yo esperaba que él me dijera que le gustaría que la casa estuviera más limpia; yo pude haber lidiado con eso. Pero él me pidió que empezara a preparar comidas que les gustasen a los niños. Me quedé pasmada. Me crié con la noción de que solo hay una cosa peor que un asesino, y es un comelón quisquilloso. "Tienes dos opciones: ¡tómalo o déjalo!"».

Cuando los niños no disfrutaban lo que Pat hacía, ella insistía en que comieran de todos modos, creando con regularidad fricción y confrontación en el comedor. Rich solo quería paz. Cuando Rich era un niño, si alguno de los chicos en su familia decía: «No me gusta esto», nunca más lo volvía a ver. Si Pat fuera a dar esa respuesta en su familia, le hubieran servido la misma comida, en porciones dobles, ¡para el desayuno a la mañana siguiente!

«Yo estaba horrorizada de que Rich dejara que los niños comieran el postre si no les gustaba el plato principal. Pero con el tiempo, él me ayudó a ver que hay sabiduría en el hecho de que la gente sí se siente amada cuando se le da las cosas que quiere; y él ha llegado a aceptar mi punto de vista también: que comer saludablemente y tener buenos modales en la mesa también son importantes».

Anteriormente, Pat hacía los almuerzos de los niños, y eso era así. Ahora, a pedido de Rich, ella se puso más consciente de lo que les gustaba y no gustaba a ellos, y empezó a personalizar sus loncheras. «Antes, yo simplemente ignoraba lo que les gustaba a los niños. Mi actitud era: "Yo lo hice, tú lo comes"». A una de las hijas de Pat le gustaban sus sándwiches cortados de una manera estilizada, a los otros niños no les interesaban esos detalles. Por primera vez, Pat empezó a satisfacer con regularidad la preferencia de esta hija, y años después, estuvo contenta de haberlo hecho. En un retiro de la secundaria, alguien le pidió a esta hija que nombrara algo que alguien había hecho que causara un impacto en su vida, y ella dijo: «Mi mamá cortaba mis sándwiches como me gustaba. Me hacía sentir especial y amada».

«En ese entonces, yo creía que era algo loco», recuerda Pat, «pero escuchar a Rich me ayudó a demostrar amor a mi hija de una manera que ella podía recibirlo. Además, recordé que cuando niña yo quería que mis sándwiches estuvieran cortados de cierta manera. Parecía una pequeñez que pedir porque no requiere dinero y casi ni tiempo. Pero mi mamá se rehusaba. Yo me sentía estúpida e insignificante. A menos que me hubiese sometido a mi esposo, yo hubiera hecho lo que mi mamá hizo. Jamás hubiera aprendido a balancear lo práctico con la gentileza».

La pregunta de Pat puede transformar un matrimonio. Quizás usted está leyendo este libro porque quiere ver que algo cambie en su esposo. Sin embargo, siempre es un buen ejercicio de humildad que de vez en cuando usted centre su atención en sí misma. ¿Tiene la fortaleza espiritual para hacer a un lado su propia frustración y decepción lo suficiente como para preguntarle a su esposo: «¿Qué te gustaría que yo hiciera que no estoy haciendo?».

Yo sé, si usted está tan decepcionada como Pat, que hacer una pregunta como esa parece contraintuitivo. Pero usted está por oír de algunos resultados bastante impresionantes.

Fíjese, Pat no le preguntó esto a un esposo perfecto; se lo preguntó a alguien con quien ella se sentía muy enojada, alguien que parecía estar ignorando a ella y sus hijos. *Pero ella también creía que, si el cambio iba a transformar su hogar, tendría que empezar con ella.*

Permítame desafiarla a que tome tiempo en los próximos días para ofrecer una pregunta simple pero que potencialmente cambia un matrimonio: «¿Qué te gustaría que yo hiciera que no estoy haciendo?».

«LO ÚLTIMO QUE QUERÍA QUE ÉL PREGUNTARA»

Después de acostumbrarse a los cambios de comida y ver algunos buenos resultados, Pat decidió repetir la pregunta. Una vez más, la respuesta de Rich la asombró. «No me importa si la casa está limpia», dijo él. «Solo quiero que estés de buen humor cuando yo entre por la puerta».

«Eso era lo último que quería que me pidiera», admite Pat. «Yo podía ver cómo eso era posible en teoría, porque si todo lo que yo tenía que hacer todo el día era estar de buen humor cuando él entrara por la puerta, me figuré que debía ser capaz de hacer eso. Pero quejarme, criticar y discutir eran viejos y fieles amigos míos. ¿Estar de buen humor? ¡Yo no soy así!».

Rich también le pidió a Pat que se enfocara en divertirse más con los niños en vez de corregirlos todo el tiempo. Las constantes amonestaciones de Pat ponían tensión continua en el hogar, y Rich anhelaba la paz.

Aparte de estas cosas, Rich estaba reacio a hablar de lo que Pat podría hacer por él, así que a ella se le ocurrieron unas cuantas cosas. En vez de quejarse de los viajes de pesca de Rich, Pat empezó a ir con él. Y no solo a los viajes de pesca; ella lo acompañaba a la tienda de artículos deportivos e incluso a las reuniones del club de tiro (donde según Pat, «ellos comen carne de venado, alce u oso, y algún orador comparte diapositivas de su cacería más reciente»).

«Esto fue realmente duro para mí porque me parecía que la pesca y la cacería eran cosas que mi esposo debía dejar», reconoce Pat. «Al principio, se sintió algo así como querer que un alcohólico dejase de ir a las cantinas y luego salir a tomar con él; para mí, se sentía igual de todos modos. Esto era un verdadero ídolo en su vida, y yo no quería apoyarlo. Yo aún pienso que cazar y pescar tienen un lugar más grande en su vida de lo debido, pero al final tuve que admitir que *hay* una diferencia entre pescar y beber. No era pecaminoso para mí ir de pesca con mi esposo. Tuve que aprender a dejar que Dios sea Dios y *permitirle* trabajar en cosas con Rich».

Después de adoptar esta transformación muy dificultosa, Pat se ríe de cómo ahora pasa con el carro por lugares y piensa: *Ese sería un lugar fabuloso para pescar.* «En realidad *disfruto* ir de pesca», dice ella con un tono de voz sorprendido. «Nosotros fuimos a Sun Valley por nuestro aniversario de veinticinco años de casados y tuvimos un tiempo genial pescando al vuelo».

Para ambos, ha sido una larga transformación gradual. «Básicamente, cuando le pregunté a Rich lo que quería de mí —en cuanto a nosotros—, lo que quería sonaba realmente difícil. Él solo quería que yo estuviese de buen humor, fuese más divertida y que no me quejara de cosas que no se arreglan». Algunas de esas cosas, Pat ahora las arregla por sí misma. Y en cuanto a su estado de ánimo, bueno, Rich le dirá que ella es una persona mucho más agradable con quien vivir.

BENEFICIOS ABRUMADORES

Para sorpresa de Pat, cuando ella empezó a enfocarse en ayudar a Rich en vez de pelear y resentirse con él, él se involucraba más en la casa. «La casa se convirtió en un lugar mucho más placentero donde estar, así que estoy segura de que eso tuvo algo que ver con ello».

Pat oyó a dos chicos en la radio bromeando acerca de un libro de texto de cocina de los años 50 que animaba a las mujeres a servir a sus maridos, pero su conversación cómica afectó a Pat de una manera distinta. «A la mayoría de los hombres, si son sinceros, realmente les gustaría ver eso en sus esposas», dice ella. Y ella está tratando de proveer algo de ese servicio amoroso a Rich.

Pat decidió enfocarse en ayudar a Rich. Ella despejó su calendario excluyendo muchas de sus actividades afuera, para que, como dice ella, «en vez de tratar de hallar satisfacción en otras cosas, yo pudiese enfocar mis energías en mi hogar y mi familia». Es un poquito irónico que en su intento de lograr que su esposo se involucrara más en el hogar, Pat empezó asegurándose de que *ella* misma estuviese más involucrada en el hogar, no solo estando presente, sino estando emocional, espiritual y relacionalmente interesada.

Pat no endulza la dificultad de todo esto. «Es increíblemente difícil poner tanta energía en un hogar y matrimonio cuando usted no disfruta su hogar o familia. Al principio, se siente morir. Todos nosotros anhelamos el reconocimiento, poder y honor. Sacrificarse y servir parecen alejarnos de esos deseos».

Pero Pat luchó contra el resentimiento. Ella explica: «Sentí, en cierto sentido, que lo que estaba haciendo iba en contra de todo lo que yo soy. Se sentía como que me estaba muriendo, pero la paradoja es que soy más auténtica ahora de lo que era. Soy más bondadosa, más gentil y más sumisa, pero también más terca y dogmática de lo que era. Yo solía pensar que esas eran contradicciones, pero ahora veo cómo funcionan juntas. Aunque en ese entonces, yo pensaba que estaba dejando cosas, ahora puedo ver que estaba ganando. No regresaría a la forma en que yo era por nada en el mundo. Tengo más gozo, perdón, gracia y más amigos también, ¡*muchos* más amigos! Mi familia ha cambiado drásticamente, y por primera vez, me llevo bien con mis hermanos, con mamá y papá, y mis suegros».

Pat agregó: «La manera en que moví a mi esposo me fue cambiando a mí. Sinceramente creo que cuando usted hace lo que su pareja quiere, se sana durante el proceso. Dios le da su cónyuge como la persona que puede arreglar esas cosas en usted que usted realmente no quiere arreglar».

Rich concuerda. «Pat se ablandó bastante», dijo él, «y eso marcó una gran diferencia en mí. Es mucho más fácil sentir empatía por alguien que es blando que por alguien que te trata con dureza».

«Usted no puede hacer esto sin fe en el Señor», añade Pat. «Y aunque, como yo, usted probablemente sentirá como que se está muriendo, todo lo que puedo decir es que vale *mucho* la pena. Al someterme a mi esposo y hacer lo que me pidió —aunque había mucho que yo quería que *él* hiciera de manera diferente— yo me convertí en la persona que quería ser: una esposa más amorosa, una mejor amiga, una mejor madre. Y luego descubrí que esas cosas me traen mucho gozo. Los beneficios para mí han sido abrumadores. Aun si mi esposo actuara como el imbécil más grande desde ahora hasta el día en que muera, someterme a él ha producido un cambio increíble en mí, y no regresaría a la forma en que yo era por nada en el mundo».

LA GRAN AVENTURA

A las esposas cuyos esposos juegan a los dardos los fines de semana, frecuentan constantemente la cancha de golf, o acompañan a sus amigotes a la cantina del barrio, Pat aconseja: «Considere cómo usted podría estar sacando a su esposo de la casa, o al taller del sótano, o a la cancha de golf, o a la computadora».

Piense con mucha sinceridad en el pasado fin de semana. Póngase en el lugar de su esposo. ¿Cómo se sintió al ser recibido por usted? ¿Qué clase de ánimo establece usted en el hogar? ¿Es usted agradable? ¿Contenciosa? ¿Apática? *¿Le gustaría que la reciban en casa de la manera en que usted recibe en casa a su esposo?*

Tal vez llega a casa del trabajo después que su esposo. Usted se puede hacer otras preguntas. ¿Se queja con regularidad por el día que tuvo en vez de escucharlo hablar del suyo? ¿Derrama usted su resentimiento porque a otras mujeres les van las cosas más fáciles que a usted? ¿Lo hace sentir como que él no está a la altura? ¿Está preocupada por emails que no ha contestado? ¿Qué está haciendo para que su esposo se convierta en su «amigo»? ¿Es usted una persona agradable?

Pat dice que desde que ha experimentado estos cambios, «Rich ahora *quiere* venir a casa. Él *quiere* estar conmigo; quiere apoyarme si estoy pasando por una mala racha. Cuando se va de viaje, tiene cuidado en organizarlos de tal manera que puede ver a la familia todo lo posible antes y después».

Pat añade: «Si usted quiere una gran aventura, sométase a su esposo. Esa será la aventura más grande de su vida. Será más emocionante que salir en un cohete hacia la luna. Abrirá toda una manera diferente de ver las cosas, una manera que usted quizás no puede visualizar ahora mismo. Pocos temas son más controversiales que el de someterse a su esposo, pero es completamente cierto, y ha funcionado muy bien en mi propia vida».

LA PERSPECTIVA DE RICH

Rich señala tres factores que influyeron en su evolución de padre y esposo ausente a hombre ansioso de venir a casa en la noche:

- El compromiso renovado de Pat
- La expresión de Pat de su propio dolor
- La fe renovada de Rich

«Para mí, el gran cambio sucedió cuando sentí que Pat estaba realmente *comprometida* con el matrimonio», dice Rich. «Yo había empezado a preguntarme cuán comprometida estaba ella. Hubo veces en que ella dijo que no me quería, que incluso me odiaba, y sugirió que yo podría quererme ir, lo cual no quise hacer. Pero pienso que lo que se volvió importante fue cuando ella se dio cuenta de que teníamos un compromiso. El matrimonio no se trata simplemente de *sentimientos* de amor; hay veces en que solo un compromiso puede sostenerlo en la prueba. Cuando el matrimonio se basa en la fe cristiana, es mucho más sólido. Usted puede confiar en ello. Eso, para mí, fue el fundamento más importante; después que ambos nos dimos cuenta de que estábamos comprometidos con este matrimonio, yo quería cambiar, y siempre tuve esperanza después de ese momento».

Rich trae a colación un buen punto. ¿Por qué va a cambiar un esposo por una esposa que no muestra tener un compromiso con él, que podría, en efecto, incluso dejarlo o animarlo para que se fuera? Desde la perspectiva de un hombre, eso es como llenar el tanque de gasolina de un carro antes de venderlo. Si su esposo no tiene confianza en que el matrimonio continuará, ¿para qué pasar por la molestia de la transformación del carácter?* La mayoría de los hombres necesitan saber que sus esposas estarán allí antes de que se sientan motivados a hacer un cambio. Sin embargo, una vez más tenga en cuenta que este principio necesita un ajuste para los matrimonios destructivos. Una mujer no se puede comprometer a venir a casa o pedir a su esposo que regrese a casa hasta que ella vea un cambio constante en un período de tiempo.

---

* Creo que los esposos deben ser motivados por reverencia a Dios (2 Corintios 7.1), no por las reacciones de sus esposas. Estoy escribiendo lo que generalmente sucede, no lo que debería suceder.

Segundo, Rich estuvo genuinamente sorprendido cuando Pat finalmente le hizo entender lo mucho que él la estaba lastimando. Rich obviamente disfruta estar con su esposa, y realmente no quería perderla. «Pat es una mujer extraordinaria», dice él. «Ella una vez me preguntó por qué no me iba, y yo dije: "Porque me gustas". Ella simplemente tiene algo que es diferente y que realmente me gusta. Esto puede que no sea cierto con todos los matrimonios, pero personalmente yo no podría verme casado o saliendo con otra mujer. No estaba interesado en otras mujeres».

Cuando un hombre siente esto profundamente por una mujer y luego ve cómo sus acciones le causan profundo dolor, él se va a sentir motivado a cambiar. Antes de ello, aunque esto puede frustrar a Pat, Rich dice que realmente no entendía cuánto dolor estaba causando.

La tercera etapa principal de la evolución de Rich sucedió cuando vio la fe renovada de Pat. Su relación renovada con Dios se volvió contagiosa. Como Pat, Rich cambió un cristianismo cultural por una fe real. Si usted le pregunta por qué está más involucrado en casa ahora, él dice: «No hay un tesoro en las otras actividades, no hay herencia; ¡todo termina quemándose! Todavía contribuyo con un buen día de trabajo, y aún me encanta cazar y pescar, pero reconozco que, desde el punto de vista de la eternidad, todo ello pasará».

¡Qué interesante! El hombre que una vez se entregó al trabajo y los deportes al aire libre debido a su naturaleza soluble y sus recompensas tangibles, ahora reconoce que sus recompensas palidecen en comparación con las recompensas eternas que Dios prometió.

En mi opinión, por eso funcionó la misión de Pat. En vez de tratar de cambiar a Rich por el bien de ella, ella se acercó más al Señor, cautivó a Rich con su ejemplo, y de una forma piadosa animó a Rich para que reevaluara sus prioridades según los estándares de Dios. Rich necesitaba otra cinta métrica. El matrimonio, la fe y la vida familiar requieren más esfuerzo que trabajar y pescar; pero ofrecen recompensas mucho más grandes: «Todos los deportistas se entrenan con mucha disciplina. Ellos lo hacen para obtener un premio que se echa a perder; nosotros, en cambio, por uno que dura para siempre» (1 Corintios 9.25).

Rich tiene un consejo sencillo para las esposas con esposos que se involucran exageradamente: «Primero, ellas en realidad necesitan hacerle saber a sus esposos cómo se siente cuando se les deja en paz. Segundo, yo les diría que su esposo necesita formar parte de un grupo que lo haga rendir cuentas. Hacerlo me ayudó a ver otros modelos de conducta en la iglesia. Nuestra célula se desarrolló hasta convertirse en un grupo donde se rendía cuentas, y esos tipos empezaron a desafiarme con respecto al tiempo que yo pasaba con mi esposa comparado con el tiempo que pasaba trabajando o cazando. Además, fue muy útil ver lo que otras parejas exitosas estaban haciendo».

La historia de Rich y Pat enfatiza la importancia de una comunidad cristiana sana. Le será mucho más fácil si otros hombres pueden desafiar a su esposo. Algunos hombres se resienten cuando piensan que sus esposas quieren que cambien por el bien de ellas; es un asunto totalmente diferente cuando algunos amigos comprometidos dicen: «Oye, compadre, tú necesitas hacer esto porque *Dios* te dice que lo hagas».

Rich también exhorta a las esposas a que sigan el ejemplo de Pat de entrar en el mundo de sus esposos. Pat dice a las esposas: «Busque una manera de ser su compañera y hacer las cosas que él quiere hacer», y Rich afirma esto de todo corazón. «Realmente ayudó a encontrar puntos en común sobre las cosas que nos gusta hacer», dijo él. «Realmente aprecié cuando Pat hizo el intento de empezar a pescar al vuelo conmigo. Después que ella hizo eso, yo pensé que tenía la obligación de pasar tiempo de compras con ella y hacer las cosas que a ella le gusta hacer».

Yo creo que el matrimonio involucra un compromiso de «caer hacia adelante», como lo digo en *Matrimonio sagrado*. Así como empecé a seguir el patinaje artístico (algo en lo cual tengo cero de interés natural) cuando el patinaje artístico se volvió importante para mi hija; y así como de vez en cuando veo el canal de televisión HGTV (Home and Garden Television) con mi esposa, aunque encontrar el tono «correcto» de pintura blanca está en el millonésimo puesto de la lista de cosas que me interesan; de modo que usted podría considerar hacer algo o informarse de un tema simplemente porque su esposo lo disfruta. Hacerlo crea un ímpetu para que su esposo también caiga en dirección suya.

Rich confiesa francamente que la conversación no tiene alta prioridad en su lista de cosas favoritas. «Lo más difícil para mí es sentarme y hablar», dice él. «¡Ay, eso es difícil!». Pero él ahora está por lo menos dispuesto a intentarlo.

Rich dice categóricamente: «Las esposas necesitan entender la parte relacionada con el compromiso. El matrimonio es amor y compromiso, un esposo no permanecerá o incluso querrá permanecer en un matrimonio si la esposa no está comprometida». El compromiso consiste en más que simplemente quedarse inmóvil; también requiere moverse en dirección hacia alguien. Si usted quiere que su esposo se mueva en dirección suya, pregúntese cómo se está moviendo usted hacia su esposo. Esto va mucho más allá de permanecer legalmente casada e incluye el compromiso espiritual de continuar amando, buscando y sirviendo.

Su primera movida hacia su esposo debe ser, como lo fue con Pat, un movimiento hacia Dios. Pablo elogió a los de Macedonia por esto: «Se entregaron a sí mismos, primeramente al Señor y después a nosotros, conforme a la voluntad de Dios» (2 Corintios 8.5). Cuando usted se entrega primero a Dios, queda expuesta a su corrección, afirmación y redención.

¿En qué forma podría Dios estar usando las situaciones en su vida para ayudarla a reevaluarse a sí misma, sus prioridades y sus acciones? Para Pat, la respuesta fue muy clara de que necesitaba aprender el significado del sometimiento bíblico. Yo dudo que ella pudiera haberse entregado a Rich si primero no se hubiera entregado, incluyendo sus deseos emocionales, frustraciones relacionales y desesperación personal, a Dios.

Y luego siga esto con la segunda pregunta: «¿Qué te gustaría que yo hiciera que no estoy haciendo?» Si usted presta atención a las palabras de su esposo en vez de ofenderse, podrá transformar lentamente su hogar hasta que llegue a ser un lugar más placentero para él, y en consecuencia hacer que él *quiera* venir a casa.

PREGUNTAS PARA DISCUTIR Y REFLEXIONAR

1. Gary observa que los hombres tienden a evitar batallas que no pueden ganar o que les hacen sentir ineptos. ¿Cómo pueden las esposas apoyar a sus esposos para que se sientan tan capaces en casa como en el trabajo?

2. Pat confiesa que cuando Rich llegaba a casa «yo lo recibía con una lista, estaba crónicamente de mal humor y por lo general deprimida o enojada». Identifique y hable de algunas expectativas realistas para las esposas para que puedan hacer una mejor tarea de lograr que sus esposos se involucren más en casa.

3. Hable de la pregunta mágica: «¿Qué te gustaría que yo hiciera que no estoy haciendo?». ¿Se siente cómoda preguntándole esto a su esposo? ¿Por qué o por qué no?

4. Pat entró al mundo de la pesca de Rich, aunque ella al principio no tenía un interés natural en ello. ¿Cuáles son algunos de los pasatiempos o actividades favoritas de su esposo y cómo puede usted establecer la intimidad uniéndose a él?

5. Pat dice: «Dios le da su cónyuge como la persona que puede arreglar esas cosas en usted que usted realmente no quiere arreglar». Esta puede ser una lección difícil de aceptar, pero ¿cuáles son una o dos cosas para las cuales Dios está usando a su esposo a fin de arreglar su vida?

6. ¿Cómo pueden las células en particular, o las iglesias en general, ayudar a desafiar a los esposos que no se involucran lo suficiente?

CAPÍTULO 11

PURA PASIÓN

Cimentando el afecto de su esposo y
protegiendo su integridad espiritual

Esposas, hay algo que necesitan saber acerca de sus esposos que muchas mujeres no saben. Sus esposos probablemente no se lo dirán, porque temen que pueda sonar egoísta o tal vez las espante. Así que permítame ser el defensor de su esposo y decirle algo que necesita saber si quiere verdaderamente entenderlo: *los problemas sexuales son diferentes para los hombres que para las mujeres.*

Simplemente lo son.

Esposas, si quieren un matrimonio conectado, un matrimonio íntimo, un matrimonio basado en la comprensión, un matrimonio en el que su esposo le está agradecido por conocerlo y entenderlo, usted tiene que evitar comparar sus problemas sexuales y tentaciones con los de él.

No son iguales. Jamás serán iguales.

Simplemente no lo son.

La investigación de la doctora Louann Brizendine descubrió que «los hombres tienen dos veces y medio el espacio cerebral dedicado al impulso sexual en su hipotálamo. Los pensamientos sexuales parpadean en el fondo de la corteza visual de un hombre todo el día y toda la noche, haciendo que siempre esté listo para aprovechar una oportunidad sexual».[1]

Sí, las mujeres luchan con la pornografía al igual que los hombres. Las mujeres tienen aventuras amorosas al igual que los hombres. Las mujeres luchan con la sexualidad entre personas del mismo sexo al igual que los hombres. Pero las causas subyacentes generalmente son muy distintas. Por ejemplo, es raro que una mujer felizmente casada tenga una aventura amorosa, mientras que muchos hombres que dicen que son muy felices en sus matrimonios terminan teniendo una aventura amorosa. ¿Por qué cree usted que es esto?

Los niveles continuos de interés en el sexo entre un cerebro masculino y uno femenino son ampliamente distintos. La doctora Brizendine explica: «Las mujeres se sorprenden de que el pene pueda operar con piloto automático y se sorprenden aún más de que los hombres no siempre saben cuándo están teniendo una erección. El pene con piloto automático es parte de la realidad diaria de un hombre durante la mayor parte de su vida, aunque sucede menos conforme envejece».[2]

Los estereotipos pueden ser dañinos e inservibles si su esposo no es una persona típica, pero para la gran mayoría de las esposas que están leyendo esto, la integridad sexual es una lucha más intensa para su esposo que para usted. Yo he trabajado con muchos hombres en muchas décadas distintas de la vida, y muchos están un tanto aterrados de su deseo sexual. Quieren vivir vidas de integridad, pero para ellos es una batalla constante que pocos hombres pueden olvidar.

El famoso ilustrador Robert McGinnis (que ahora tiene noventa y un años) confiesa: «Todos los hombres se sienten perdidamente cautivados e indefensos por la belleza femenina».[3] Usted quizás odie esa cita, pensando que estoy excusando a los hombres con la mentalidad de que «así son los hombres». Voy a tratar lo mejor posible de no hacer eso, pero, aun así, este podría ser su capítulo menos favorito del libro. Yo estuve tentado de simplemente deshacerme de ello, pero eso no sería justo con usted y su matrimonio. Usted merece saber la verdad si quiere conocer a su esposo.

Hablando como un hombre cincuentón, yo pienso que la batalla cambia un poco a medida que envejecemos, pero no termina. Todos los hombres estamos expuestos a material que trata de alejarnos de nuestras esposas, y yo no soy una excepción. Y por favor entienda, no estoy excusando el pecado sexual. Una esposa no debe simplemente aceptar el pecado sexual continuo y sin arrepentimiento. Cualquier forma de pecado sexual destruirá la intimidad conyugal, atacará la integridad, disminuirá la adoración, perjudicará el ministerio, restará valor a nuestra crianza de hijos, y debilitará nuestra energía y deseo espiritual. Toda forma de pecado sexual debe ser confrontada, y si el hombre no se arrepiente, la iglesia necesita apoyar a la esposa, no encarcelarla con un esposo que no se arrepiente y que está cada vez más torcido. Nunca se le debe pedir a ella o hacerla sentir culpable para que simplemente aguante el trato vergonzoso con tal de mantener la paz.

Esto se trata de suplicar a las mujeres casadas con pecadores que están batallando, ayudándolas a entender que no están haciendo justicia a sus esposos si piensan: *Ya que la tentación sexual es, para mí, un dos en una escala del uno al diez, entonces no debería ser más alto que un tres o un cuatro para mi esposo.*

Esa no es una comparación justa. Es como si un esposo que levanta pesas le dijera a su esposa: «Ya que puedo levantar trescientas libras, tú deberías ser capaz de levantar doscientas cincuenta».

Yo *no* estoy poniendo excusas a favor de su esposo diciendo que su impulso sexual es probablemente diferente al suyo. Simplemente estoy diciendo que quiero ayudarla a entenderlo, a reconocer que es diferente para él, a orar por él, a estar atento a él de una manera bondadosa y considerada en vez de mostrarle una actitud sentenciosa y condenadora.

TERAPIA DE HORMIGAS BRAVAS

Aunque me encantan muchas cosas de Texas, lo que menos me gusta —es justo decir que incluso odio— son las hormigas bravas. No son oriundas de Texas, de modo que cuando las quiero matar, simplemente estoy cooperando con las intenciones creativas de Dios. Las hormigas bravas son diminutas, pero sus mordiscones son brutales. Lleva un par de horas para sentirlos, pero después el ardor y la picazón se quedan con usted durante *días*.

Algunos de estos insectos invadieron nuestra casa recientemente y agredieron a mi esposa. La mordieron por todo el cuerpo, en una docena de lugares diferentes. Ella se sentía miserable. Me dio lástima, pero no lo suficiente. No fue sino hasta que una de ellas me atacó unos pocos días después, en una de mis manos, que recordé la intensidad de su agresión diabólica.

Cuando encaré mi propia lucha (solo un mordisco impidió que durmiera toda una noche) y luego multiplicado por diez, me di cuenta de lo terrible que debió haber sido la lucha para Lisa, y que debí haber tenido cien veces la empatía y compasión que demostré. Yo tuve un mordisco; ella tuvo una docena. Yo supe lo que era una picadurita, pero ella tuvo que vivir con múltiples picaduras. Eso me hizo más sensible, no menos.

¿Puede tener usted esa actitud con su esposo? Usted sabe lo que son las tentaciones sexuales y los deseos torcidos. Multiplique esa lucha por doce, y empezará a entender lo que eso es para su esposo.

La mayoría de nosotros los hombres cristianos queremos amar a nuestras esposas con pureza y caminar con Dios con integridad. Queremos dejar que la luz y vida de Jesucristo cambie, no solo nuestras acciones, sino nuestros propios deseos. Pero todo esto lleva tiempo. La santificación es un proceso. Ustedes no nos ayudan ignorando el pecado o complaciéndolo, pero tampoco nos ayudan avergonzándonos o actuando como si su relativa falta de lucha sea prueba de que nosotros tampoco debemos luchar.

Por supuesto, cuando un escritor hace generalizaciones, habrá excepciones. Hay un número cada vez mayor de matrimonios donde la libido de la esposa parece más elevada que la de su esposo, pero en muchos casos esto se debe a que el esposo tiene una actividad sexual pecaminosa a escondidas.

Lo cual significa, esposas, que si están casadas con un hombre que toma en serio su integridad sexual, que lucha para guardar todo su interés y deseo sexual para usted, que rinde cuentas para controlar sus deseos indecorosos, y que está comprometido a ser fiel, por favor sepa valorizarlo.

Un buen amigo mío es uno de los hombres más piadosos que conozco. Él ama al Señor y a su familia con una pasión intensa y contagiosa. Sin embargo, él se sinceró conmigo recientemente con un comentario de improviso diciendo que lo aterraba la tentación sexual. Él y su esposa cancelaron una suscripción gratuita a Netflix de un mes después de solo dos días porque, me dijo él: «Yo no confío en mí mismo». Él no es débil. Él es fuerte en el Señor, pero aún se siente vulnerable.

En este capítulo, hablaré de cómo usted puede usar la relación sexual dentro del matrimonio para cimentar los sentimientos de su esposo y ayudarle a proteger su integridad espiritual, lo cual creo que es vital para un matrimonio sano. Pero también quiero que sea un capítulo que abra nuevas puertas de gozo sexual para usted. No soy una persona que excuse el egoísmo sexual en los hombres, y tampoco creo que es saludable para un matrimonio que esté orientado a «alimentar a la bestia de su esposo». Los mejores matrimonios se enfocan en el placer mutuo y cuidar de las necesidades del otro, aun por encima de las propias. Yo siempre exigiré a los hombres que cumplan con ese estándar y meta.

Si su esposo vive con la idea de que el sexo es principalmente para él y si su matrimonio tiene esta orientación, todo lo que esto hará es crear e incentivar a un esposo ensimismado. Su esposo necesita aprender a servir y entregarse en esta área como en cualquier otra. Para que él sea íntegro en Cristo, tendrá que morir a ciertos deseos y no ser impulsado por exigencias internas. Aquí es donde puede ser muy difícil ser una esposa. La primera preocupación por su esposo debe ser su crecimiento y bienestar en Cristo, no la satisfacción de todo deseo sexual de él. Usted no puede cambiar a su esposo y no debe asumir la responsabilidad por sus malas decisiones, pero por lo menos puede orar para el logro de la meta y animarlo a obtener la meta de una relación sexual mutuamente satisfactoria dentro del matrimonio. La mejor defensa realmente es un buen ataque.

También necesitamos hablar de la creciente amenaza de la pornografía y por qué puede ser devastadora para su matrimonio. Esto se ha convertido en una discusión tan importante que requerirá un capítulo adicional aparte para entender completamente lo destructiva que se ha vuelto y ofrecer ayuda práctica para confrontarla.

EL UMBRAL DE LA INTIMIDAD

La buena noticia es que la mayoría de los cristianos casados se sienten «satisfechos» o «muy satisfechos» con su relación sexual. Según una encuesta publicada en *Today's Christian Woman* (La mujer cristiana de hoy), el sesenta y tres por ciento de los encuestados encajan en esas dos categorías, solo el diecisiete por ciento se sintió «insatisfecho» y el cinco por ciento «muy insatisfecho».[4]

Estas no son cifras malas, especialmente cuando consideramos que deberíamos esperar muchas de las causas de la insatisfacción mencionadas en el curso de una vida normal de casados: horarios ocupados, hijos en casa, alguna disfunción sexual o una enfermedad existente.

Estas son noticias doblemente buenas porque una intimidad sexual satisfactoria es un componente clave en la disponibilidad emocional de su esposo.
La doctora Melody Rhode ha visto muchas parejas en sus dos décadas de
consejería familiar, y desde su perspectiva, «la mayoría de las mujeres quiere
más participación emocional de sus esposos, pero la mayoría de los esposos
no pueden conectarse con sus esposas emocionalmente si sus necesidades
sexuales no están siendo satisfechas. Así que, si las mujeres quieren una
conexión emocional más profunda, *deben* suplir la sexual».

Yo reconozco completamente que esto suena como si se le estuviera
poniendo una carga a usted. Parte de esto es simplemente realismo; si su
matrimonio está paralizado, alguien tiene que hacer la primera movida. Si
usted sabe que su esposo no lo va a hacer, y usted quiere una clase diferente
de matrimonio, su única opción es dar ese primer paso y ver lo que sucede
o aprender a estar contenta con el statu quo. No, no es justo. Sí, debe doler,
mucho. Pero no moverse, ya sea por temor, maldad o frustración, sencillamente la cimentará donde usted ya se encuentra. Si no quiere quedarse
donde está, yo no veo ninguna otra alternativa.

Por supuesto, para muchas mujeres, participar en una relación sexual
plena es un gozo, no una carga. Siempre habrá veces en que el cansancio
de criar una familia haga perder el entusiasmo de cualquiera a causa de
episodios sexuales en particular, pero la mayoría de las mujeres valorizan
la conexión íntima formada a través de años de afecto físico generoso. No
obstante, quizás la sorprenda saber lo conectada que está la disponibilidad
emocional de su esposo con las expresiones de intimidad física.

Ya hemos hablado de la oxitocina, el químico del «lazo relacional»
más predominante en las mujeres que en los hombres. Si bien las mujeres normalmente tienen niveles de oxitocina hasta diez veces más que
los hombres (en casos extremos), los niveles de oxitocina de un hombre
corresponden a los de su esposa en un caso en particular, después de una
relación sexual. Neurológicamente, informa Michael Gurian: «una de las
principales razones por la que los hombres quieren tener sexo más que las
mujeres (como promedio) es porque ellos se sienten muy bien teniendo el
alto nivel de oxitocina, se siente fabuloso sentirse tan ligado a alguien...
En la bioquímica masculina el sexo es la manera más rápida para que un
hombre se ligue con una mujer».[5]

Otro aspecto maravilloso de la oxitocina en el cerebro de su esposo es que su emanación hace que él la halle a usted más atractiva y a otras mujeres menos atractivas. Esto significa que una relación sexual vigorosa y activa, literalmente entrena al cerebro de su esposo a verla como la mujer más hermosa del mundo. Es el diseño maravilloso de Dios cimentar los sentimientos de un hombre hacia su esposa con regularidad.

Después de la luna de miel y el primer o segundo año de matrimonio, es muy fácil que las parejas empiecen a tener que esforzarse en esta área. A veces lo hacen porque un bebé está en camino y ellos están demasiado cansados como para pensar en otra actividad física. De vez en cuando las parejas pueden tener que esforzarse porque uno o ambos simplemente pierden el deseo que tenían al principio. No obstante, el esfuerzo sexual, sin importar el motivo, pone en peligro la relación. Los estudios revelan que ese problema físico generalmente conduce a una separación relacional.

Enfatizo esto porque si su esposo se siente frustrado al respecto, si siente que su relación sexual con usted ha menguado a tal grado que sus avances sexuales probablemente recibirán como respuesta «me estás bromeando», entonces él tendrá problemas en mantener el lazo emocional tan crucial para un matrimonio que satisfaga.

Para ilustrar cómo funciona esto, cambiemos los papeles. Digamos que un hombre dejara de hablarle a su esposa por una semana y luego esperara que ella tuviera relaciones sexuales con él. Nosotros supondríamos naturalmente que tal hombre sabe muy poco de mujeres o relaciones, que en efecto su petición es cruel, egoísta y absurda. Pero cuando una mujer constantemente rechaza los avances físicos de un hombre y luego espera que su esposo se abra a ella emocionalmente y participe en largas conversaciones, esencialmente se está efectuando la misma dinámica: «No hemos tenido sexo por una semana, ¿y quieres *hablar*? ¿Por qué voy a *querer* hablar contigo?».

El sexo puede *parecer* una necesidad física a su esposo, pero es inherentemente emocional y hasta espiritual. Michael Gurian cree que, neurológicamente hablando, la «autoestima de un hombre está vinculada, en gran parte, a cuán a menudo y qué tan bien realiza el acto sexual».[6]

Un esposo le dijo a Shaunti Feldhahn: «Cuando [mi esposa] dice no, me siento *rechazado*. "No" *no* es no al sexo, como le podría parecer a ella. Es no a mí tal como soy».[7] La esposa piensa que está rechazando una actividad, pero su esposo siente que ella lo está rechazando a *él*. Esto no solo quita la oportunidad para que los químicos con oxitocina creen una refrescante experiencia vinculante nueva, sino que lo tentará de apagarse emocionalmente. Otro hombre le dijo a Feldhahn: «[Mi esposa] no entiende cómo hasta sus esporádicos rechazos me hacen sentir menos deseable. No la puedo resistir. Ojalá yo también fuera irresistible. Ella dice que lo soy. Pero su capacidad de decir no con tanta facilidad hace que esto sea difícil de creer».[8]

Yo sé que a usted probablemente no le parece que esté rechazando a su esposo cuando dice no al sexo o cuando rara vez inicia la intimidad física, pero la falta de iniciación conlleva un tremendo impacto emocional, sea su intención o no. Feldhahn enfatiza un buen punto:

> Yo creo que la mayoría de nosotras no estamos de manera manipuladora reteniendo algo que sabemos que es crucial para el sentido de bienestar de nuestro esposo. Es mucho más probable que después de un largo día en la oficina o con los hijos, no sintamos un deseo abrumador de arrancarle la ropa a nuestro esposo y lanzarnos a la obra. Sospecho que nosotras simplemente no reconocemos las consecuencias emocionales de nuestra respuesta (o la falta de ella) y vemos su deseo de tener relaciones sexuales más como un deseo físico o incluso una exigencia insensible. Una vez que realmente comprendamos la verdad detrás de los avances de nuestro esposo, es más probable que *queramos* responder.[9]

Un hombre que se siente sexualmente satisfecho está mucho más motivado a volverse emocional y espiritualmente más íntimo con su esposa, y querer complacerla. Es mucho más probable que él invierta más en el hogar si su esposa lo persigue sexualmente. Al ser considerada, atenta, creativa, generosa y vigorosa en esta área, podrá crear un fundamento más estable sobre el cual renueva su matrimonio y abre la puerta a la intimidad emocional que con toda razón desea.

LA ÚNICA VEZ QUE EL ORGULLO MASCULINO FUNCIONA A SU FAVOR

Aprender a gozarse el uno con el otro sexualmente es uno de los grandes obsequios del matrimonio. No hay nada como una pareja casada disfrutando una mañana especial de intimidad, viéndose posteriormente en el día, y sonriendo al recordar algo solo compartido por ellos. Es una cosa hermosa que crea intimidad.

Lo cual significa que uno de los mejores obsequios que usted puede dar a su esposo es aprender a estar cautivada por la experiencia sexual. Esta es la única vez en el matrimonio en que el orgullo de su esposo puede funcionar a favor suyo. Si usted está agotada, jadeando y sonriendo después de un encuentro sexual, su esposo obtiene cierta satisfacción, pensando: *Yo le hice eso a ella, muchas gracias.*

El desafío es que el sexo es como cualquier actividad física pues requiere tiempo para dominarlo. Y el cuerpo y la mente de cada mujer son muy diferentes. No hay forma que su esposo pueda saber cómo complacerla, porque usted es verdaderamente única. Un esposo descubrió que hacer que su esposa espere, con un largo tiempo de excitación previa, hacía más dificultoso que ella alcanzara el orgasmo. «A ella le gusta ir de cero a sesenta en menos de cinco minutos, para ser sincero», dijo él. «Y una vez que está acelerada, es cruel hacerla esperar». Eso va en contra de la sabiduría convencional, con toda seguridad, pero no hay algo correcto o incorrecto cuando se trata del cuerpo de su esposa. Él necesita saber qué es lo que la satisface y luego trabajar desde ese punto ventajoso.

Encuentre una forma de ayudar a su esposo a que la complazca. Muéstrele. Provóquelo. Pídale. Dele seguridad cuando funciona. Esto no es egoísta. Usted le está dando uno de los mejores obsequios que un hombre puede tener: una esposa sexualmente satisfecha.

Sheila Wray Gregoire, una popular escritora de blogs (tolovehonorand-vacuum.com) y autora de varios libros, incluyendo *The Good Girl's Guide to Great Sex* [La guía de la chica buena para tener sexo fabuloso], me dijo: «El mensaje que las mujeres escuchan a menudo es: "Tenemos que tener sexo, o él será tentado, o él se desviará, o él se pondrá pesado". Estas amenazas no son exactamente afrodisíacos. El sexo obligado no es sexy. ¿Pero y si no estamos viendo la imagen más amplia? Muy a menudo el sexo es planteado como algo que necesitan los hombres y las mujeres tienen que dar. Lo que nosotras las mujeres frecuentemente pasamos por alto, no obstante, es que nosotras también necesitamos el sexo. Tal vez no sintamos la atracción física como muchos hombres. Pero Dios creó el sexo para que fuese el pináculo de la intimidad, un profundo "conocimiento", como se dice en hebreo, en el que anhelamos estar total y completamente conectadas con otra persona. Él nos creó para que el sexo no fuese solo sexo; también que fuese hacer el amor. La oxitocina, la cual emana durante el sexo, nos liga, aumenta el afecto y nos hace sentir seguras.

«Además, ¡el sexo puede sentirse maravilloso! Nos ayuda a aliviar el estrés. Protege contra muchas enfermedades, incluyendo la enfermedad mental y algunos cánceres. Y mi favorito: ¡nos ayuda a dormir mejor! Para las mujeres agotadas que están siendo jaladas en todas direcciones, hacer el amor es a menudo la mejor cura. Sí, nuestros esposos quieren desesperadamente tener sexo, pero nosotras también lo necesitamos. Y Dios nos creó para ser tan receptivas físicamente como los hombres. La pregunta, entonces, realmente no debe ser: "¿Le debo a él relaciones sexuales?". La pregunta que realmente necesitamos hacer es: "Si Dios creó algo tan grandioso, ¿por qué me lo voy a perder?"».

EL BIEN ESPIRITUAL DE UN ACTO FÍSICO

Por el bien suyo, el de sus hijos y el de su esposo, la mejor manera de influir en su esposo es fomentar su creciente *intimidad con Dios*. Un hombre que está profundamente enamorado de Dios, que con regularidad escucha la voz de Dios, y que busca el reino de Dios por encima de todo lo demás, se sentirá más motivado a amarle, mantener su enfoque en el hogar, y purificarse por reverencia a Cristo. Probablemente el noventa por ciento de los cambios que he hecho en mi matrimonio han surgido como resultado de la oración y el estudio bíblico, no de conversaciones con mi esposa. Esto no es para restar la importancia de las conversaciones entre esposo y esposa; es para elevar la importancia de la oración en la vida de su esposo. Dios puede ser su defensor más fiel en el matrimonio, abogando a su favor y trayendo convicción a su esposo de maneras que usted no podría, si, esto es, él está orando y está conectado con Dios como oyente.

Una experiencia en la que se compromete la pureza sexual es una de las grandes amenazas para la intimidad espiritual de su esposo con Dios y, por lo tanto, para el bienestar de su matrimonio.

Permítame ser claro: no hay excusa ni ningún motivo para que un hombre use la pornografía. No me importa si su esposa se rehúsa a tener relaciones sexuales durante seis meses seguidos. Yo no estoy culpando a ninguna mujer por la falta de un hombre en este aspecto. Las esposas no deben tener sexo principalmente por temer que si no lo hacen, sus esposos no les serán fieles; eso es coacción, no intimidad. La meta siempre debe ser una relación sexual *que satisfaga mutuamente*. Pero dicho esto, también es cierto que la aparente indiferencia de una esposa a las necesidades sexuales de su esposo sí hace que la lucha de un hombre sea más intensa y menos fácil de soportar. Donde algunas esposas ven las relaciones sexuales como una carga o una tarea fastidiosa, yo como pastor veo a los hijos de Dios queriendo ser fieles, tratando de ser puros, trabajando más duro de lo que se pueda imaginar para contener la lujuria.

Reconozco que muchas de ustedes están casadas con hombres que prefieren la pornografía a la realidad; este no es el tipo de hombre al que me estoy refiriendo aquí. Abordaremos eso en el siguiente capítulo. Estoy hablando de hombres que buscan una verdadera relación con sus esposas y quieren honrar a Dios en sus decisiones mientras que al mismo tiempo se sienten asediados por la tentación. Estos hombres a menudo no les dicen a sus esposas lo difícil que puede ser la lucha sexual. Es penoso, y cuando caen viendo pornografía, se siente vergonzoso. Muchos de ellos verdaderamente odian descarriarse. Y si no entienden la gracia (y no consiguen ayuda para detener el pecado), puede causar estragos en su relación con Dios. Satanás tratará de usar las tentaciones sexuales de su esposo para abrir una brecha entre usted y su esposo *y* entre su esposo y Dios. La actividad sexual ilícita, una vez que se ha escogido, tiende a aumentar en todas las direcciones equivocadas. El esposo al poco rato se halla pasando mucho menos tiempo pensando en agradar a su esposa y mucho más tiempo tratando de ver la forma de ocultar y darse el gusto de vivir su fantasía. Además, un hombre cuya mente rebosa de fantasías sexuales inapropiadas tendrá problemas en orar, estudiar la Biblia y meditar en la verdad de Dios. La tentación lo bombardeará cada vez que cierre sus ojos o trate de calmar su mente. Por lo tanto, su pecado sexual pasará a otras áreas de su matrimonio. Cuando él deja de pasar tiempo con Dios, probablemente se volverá, en general, más impaciente y más criticón, y también más egoísta y mucho más enojado.

Y arrasará con su matrimonio. Una de las muchas razones por las que la pornografía es tan destructiva para un matrimonio es que hace que un esposo se resienta por la cercanía de su esposa, porque cuando ella está presente, él no se puede dar el gusto. En vez de desearla, él se resentirá por su presencia ya que le impide satisfacer su deseo. Esto parece una guerra nuclear con respecto a la armonía y paz conyugal.

¡Yo sé que usted no quiere eso para su esposo! Dios tampoco lo quiere. Él se preocupa apasionadamente del bienestar de su esposo. Él ha llamado a su esposo a un estilo de vida santo, y celosamente desea el crecimiento de la integridad de su esposo. Por eso se anticipó al impulso sexual de su esposo. Creó el matrimonio, después de todo, y aunque el matrimonio se trata mucho más que de una salida sexual santa, tal expresión es parte de ello, e incluso provee un motivo para considerar el matrimonio, como observa el apóstol Pablo: «Pero, si no pueden dominarse, que se casen, porque es preferible casarse que quemarse de pasión» (1 Corintios 7.9).

Dios sabe exactamente cómo es para su esposo porque cada día él ve cada pensamiento, cada tentación. En medio de las muchas responsabilidades suyas, usted puede fácilmente olvidarse de las luchas de su esposo. Pero Dios ve cada una.

Sabiendo cómo es para un hombre, Dios creó el matrimonio como una salida santa y sana para los deseos sexuales de un hombre. En un mundo ideal, un hombre se casa con una mujer que entiende la situación de su esposo, que le importa su integridad espiritual, y que derrama sus sentimientos sobre él (mientras el esposo permanece siendo considerado, desinteresado, bondadoso y románticamente orientado). Ella se da cuenta de que su esposo, a veces, se sentirá desesperado espiritualmente conforme trata de permanecer fiel a su Dios, su familia, su matrimonio y su propia integridad. Ella también reconocerá que, por diseño de Dios, es la única salida apropiada para los deseos de su esposo. Cualquier cosa que ella le niegue a su esposo se convierte, por definición, en una negación *absoluta*, porque no tiene otro sitio donde él pueda ir para hallar satisfacción de una manera sana o santa.

Esta mujer creyente puede, a veces, resentirse del hecho de que Dios le diera a su esposo un deseo tan frecuente. En varias etapas de su vida, ella incluso se puede resentir del hecho de que solo ella pueda satisfacer ese deseo. A veces, ¡ella puede incluso contemplar los beneficios del concepto del Antiguo Testamento de una concubina! Pero si es una cristiana madura, entenderá que Dios la llamó al matrimonio para ayudar a su esposo, y en esta área, él puede necesitar ayuda especial. Ella podría desear que esto no fuera así, pero recuerda que el diseño de Dios, la voluntad de Dios y las instrucciones explícitas de Dios halladas en la Biblia son fundamentales aquí.

Para que yo no la pierda aquí, permítame decir que sé que algunas de ustedes pueden tener una situación totalmente opuesta. Tal vez usted ha estado más que disponible, incluso iniciando con regularidad las relaciones sexuales, pero la falta de atención y sensibilidad de su esposo para con sus necesidades impide que su vida sexual llegue a ser siquiera remotamente satisfactoria. La situación en su matrimonio tal vez no sea la falta de interés de una esposa, sino la pereza o egoísmo de un esposo para saber agradar a una mujer. Algunas mujeres han estado más que disponibles para sus esposos sexualmente, y se les ha partido el corazón cuando descubren que su falta de interés por ellas no ha apagado su interés en la pornografía. En muchos casos, este abuso de la pornografía es un hábito de toda la vida, permitido mucho antes que el hombre conociera a su esposa. Cualquier hombre que trata de culpar a su esposa por su pecado está negando gravemente su condición.

Independientemente de la situación de su matrimonio, ya sea que signifique que haya una necesidad para que usted se vuelva más generosa con su afecto o atraiga a su desinteresado esposo para llegar a tener una intimidad más significativa, permítame enfatizar los beneficios de la salud espiritual de su esfuerzo en mantener este umbral hacia la intimidad conyugal, y el obsequio que usted presenta a su esposo cuando trabaja con él para ver sobresalir esta área del matrimonio.

¿Le puedo pedir que considere una pregunta atrevida? *¿Qué tan bien cree Dios que usted está ayudando a su hijo a caminar en santidad sexual?* La vida sexual que usted promueva, cree y mantenga en su matrimonio no se trata simplemente de usted y su esposo; se trata de la relación de su esposo con Dios y de su capacidad de proveer un ejemplo devoto para sus hijos.

Más importante que cómo se sienta su esposo con respecto a su relación sexual y cómo usted se sienta con respecto a su relación sexual es cómo Dios se sienta con respecto a la relación sexual de usted y su esposo.

Si usted persistentemente va en pos de este lado de su matrimonio, cosechará recompensas tangibles, prácticas y perdurables. Su esposo se sentirá emocionalmente más cercano a usted que en cualquier otro tiempo, mientras halla refuerzo espiritual para entrar a un mundo de constante tentación sexual y ser un vencedor.

LOS LÍMITES DEL DESEO

Sheila Wray Gregoire cree que uno de los principales desafíos que encuentran las mujeres al acoger una vida sexual activa es que los medios hoy nos dicen que los impulsos sexuales de las mujeres funcionan de cierta manera; pero no es así. «Ya sea que esté viendo un programa de televisión o una película», dice Gregoire, «la trama cuando se trata de sexo siempre va más o menos así: la pareja está junta, y comienzan a jadear. Luego se besan. Después se quitan la ropa, y terminan en la cama.

»Jadean, se besan, se quitan la ropa, y terminan en la cama.

»Jadeo. Besos. Ropa. Cama.

»Así es como se nos enseña que es el deseo. Muchas de nosotras las mujeres, entonces, estamos en casa con nuestros esposos, *esperando jadear*. Y cuando no sucede, determinamos que simplemente no estamos de ánimo. ¿Pero y si los medios están equivocados? ¿Y si los impulsos sexuales de las mujeres funcionan de manera muy distinta? Dios nos creó, en general, para que las mujeres no se sientan excitadas hasta que empecemos a hacer el amor. Si bien los hombres tienden a estar excitados antes de tener sexo, las mujeres necesitan empezar a tocar y besar primero. Pero es aún más complicado que eso. Necesitamos *decidir* estar excitadas. Para las mujeres especialmente, nuestros impulsos sexuales están principalmente en nuestras cabezas. Si nuestras cabezas no están involucradas, nuestros cuerpos tampoco lo estarán.

»Eso puede ser muy frustrante cuando los esposos parecen querer sexo todo el tiempo, y las mujeres no siempre sienten esa misma necesidad física.

Dios nos hizo para que, a fin de gozar verdaderamente el sexo, nosotras las mujeres tuviésemos que decidir que lo íbamos a hacer. Nosotras no solo "los dejamos entrar" físicamente; tenemos que decidir hacerlo mental y emocionalmente también. No se supone que el sexo sea solo físico; también es íntimo, emocional y espiritualmente, y la libido de las mujeres en realidad también promueve los demás aspectos de la intimidad. La buena noticia es que cuando nuestros cerebros están involucrados, el sexo puede ser asombroso. Y si Dios hizo que el sexo fuese tan grandioso para las mujeres también, entonces ¿por qué vamos a querer perdernos eso?».

Hay mucho más de este fabuloso tipo de enseñanza en el excelente libro de Sheila, *The Good Girl's Guide to Great Sex*.[10]

Claramente, el deseo es importante, pero desde la perspectiva de Sheila, ¡tiene que desearse el deseo! No sucede así nomás. Cuando usted entiende que el sexo también puede ser un *ministerio* que sustenta al matrimonio, con el beneficio adicional de proveer estabilidad para sus hijos y placer para usted, espero que se dé cuenta de que ¡desear el deseo es algo que hay que desear!

Permítame concluir este capítulo con una súplica más a favor de su esposo (y de usted): si Dios viniese a mí con una propuesta: «Gary, tengo una tarea para ti que tomará solo dos horas a la semana. Asegurará el afecto de tu esposa, proveyendo de este modo gran seguridad para tus hijos. Hará que tu esposa se sienta amada y será parte crucial de edificar un hogar estable», no me puedo imaginar rechazándolo. Realmente no me importaría *cuál* fuera la tarea; si significaba palear estiércol, yo diría: «¿Dónde está la pala?». Yo lo haría con gusto, sabiendo que mi esposa, mis hijos y yo recibiríamos beneficios tremendos.

Las mujeres que ignoran este aspecto del matrimonio porque están demasiado ocupadas con sus hijos lo tienen al revés. Arriesgan exponer a sus hijos a la devastadora herida del divorcio, un padre espiritualmente enfermo, o un padre que corre peligro espiritualmente al no cuidar de la estabilidad de su matrimonio. Una mujer sabia comprende los deseos de su esposo y los usa para fortalecer la relación. Ella anticipa sus necesidades y le da algo que espere con ansias cuando llegue a casa, reforzando su necesidad de ella, su deseo de ella y su enfoque en ella.

El deseo sexual puede unir a un hombre con una mujer, o Satanás puede usarlo para formar una dependencia cada vez mayor en cosas fuera del hogar. Satanás tiene una meta en la tentación sexual: alejar el corazón de ese hombre de su esposa y su familia, y lograr que él desee otra cosa u otra persona. Al diablo no le interesa qué o quién sea, siempre y cuando este deseo debilite el fundamento de la familia cristiana.

Dios la llama a atraer a su esposo y hacer que sus deseos, pensamientos y fantasías se centren en usted. Entonces sus anhelos físicos fortalecerán a la familia (y el bienestar de sus hijos) en lugar de ponerla en peligro.

No obstante, algunas esposas leen algo así y dicen: «¿Sabe? él tiene razón. Necesito hacer un mejor trabajo». Y por un par de semanas, lo intentarán. Pero después se olvidan o se frustran por la respuesta desganada de su esposo, y las cosas vuelven al nivel inferior en el que solían estar.

Como esposo, si supiera que un enemigo feroz estuviera merodeando afuera de la puerta, esperando hasta que me quedara dormido para dar su golpe contra mi familia, yo me quedaría despierto toda la noche. Haría todo lo posible para alejar esa amenaza, particularmente si supiera que este enemigo tuviese un objetivo, esto es, separar a mi familia. Yo me mantendría enfocado. Fortalecería las defensas. Me mantendría alerta.

Esposas, tal enemigo realmente *está* esperando a la puerta de su familia. Se llama «tentación sexual».

La mujer de Proverbios 31 «está atenta a la marcha de su hogar» (31.27). Ella es diligente y está alerta. Usted puede cansarse de satisfacer las necesidades de su esposo, pero sepa esto: ni la tentación natural ni el tentador espiritual de nuestras almas duermen. De hecho, el apóstol Pedro describe a Satanás como «león rugiente, buscando a quién devorar» (1 Pedro 5.8). Hoy, Satanás hasta tiene el Internet de su lado. Y el desafío de la pornografía nunca ha sido mayor. Es hora de dar a este tema su propio capítulo.

PREGUNTAS PARA DISCUTIR
Y REFLEXIONAR

1. ¿Cree usted que los esposos tienen relaciones sexuales de manera más personal que las esposas? ¿Cómo podría afectar esto las dinámicas relacionales en la cama?

2. ¿Le sorprende la afirmación de Michael Gurian de que «la autoestima de un hombre está vinculada, en gran parte, a cuán a menudo y qué tan bien realiza el acto sexual»? ¿Cómo afecta la manera en que usted podría ver los avances de su esposo en el futuro?

3. Gary sugiere que un esposo «es mucho más probable que invierta más en el hogar si su esposa lo persigue sexualmente», y que, al hacer un esfuerzo para tener intimidad física, las esposas «abren la puerta a la intimidad emocional que con toda razón desean». ¿Piensa usted que este es un uso manipulador del sexo, o una función del sexo ordenada por Dios?

4. Hable de cómo la promiscuidad sexual está afectando la integridad espiritual de los hombres. Luego sugiera maneras en que las esposas pueden ayudar a que sus esposos eviten esta trampa.

5. ¿Le sorprendió la sugerencia de Gary de que muchas mujeres simplemente no entienden cuánto esfuerzo requiere para algunos hombres permanecer sexualmente fieles a una esposa? ¿Cree usted que esto es cierto para *su* esposo? ¿Alguna vez ha pensado en cómo hacerle más fácil esto? ¿O agradecerle por permanecer fiel?

6. ¿Cómo pueden las esposas decir no a las exigencias sexuales indecorosas mientras todavía se mantiene siendo generosa con respecto a las expresiones puras de intimidad física?

CAPÍTULO 12

EL PROBLEMA DE LA PORNOGRAFÍA

Ayudando a su esposo a vencer un hábito muy destructivo

La pornografía se ha metido en muchos hogares, destrozando innumerables matrimonios. He aquí la razón por la cual usted se debe interesar: la pornografía por Internet de alta velocidad puede literalmente cambiar el cableado del cerebro de un hombre, haciéndole difícil, si no imposible, estar sexualmente satisfecho en su totalidad (o a veces incluso excitado) por su esposa. La pornografía trabaja en el detonante neurológico de ofrecer algo diferente, algo nuevo. Si un hombre ve una foto o un video conocido, generalmente pasará por encima sin hacer clic. Ya «está usado». Lo que es «algo nuevo» lo estimula.

Usted rápidamente puede ver cómo esto es la antítesis del matrimonio, donde una persona encuentra satisfacción total en su cónyuge en el transcurso de toda la vida. El mismo deseo sexual ordenado por Dios que puede ligar el alma de un hombre con su esposa puede ser desviado para crear lujuria hacia las mujeres en general en vez de que sea hacia su esposa en particular.

Un hombre que es sexualmente fiel a su esposa está entrenando su mente, cuando ellos sean sexualmente íntimos, para encontrar a su esposa más atractiva que todas las demás mujeres. Nosotros cultivamos el apetito sexual exactamente igual que cultivamos el gusto por ciertas comidas.

En este capítulo, veremos cómo varias parejas confrontaron el problema cada vez más común de la pornografía y también consultaremos con unos cuantos expertos para proveer a las esposas el mejor consejo sobre qué hacer si este problema ha penetrado en su matrimonio.

Seamos claros desde el principio: *la adicción a la pornografía de su esposo no tiene nada que ver con usted*, aunque se puede sentir así. Nunca se trató de usted. La mayoría de los hombres que luchan con la pornografía se involucraron activamente mucho antes de conocer a sus esposas. El continuo uso de la pornografía por parte de su esposo después de haberse casado no es culpa suya. No es el reflejo de su belleza o cuerpo. No se trata de que usted haya subido de peso o de lo buena que es en la cama. No se trata de lo atractiva que usted sea. Se trata, ante todo, de la adicción o malos hábitos de su esposo. Usted no puede y no debe asumir la responsabilidad de esto, y no le corresponde librar a su esposo de ello.

En efecto, si su esposo no está motivado por Dios y por sí mismo, no hay nada que usted pueda hacer para librarlo. Yo ofreceré muchos consejos para las esposas casadas con hombres que están motivados para cambiar, pero si su esposo no lo está, usted quizás necesite responder como si él estuviese teniendo una aventura amorosa, no solo una adicción. Cuando el uso de la pornografía reemplaza la intimidad sexual con una esposa, *es* una aventura amorosa.

LA HISTORIA DE SANDY

Robert empezó a ver pornografía cuando, como adolescente, descubrió revistas en la casa de su tío. Eso condujo a la pornografía por Internet de alta velocidad y toda una vida de lucha.

Cuando Sandy descubrió que su esposo había regresado a la pornografía, ella fue firme y le dijo: «O yo o la pornografía. Pero no las dos».

Sandy tal vez no se dio cuenta en ese momento, pero ella había iniciado una perfecta conversación modelo con su esposo.

Sandy había dejado en claro a Robert antes de que se casaran que el uso de la pornografía no iba a ser tolerado. Robert dijo que quería dejarlo, pero después de la boda, Sandy tenía sus sospechas. Cuando Robert dejó su computadora encendida con su cuenta de ingreso a Amazon, ella chequeó su historia pasada y vio los videos.

«Te dije que no iba a tolerar esto», dijo ella, «y no lo voy a hacer».

Después de lidiar con el aspecto relacional, Sandy enfatizó el lado espiritual. Esto no solo se trataba de su matrimonio; se trataba de la relación de Robert con Dios. Ella mostró empatía y comprensión por su pasado y la desafortunada manera en que empezó a conocer la pornografía, pero dejó en claro una vez más, en caso de que hubiese alguna duda: «Tú me perderás si continúas haciendo esto».

Mi buen amigo, el doctor Steve Wilke (este libro está dedicado a Steve y su esposa, Rebekah) me dijo que una de las cosas más importantes que una esposa puede hacer en una situación como la de Sandy es ser fuerte y asegurar «límites sanos que sigan recomendaciones clínicas y a la vez ser abierta y rendir cuentas a una consejería calificada».

Steve dice: «Ella necesita ser como Débora, Rahab, o Rut, la clase de mujer que miraría a su hombre y diría: *"¡No más!"*. Con demasiada frecuencia, los cónyuges no se dan cuenta de la severidad de la situación en que se hallan, y terminan perpetuando el problema en vez de resolverlo». Él agrega: «Estas circunstancias son serias y deben tratarse como se trataría cualquier enfermedad grave, con el mismo tiempo y energía que se pone para hallar la mejor atención clínica posible. Si usted quiere que su matrimonio sobreviva, tiene que comprometerse a participar activamente en un plan de tratamiento».

El hijo de Steve, el doctor Ryan Wilke, un médico certificado por American Board of Psychiatry and Neurology (Junta Norteamericana de Psiquiatría y Neurología), explica el conocimiento actual de los componentes biológicos y psicológicos de la adicción, incluyendo la pornografía. «La adicción es más que solo una mala conducta y un mal juicio. El cerebro registra todas las experiencias placenteras de la misma forma, ya sea de la música agradable, un paseo con su cónyuge, o el comportamiento necesario para sobrevivir, como el comer y la actividad sexual (lo cual puede ser saludable o patológico), y también de químicos intoxicadores. El resultado de exponerse repetidas veces a sustancias o comportamientos intoxicadores es una respuesta condicionada impulsada por los recuerdos en su cerebro de haberse expuesto repetidamente. Al final, este nuevo camino adquirido por el cerebro se impone por encima de nuestra mente lógica y racional. En esencia, mediante la adaptación, los adictos se vuelven esclavos de un amo que ellos mismos crearon. Esta es una razón fundamental por la que los adictos en apariencia no pueden simplemente detener su conducta».

Los dos Wilkes creen que esto lo representa mejor Romanos 1. Ellos explican: «Cuando se toman decisiones que van en contra del plan original de Dios para nuestras vidas, como lo demuestra la ciencia biológica, lo que fue una decisión ahora lo es menos. Dios es un caballero, y él nos permite el libre albedrío para tomar nuestras propias decisiones. Pero si persistimos en tomar las malas, al final él retrocede y abre el paso para las consecuencias de nuestro libre albedrío. A esas alturas, ya no somos completamente libres; nos hemos vuelto esclavos».

La realidad de ignorar las constantes advertencias de Dios es que nuestras decisiones rebeldes en última instancia amoldan nuestras mentes hasta convertirse en cerebros rebeldes. Por eso una esposa no puede darse el lujo de ser débil o pasiva en medio de tal desafío. El doctor Steve Wilke explica: «Ella va a tener que mantener en equilibrio el temor de lo que ha sucedido en su vida y la necesidad de ser fuerte en su matrimonio y por sus hijos».

La razón por la cual usted va a querer tener el control de esta adicción lo más pronto posible es que cuanto más tiempo pasa, más cambiará el cerebro de su esposo. La buena noticia es que después de la abstinencia, el cerebro parece empezar a sanar, pero los neurocientíficos todavía no saben cuánto sana. Tal vez nunca regrese a la fase anterior a la adicción. Pero con toda seguridad puede mejorar.

Los especialistas de la recuperación dicen cariñosamente que «la recuperación implica recaída». El doctor Steve Wilke coincide, pero agrega: «Los hombres con esposas más fuertes tienden a tener resultados más positivos». En otras palabras, si un hombre piensa que usted no será estricta con él, puede tratar de averiguar cuánto está dispuesta a tolerar para manipularla. El doctor Wilke dice: «Cuando una esposa le dice a su esposo: "Si tocas a alguien o ves esa cosa otra vez, me voy, y voy a decirle a todo aquel que me pregunte exactamente por qué te dejé", bueno, los hombres que reciben ese discurso tienen mejor probabilidad de obtener un resultado positivo».

Es importante distinguir entre impulsos, hábitos y adicciones. Estas son tres cosas distintas. Cuando la palabra *adicción* se usa muy a la ligera, puede hacer sentir a los hombres que se les está excusando, como si no fueran capaces de controlarse. Pueden tener fuertes impulsos o un mal hábito, pero usted puede aprender a pelear contra ambos. Cuando utilizamos el lenguaje de la adicción como si el hombre no tuviera poder sobre su conducta, él puede tener más probabilidad de simplemente aceptarlo.

Esto requiere atención y un diagnóstico profesional. Puesto que la pornografía a menudo empieza antes o a inicios de la adolescencia, probablemente su esposo necesitará buscar ayuda profesional certificada por la junta médica a nivel máximo. Usted no tiene tiempo para probar con aficionados. Nuestra iglesia tiene un consejero certificado a quien derivo a hombres que sufren de una adicción de mucho tiempo. La mayoría de nosotros los pastores no estamos entrenados para entender la ciencia cerebral detrás del quebrantamiento de lo que se ha convertido en una adicción fisiológica.

En el caso de Sandy, Robert sabía que la iba a perder y también sabía que ella estaba observando. Por ejemplo, Sandy sabe cómo puede usar Google para ver dónde va cualquiera en su familia al utilizar Internet. Así que cuando Robert hace clic en una foto de una modelo en traje de baño, Sandy lo sabía, e inmediatamente le preguntaba a Robert al respecto. Ella dice: «Él se dio cuenta de que yo podía ver todo lo que estaba haciendo, y eso por supuesto ha ayudado».

He aquí algunas cosas que han ayudado a Sandy y Robert:

- No ver películas o programas de televisión que contengan desnudez, y todo lo que ven, lo ven juntos. Sandy se da cuenta de que el cerebro de su esposo necesita sanar. No se trata de legalismo, se trata de sabiduría.
- Robert se ha enfocado en crecer en Dios. La adicción pornográfica es un problema espiritual al igual que neurológico. La mejor defensa es un buen ataque. Ellos sugieren asistir a una buena iglesia, ser parte de un estudio bíblico robusto, leer libros cristianos sólidos. «Haga que su intimidad espiritual se eleve», dicen ellos.
- Sandy ofreció un ultimátum claro: «No puedes tenerme a mí y a la pornografía». Ella le quitó la opción a Robert. «Si me quieres a mí, no puedes hacer eso», dijo ella.
- Sandy usa Google para hacer que Robert rinda cuentas. Eso tranquiliza su mente, y ayuda a reforzar la convicción de Robert.

- Sandy dejó en claro a Robert que, si estaba dispuesto a hacer el trabajo, ella estaba dispuesta a recorrer el camino con él. Ella dejaría de ver las películas que no quería que él viese. Ella dejaría de jugar los videojuegos sensuales que le gustan. Ella elegiría no avergonzarlo. En esencia, ella peleó contra la adicción con un aumento en la intimidad conyugal, diciéndole: «Estoy de tu lado. Estoy contigo, y haremos esto juntos». Esa actitud significa mucho para un hombre.
- Sandy y Robert también vieron una serie de videos que enseñan acerca del desarrollo de la pureza sexual.*

UNA BATALLA ANTIGUA

El doctor Wyatt Fisher es un psicólogo cristiano que ha trabajado con muchas parejas que están lidiando con el uso de la pornografía del esposo. El doctor Fisher señala que, si bien la lujuria es un problema antiguo y no es nada nuevo, «el acceso fácil al contenido con sexo explícito por medio del Internet *es* nuevo», y «la combinación de un corazón lujurioso y el acceso fácil ha creado una explosión de la adicción a la pornografía en los últimos años que ha destruido matrimonios, destrozado familias, arrasado empleos, y en algunos casos incluso ha causado encarcelamiento. Como lo saben muchos especialistas de la adicción, las tres A de la adicción son accesibilidad, asequibilidad y anonimato, y la pornografía provee las tres. Es accesible porque está por todos lados en Internet; es asequible porque la mayoría es gratis; y es anónima porque la puedes ver sin que nadie lo sepa».[1]

Puesto que los hombres pueden exponerse a esta amenaza cuando son niños, tal vez no se den cuenta de lo devastador que puede ser para su salud sexual antes de convertirse en adictos. Según el doctor Fisher: «Se ha demostrado que la pornografía crea tanta adicción como la heroína o el crack de cocaína porque enciende el mismo centro de recompensa del cerebro. Combatir la pornografía no es tan sencillo como decidir dejarla. Es una adicción neurológica similar al alcoholismo o la drogadicción, convirtiéndola en algo muy complicado».

El doctor Fisher insta a las esposas a equilibrar su reacción cuando descubren que sus esposos han estado viendo la pornografía. «Las esposas

---

* Uno de esos programas que ayuda a las parejas a entender lo que está en juego fue creado por el doctor Wyatt Fisher y está disponible en www.christiancrush.com/p/pornography-addiction-help.html.

necesitan tratar de equilibrar su reacción al no hacerlo en forma exagerada, pero tampoco hacerlo sin mucho interés. Una esposa que reacciona exageradamente amenaza con el divorcio y no tiene empatía por la adicción a la pornografía de su esposo; este tipo de reacción a menudo induce al esposo a que se sumerja más en lo secreto para asegurarse de que su esposa nunca lo vuelva a descubrir. Al mismo tiempo, una esposa que reacciona sin mucho interés también es perjudicial. Ella reacciona estando un poquito decepcionada, pero sabe que es una "cosa de hombres" y no gran cosa. Este tipo de reacción frecuentemente no crea suficiente motivación para que el hombre deje de ver la pornografía porque realmente no parece molestar a su esposa».

Él también insta a las parejas a adoptar un frente unido para batallar contra la pornografía. «Parecido a descubrir que su esposo es un alcohólico», dice Fisher, «las esposas deben pasar tiempo entendiendo por qué la pornografía como adicción neurológica es tan poderosa para sus esposos, cuáles son los detonantes, y qué hay en sus matrimonios que podría influir en ello. Por ejemplo, los esposos que se sienten sexualmente satisfechos en sus matrimonios a menudo tienen un menor riesgo de ver la pornografía. Sin embargo, nunca es culpa de la esposa que su marido vea pornografía porque en última instancia es su decisión cruzar la línea. Pero, la insatisfacción sexual crónica dentro del matrimonio puede, por cierto, aumentar la tentación de un hombre de acudir a la pornografía para su satisfacción».

El doctor Fisher es un firme defensor de los filtros para Internet, tales como Covenant Eyes, en todos los aparatos. «Para los hombres que luchan con la pornografía, si tienen acceso a ella en algún lado, generalmente es solo cuestión de tiempo antes de que lo vean. Asimismo, un alcohólico tratando de recuperarse jamás dejaría una botella de whisky en el gabinete. Además, es importante pedir a la esposa del hombre que establezca la contraseña para su cuenta para que nunca sea tentado de ingresar y desactivar el filtro. También es ideal poner a las esposas como compañeras para rendir cuentas, y que reciban un informe semanal con toda la actividad por Internet. Saber que sus amigos que también luchan con la pornografía recibirán su informe para rendir cuentas puede aumentar un tanto la motivación, pero saber que sus esposas recibirán un reporte de todas sus actividades en Internet enviará su motivación por los cielos».

No obstante, tome en cuenta que no todas las esposas pueden lidiar con esta información. Si usted prefiere no saber lo que ha visto su esposo, no debe sentirse culpable. La doctora Melody Rhode tiene una perspectiva diferente a la del doctor Fisher. Ella piensa que la mayoría de las esposas deben alejarse de la adicción de sus esposos y dejarlos que luchen por su cuenta en vez de tratar de ser sus madres. Los expertos pueden discrepar de esto, y lo hacen. Por cierto, si la idea de ser la compañera de rendir cuentas de su esposo está arruinando su salud mental, no debe sentirse obligada a sacrificarse. Hay otras formas de hacer que su esposo rinda cuentas.

Otro método que usa el doctor Fisher, uno que yo apoyo en particular, es instar a los hombres a priorizar el tiempo con Dios diariamente. La mejor defensa es un buen ataque. Esposas, cualquier cosa que puedan hacer para ayudar a sus esposos a volverse a conectar con Dios, estudiar la Palabra de Dios, participar en la adoración y pasar tiempo con otros creyentes es una parte tremenda de la recuperación. Y yo creo que es totalmente legítimo que una esposa requiera que su esposo vaya en pos de tales actividades como parte de un plan de recuperación de mutuo acuerdo.

El doctor Fisher es un firme creyente de que las parejas tengan «un ayuno sexual sin masturbación cada vez que él caiga en la pornografía por un período de tiempo. Hacerlo puede servir como consecuencia natural y ofrecer una oportunidad para volver a ganar el dominio sobre su conducta sexual porque esta lo acaba de dominar. También puede proveer tiempo para que su esposa sane del abuso de confianza. Además, los hombres deben aprender a tener sexo orientado hacia la intimidad en vez de sexo orientado hacia el cuerpo. Ver la pornografía hace que los hombres se enfoquen exageradamente en las partes del cuerpo, y las relaciones sexuales se convierten más en que ellos consigan su máximo placer en lugar de volverse uno con sus esposas. En cambio, los hombres necesitan aprender a conectarse con sus esposas emocionalmente mediante el sexo. Una excelente manera de facilitar esto es que los hombres compartan algunos de sus sentimientos amorosos para con sus esposas antes de tener sexo, se enfoquen en su placer durante el sexo, y miren a sus ojos de vez en cuando durante el encuentro y especialmente durante el orgasmo. El contacto visual ayudará a los hombres a conectarse con el alma de sus esposas en vez de solamente en sus cuerpos».

El doctor Fisher advierte a las esposas: «Recuerden, vencer la adicción a la pornografía es frecuentemente un viaje y no un destino. Van a haber reveses, así que espérenlos con anticipación».

El doctor Fisher habla no solo como un psicólogo que ayuda a los hombres a vencer la adicción a la pornografía, sino también como alguien que una vez cayó en este pecado. Su esposa, Alia, comparte un poquito acerca de cómo vencieron como pareja. ¡Esté preparada! Alia advierte que la mayoría de las esposas que se han tropezado con la adicción de sus esposos a la pornografía, tienen las mismas características de aquellas que tienen trastorno de estrés postraumático.

«La manera en que usted responde a su esposo cuando le cuenta acerca de esto o cuando usted lo descubre es realmente, realmente importante», dice Alia. «No quiero que malinterprete lo que le estoy diciendo, así que por favor trate de oírme. Todos sus sentimientos —el dolor y la devastación— son válidos. Queremos que nuestros esposos entiendan cuánto esto verdaderamente nos lastima. No queremos que lo pasen a la ligera o no lo entiendan. Pero la manera en que usted responde cuando él le dice es clave para que él avance con esto. Él quiere sentirse seguro cuando usted se entere. Él necesita ser capaz de saber que puede venir hacia usted, de modo que, si responde en forma exageradamente firme, y de una manera que lo hará temer que se lo diga otra vez, probablemente él va a querer volver a guardar secretos. Así que hay una línea divisoria muy fina que usted tiene que recorrer en medio del dolor y en medio de querer ser parte del equipo con él».

Alia indica un método de equipo, pero permítame enfatizar que estas estrategias asumen que el esposo está *arrepentido y dispuesto a cambiar*. Usted no puede ser blanda con un esposo que piensa que no es gran cosa y que quiere que usted simplemente acepte su adicción. Las palabras de Alia son para aquellas esposas casadas con hombres que genuinamente quieren cambiar.

«Recuerde que vivimos en una cultura saturada de sexo», dice Alia. Dondequiera que vaya su esposo, surgen las imágenes, ya sea en la cola de una bodega, en un estante de revistas, o en el navegador de Internet en su teléfono. Así que él no puede escaparse completamente de todo estímulo sexual que le llega. Este problema es un poco más difícil de resolver que, digamos, la adicción al alcohol, en la que usted saca todas las botellas de alcohol de la casa. Esta adicción se mete a través de muchos más lugares. El problema con Internet es que él puede lograr el mismo estímulo de la heroína con tan solo un clic del ratón. Así que es más fácil de acceder que una dosis de droga, y eso hace que la batalla sea mucho más dura.

«Los cuerpos de las mujeres son el deseo más grande del hombre. Los hombres ven a una mujer y se excitan en un lapso de diez segundos. Requiere muy poco estímulo lograr que un hombre esté listo para empezar. Y Dios hizo que los hombres tuvieran esta orientación visual, que las mujeres típicamente no tienen. No es necesariamente algo malo de por sí, pero va en contra de la naturaleza de un hombre, de modo que la lucha es parcialmente biológica. Nosotras las esposas tenemos que recordar que la visualización del cuerpo de las mujeres no es en sí el problema o un pecado; simplemente queremos que esté dirigida a nosotras, no hacia otras mujeres. Pero está bien que él tenga esta orientación.

»Tendrá que esforzarse junto con él para tener un chequeo diario en esta batalla. Chequéelo todos los días. Le garantizo que lo tiene en su mente, así que necesita preguntarle: "¿Estás teniendo problemas el día de hoy? ¿Está pasando algo contigo hoy que te va a hacer susceptible a querer mirar?" [Permítame añadir aquí que no estoy seguro de que recomendaría esto si su esposo aún no ha caído o si esta no es una batalla diaria para él. Si no es una lucha constante para su esposo, discutirlo a diario, en vez de cada dos semanas aproximadamente, tal vez no sería una cosa sensata, ya que solo lo traería muy presente a su mente].

»Reciba un informe de rendición de cuentas semanalmente. Si usted va a batallar con esto, necesita que se ponga un filtro en cada aparato al que tiene acceso su esposo, ya sea que esté en casa, con el teléfono de él, o con el suyo. Esto le ayudará a establecer la confianza para que pueda ver que su esposo está limpio mientras se encuentra en el trabajo y cuando este problema de confianza ahora mismo es entre usted y él.

»La recuperación es un viaje. No es exactamente un destino directo a estas alturas. Hay toda clase de zarcillos de los que hemos hablado. Usted tiene que darle cierta capacidad de tener algunos reveses, pero se van a mantener avanzando juntos como equipo».

Permítame intervenir aquí con un comentario: el esposo de Alia deseaba cambiar y estaba dispuesto a cambiar. Algunas de ustedes pueden estar casadas con esposos que están más frustrados con su frustración que su deseo de cambiar. Sobre tales esposos, Leslie Vernick aconseja: «Usted no puede establecer confianza con alguien a quien hay que poner un control en su aparato. El esposo no es un niño. Es un adulto, y a menos que *él* decida poner un filtro en su aparato, él evitará cualquier control que una esposa ponga en los aparatos del hogar. Un adicto tiene que asumir responsabilidad por su tratamiento, incluyendo la implementación de medidas importantes como rendir cuentas para disminuir la probabilidad de que él caiga. Si una esposa siente que es su responsabilidad, será un llamado o carga poco realista que poner sobre ella. Ella puede asumir la responsabilidad de ayudarlo, pero no de monitorearlo o controlarlo».

Como con todo consejo conyugal, el desafío es discernir el corazón de su esposo y proceder consecuentemente.

En su seminario, Alia trata de ayudar a las esposas a que desarrollen compasión por los esposos que verdaderamente están luchando. «No hay justificación para su conducta», dice ella. «No obstante, usted tiene que entender las raíces del problema para poder sanar y convertirse en un equipo».

He aquí lo que sugiere Alia que usted haga para desarrollar mayor entendimiento (fíjese que estas son las palabras de Alia, las que gentilmente me ha permitido citar al pie de la letra):

- Piense en todas las cosas en su trasfondo que lo predispuso a la pornografía. Por ejemplo, ¿estuvo él expuesto al contenido sexual explícito cuando era niño? ¿Tenían sus padres pornografía en la casa? ¿Vio a su padre modelándolo? Cualquier tipo de exposición como esa puede hacer que le sea mucho más difícil la batalla. Esto es parcialmente la razón por la cual él puede estar en esta batalla. ¿Hay algún abuso sexual en su pasado? El abuso sexual puede a veces llevar a los hombres hacia intereses y conductas sexualmente perversas. ¿Tiene él un pasado promiscuo? ¿Tuvo muchas experiencias con mujeres antes de casarse? ¿Le faltó la protección de su madre? ¿Está tratando de satisfacer un vacío en su corazón viendo la pornografía?
- Piense en cosas de la vida de él ahora mismo que podrían estarle motivando a usar la pornografía. ¿Está solo muchas veces? ¿Está en el sótano o en una habitación de un hotel sin que nadie le haga rendir cuentas por lo que está haciendo? Por eso el filtro es muy importante,

porque le hace saber que es responsable ante alguien, aun cuando está solo. ¿Ha estado bajo un aumento de estrés o presión? Muchas veces queremos un desfogue —una especie de alivio de toda esa presión— y esas pueden ser cosas que contribuyan a su uso de la pornografía ahora mismo.

- Piense en cualquier cosa que usted tal vez haya hecho para contribuir a su tentación por la pornografía. No hay justificación para su conducta; sin embargo, tenemos que ver todos los componentes, y tengo que preguntar qué tan buena es su vida sexual con su esposo. Los esposos valorizan una buena vida sexual, y si no están sintiendo que la están teniendo en casa, son mucho más susceptibles a ir a otro lado para encontrarla. Yo [Alia] lo sé directamente porque cuando nos casamos, tenía mucha carga sexual negativa de mi pasado. Yo creía que el sexo era sucio. *Los hombres son cerdos. El sexo es vergonzoso. No hay amor en el sexo.* Si usted tiene cualquiera de esos pensamientos y no le gusta el sexo, o no quiere tener sexo, o no tiene mucho sexo con su esposo, le animo a que obtenga sanidad de ello. Es muy importante porque tenemos que trabajar con nuestros esposos, no solo dejarlo hacer lo suyo, sino asumiendo la responsabilidad de las partes donde no funcionamos bien, o donde no podemos hacer lo que sabemos que necesita nuestro esposo. Así que, por favor, trate de conseguir ayuda de un consejero y lidie con sus propias heridas del pasado. Las parejas sanas tienen sexo de una a tres veces a la semana como promedio; por supuesto, a veces será menos frecuente y otras veces será más. Pero si está lejos de eso, entonces puede ser una señal de que su esposo necesita que usted trate de trabajar en esta área para él.

- Piense en cualquier cosa en su crianza que quizás esté influyendo en su reacción al uso de la pornografía. Si usted ha sido traicionada o tiene problemas de confianza a causa de su experiencia, puede impactar significativamente en la manera en que usted está respondiendo. Y puede ser importante ver esas áreas, para que su esposo se sienta seguro de venir a usted, sabiendo que sus reacciones no serán tan severas y fuertes. Es realmente importante que usted discierna qué tanto su reacción tiene que ver con la conducta de su esposo y qué tanto con las heridas de su pasado. No se olvide de sus propias debilidades. Romanos

3.23 dice: «Pues todos han pecado y están privados de la gloria de Dios». Usted tal vez no esté luchando con la pornografía como su esposo, pero todos tenemos nuestras debilidades y áreas pecaminosas. Es importante recordar que Dios las ve a todas de la misma manera, y que él nos ama a todos por igual. Necesitamos recordar nuestro propio quebrantamiento para poder tener empatía por las debilidades de nuestro esposo en la lucha.

Veamos ahora cómo esta enseñanza se desenvuelve en las historias de otras dos parejas.*

JODY Y MARK

El enredo de Mark en la pornografía empezó en el garaje de su tío cuando era un muchachito. Cuando esa exposición fue seguida de dos experiencias de abuso sexual, Mark entró, como dice él, «en un matrimonio sano con una novia virgen», y dice que «se sintió completamente indigno». Debido a su pasado sórdido, él no creía que se merecía a Jody. Esa sensación de vergüenza solo sirvió para alimentar su creciente adicción. Cuando la vergüenza sexual lleva al hombre a la oscuridad, lo conduce a todos los lugares equivocados.

A lo largo de la siguiente década, Mark luchaba con las revistas, los videos comprados en tiendas para adultos y las películas, pero antes de la llegada de Internet, él podía contenerlo como algo que ocurría rara vez, como cuando estaba viajando. Todo eso cambió con la llegada de las interconexiones de alta velocidad y los teléfonos inteligentes. La pornografía rápidamente se convirtió en una constante batalla.

En el caso de Mark, tristemente, fue peor que la pornografía. Después de un tiempo, conforme la constante exposición a la pornografía lentamente debilitaba sus defensas, Mark terminó con una aventura amorosa totalmente física. Todo esto se hizo bajo la sombra. Su esposa, Jody dice: «tenía un punzón en mi espíritu de que algo no estaba bien, pero nunca realmente

---

* Reconozco que este es un capítulo largo, pero si su matrimonio está luchando en esta área, usted necesita atención extra. Si este no es un problema en su matrimonio, siéntase libre de pasar al siguiente capítulo.

le di seguimiento». Cuando un doctor que la estaba chequeando por un problema médico diferente mencionó bruscamente que ella tenía una enfermedad transmitida sexualmente, Jody pensó que estaba bromeando. Ella era virgen el día de su boda, y Mark le había dicho que él también era virgen. Ella confrontó a Mark, quien eludió el verdadero problema confesando una relación sexual antes de casarse, sin mencionar la aventura amorosa durante su matrimonio.

No tenemos tiempo ni espacio para entrar en los eventos de la vida que condujeron a Mark a enfrentar su adicción y conducta destructiva, pero todo salió a la luz en una sesión de consejería de un día diseñada para salvar matrimonios en peligro.

Cuando Jody descubrió la aventura amorosa y el uso de la pornografía, ella insiste: «El divorcio jamás cruzó mi mente». Ella estaba, no obstante, lastimada y enojada porque Mark no pudo ver lo que le estaba haciendo.

¿Por qué Jody ni siquiera consideró el divorcio? «Yo he visto las repercusiones del divorcio de mi mamá, y ella dejó en claro que el divorcio no es algo bueno», dice ella. «No es la salida fácil. Y francamente, yo conocía el corazón de mi esposo; yo lo había visto cometer otros errores y tratar de superarlos golpeándose y trabajando muy duro. Yo sabía que, aparte de esto, él era un buen hombre con un buen corazón que siempre trata de proteger a otra gente. Cuando los consejeros me ayudaron a entender parte de su historia y vulnerabilidad, pude hacer a un lado mi enojo, lo suficiente para comprometerme a salvar el matrimonio».

Un doloroso efecto secundario, no obstante, fue que Jody se halló sintiéndose extremadamente inadecuada. «Cuando empecé a pensar en las dos mujeres de las que no sabía nada —yo nunca pensé que Mark podría compararme con nadie— y luego las actrices de las películas pornográficas, no podía alejarme del temor de cómo iba a estar a la altura de eso jamás». Jody admite que esto continúa siendo una lucha para ella a veces, incluso hoy en día. Lamentablemente la historia de un esposo con la pornografía no desaparece cuando es revelada; a menudo es una carga que la esposa lleva el resto de su vida.

Mark fue tocado por la gracia de Jody. «Yo sabía que Jody tenía un motivo bíblico para divorciarse de mí», dice él, «pero ella se mantuvo ahí. Y yo pasaré el resto de mi vida tratando de ganarme su confianza, incluyendo al decirle lo hermosa que es. Ella no siempre está lista para recibirlo. Es como que hubiera una herida allí, y lo tomo como un reto que será toda una vida de ganarme esa confianza otra vez».

La gracia de Jody no llegó sin consecuencias. Ha habido un aumento de la rendición de cuentas. Mark usa la aplicación de xxxchurch.com y menciona a Jody y su hijo como compañeros para rendir cuentas. Él también se reúne con regularidad con otro hombre que sabe cómo hacer preguntas específicas y directas que no permitirán que Mark sea evasivo, incluyendo pedirle a Mark que entregue su teléfono celular. «Si el historial del navegador ha sido vaciado», dice su amigo, «significa que un hombre está tratando de cubrir algo. No caiga en eso. Un navegador vacío es casi siempre una admisión de culpa».

Mark cree que lo más disuasivo para el uso constante de la pornografía ha sido que él ahora, como dice, «vive en la luz. Ahora que estoy atrapado, esa es mi ayuda más grande. Si veo algo, tengo que decírselo a Jody». Él exhorta a los hombres que luchan en esta área: «Hágalo de manera que se le pregunte y sea atrapado, y esto ayudará a evitar que usted lo haga».

Tal como la mayoría de los consejeros recomiendan, Mark y Jody entraron a una fase de abstinencia sexual mientras Mark trataba de volver a ganar el control. Esto fue sanador tanto para Mark como para Jody. Ambos necesitaban un descanso para enderezar las cosas y sanar.

Mark le da el mérito al hecho de que Jody acudió a Dios, su compromiso con el matrimonio, y su insistencia en que «esto tiene que parar» para ayudarlo a dejar de ver la pornografía. En los primeros días, si recaía, él iba inmediatamente a Jody y le contaba. Requirió retroceder un par de pasos en su matrimonio, pero las recaídas se volvieron cada vez menos frecuentes y menos serias.

En su propio proceso de sanidad, Jody se enojó mucho con Dios. «Yo era como una niña pegándole a su papá en el pecho. Yo le leía salmos, sacudiendo mi dedo y estando enojada. Le decía: "He pasado mi vida amándote, ¿y tú permites que suceda *esto*?"».

Todo esto es para mostrar que la herida era profunda y duró mucho tiempo, y los efectos todavía causan cierto dolor en el alma de Jody hasta hoy en día. Pero está gustosa de haber seguido la reconciliación en vez del divorcio. Y años después, su relación sexual es en verdad mejor que nunca.

Jody al final reconoció que, a comienzos de su matrimonio, al sexo no se le dio la prioridad que se merecía. «Mi extrema falta de conocimiento acerca del sexo antes del matrimonio condujo a una intimidad mínima, que no satisfacía a Mark. Aunque esto no excusa las decisiones que tomó, él tuvo muy poca ayuda en casa para luchar en su contra. Él estaba más o menos solo».

Una vez que Mark estaba recuperándose, Jody empezó a preguntarle: «¿Qué sería excitante para ti?». Ella descubrió que Mark se deleita con anticipación: que si Jody piensa en la intimidad sexual con cierta anticipación, como decidir usar cierto tipo de ropa interior, Mark se pierde pensando en su esposa, anticipando estar con ella, y no tiene lugar para otras fantasías. Así que ahora, cuando Jody se inclina hacia Mark en un lugar público y susurra: «Piensa en el color rojo», él sabe *exactamente* lo que significa. En otras ocasiones, él llega a casa del trabajo y encuentra a Jody usando una bata, sin nada debajo. El hecho de que Jody pensó en esto y lo inició ha sido muy útil para Mark, llevando a una anticipación sana y positiva.

He aquí lo que Jody les diría a aquellas mujeres que descubren que sus esposos están viendo pornografía: «Si verdaderamente usted ama a su hombre y su Dios, permanecer en el matrimonio puede ser lo correcto, y valió mucho la pena en mi caso. No fue ni será fácil. Hubo lágrimas. Hubo tantas emociones involucradas en el viaje pero, repito, ha valido la pena. Me asombro diariamente, a estas alturas, de cómo Mark ha madurado y se ha convertido en el hombre de Dios que es. Su culpa y vergüenza por la pornografía y todas las otras cosas que usó Satanás lo mantuvieron atrapado, pero ya no lo está. Él está libre para ser la persona que Dios creó. ¿Es él perfecto? Por supuesto que no —ninguno de nosotros lo es—, pero él es muy, muy bueno. Hasta asombroso en muchas formas. Decimos que no quisiéramos pasar por ello otra vez, pero no quisiéramos regresar a lo que éramos anteriormente tampoco. Así que quiero decirle que esta es una oportunidad para vivir la fe que usted dice tener en Dios. Es una oportunidad para ver a Dios obrar, pero también es una oportunidad, no solo para que su esposo trabaje en sí mismo, sino para que usted trabaje en sí misma. Yo desafié a Dios para que apareciera, y lo hizo. No tan rápido, no tan bien arreglado y pulcro como me hubiera gustado, pero apareció y obró, sanó y nos sustentó».

Algunas de ustedes tal vez no estén listas para escuchar esto. Su herida puede ser tan profunda que ni siquiera quieren contemplar un futuro juntos. Pero incluyo la historia de Jody y Mark para mostrar cómo algunas parejas han pasado esto juntos y hallado sanidad y redención. Sí, requiere un hombre arrepentido. Pero tenga en cuenta, Mark fue intencionalmente evasivo al principio. Aun así, con gracia y fortaleza, consejería profesional, rendición de cuentas, una renovada pasión por Dios, y un nuevo compromiso con su relación sexual (después de un tiempo de abstinencia), Mark y Jody han descubierto una mejor vida y un mejor matrimonio que jamás tuvieron antes.

MARCUS Y TARA

Como tantos otros de los que hemos hablado, la primera exposición de Marcus a la pornografía vino cuando era un muchachito. Revistas sexualmente explícitas inundaron su casa, y su papá se suscribió a un canal explícito de cable.

Espero que puedan entender, esposas, cuando digo que no es una pelea justa cuando un muchachito está expuesto a material pornográfico, aunque esto nunca es una excusa. La curiosidad natural («¿Cómo se ve una mujer desnuda?». «¿Cómo sucede el sexo?») puede conducir a un «clic» bastante inocente, y sin la sofisticación espiritual o intelectual para pelear con lo que sucede después, un muchachito puede ser absorbido por un mundo del que nunca se sentirá completamente libre. Siento dolor por las batallas que los jóvenes tienen que pelear, especialmente aquellos que están creciendo en la era de Internet de alta velocidad.

Marcus y su esposa, Tara, habían hablado de sus luchas con la pornografía antes de casarse, pero cuando el Internet de alta velocidad y los teléfonos inteligentes se volvieron comunes, la tentación aumentó, y Marcus cayó. Tara lo descubrió cuando empezaron a recibir una cantidad cada vez mayor de correspondencia electrónica no solicitada y sexualmente explícita y propagandas en la pantalla de la computadora, una señal reveladora de que alguien usando esa computadora había estado visitando sitios con material provocativo.

La descripción de Marcus de cómo Tara respondió fue casi perfecta. «Tara ha sido increíble en medio de todo esto», dijo él. «Ella ha sido tolerante y de apoyo al mismo tiempo».

De apoyo, Marcus quiere decir que ella supo que esto era un problema y estaba dispuesta a escuchar lo que detona la tentación. Al mismo tiempo, ella dejó en claro que no lo iba a aguantar. «Ella prefería que yo fuera a ella cuando soy tentado para poder hablar de ello», dijo Marcus, «y ha creado un ambiente en el que es seguro hacer eso».

Tara ha aprendido acerca de los detonantes de Marcus. Para él es estrés. El uso de la pornografía alivia la tensión, una causa y efecto muy común del uso de la pornografía. Los últimos años han sido un tiempo inestable de empleo, así que Tara sabe que Marcus es vulnerable.

Yo estuve impactado por el compromiso, la compasión y gracia de Tara ante una lucha que a tantas mujeres les molesta en forma entendible. Ella dice: «Mi papá tenía las mismas revistas y los mismos canales de cable en nuestra casa, así que crecí conociendo acerca de esas cosas».

Ella lidió con la caída de su esposo como a menudo lo hacen las mujeres. «Estuve un poquito lastimada, un poquito enojada», dice ella. «Verlo caer otra vez desde luego vuelve a crear un poco de desconfianza. Y, por supuesto, especialmente al comienzo, surgen los problemas con la autoestima. *¿No soy suficiente para él? ¿Estoy haciendo algo mal en la cama?*».

Lo que ayuda a Tara, en mi opinión, es que ella entiende que esta es una tentación común, y está arraigada en la adicción. Ese conocimiento le ha dado un poco de espacio, no solo para ser firme, sino también comprensiva. Y eso la pone alerta. Si Marcus sugiere que vean una película explícita, Tara es firme. «Yo le digo que no vamos a abrir esa puerta; no vamos a invitar esa tentación a nuestra casa». Y ese es un buen recordatorio para Marcus de que, si bien ella es comprensiva, no va a aceptar la participación continua y sin arrepentimiento en la pornografía.

Tara me dijo que ella aconsejaba a otras esposas, cuyos esposos luchan con esto, que los amaran, oraran por ellos y los escucharan. Yo le pregunté: «¿Cómo puedes ser tan gentil? He visto a muchas mujeres enojarse, y comprendo su enojo». Tara respondió: «Porque yo lo amo. Todo en mí lo ama, desde que nos conocimos, así que pelearé por él».

Esto no significa —¡por favor, escuche esto!— que usted no ama a su esposo si se le hace difícil mostrar comprensión desde el principio. Es su amor por su esposo lo que la puede volver muy enojada. Pero Tara dejó que su amor venciera todas las demás emociones.

«Yo trato de ser firme y estar dispuesta a perdonar», dice ella, «y entonces le ayudo a encontrar una forma más sana de lidiar con su estrés. Él se recrea con un videojuego, o nuestra familia sale a caminar». Marcus dice que tan solo salir con la familia puede hacer maravillas para hacer que se aleje la tentación.

Hubo veces en la recuperación de Marcus en que ellos necesitaban dejar de tener sexo, pero no más de un mes. «Ambos necesitábamos el descanso para volver a establecer expectativas», dice Tara. «Después de ese descanso, el tiempo se convertía en un período de redescubrimiento mutuo en vez de tomarnos a la ligera».

Tara jamás hubiera *escogido* tener que enfrentar esto a lo largo de su matrimonio, pero ella dice que hacer esto los ha acercado más y también la ha animado a convertir su propia relación sexual más en una prioridad, no solo estando disponible, sino también siendo creativa y tomando la iniciativa.

Marcus decía a otras esposas que lo que más le ayudó fue que Tara estuvo dispuesta a tener la conversación dolorosa, así como también que él tenía confianza de que ella no lo rechazaría cuando lo descubrió. En cambio, ella estaba de su lado y comprometida a ayudarlo. Marcus también instaba a las mujeres a entender lo que Tara hacía. «Esta es una adicción legítima», dice Marcus. «Hay demasiada gente en la iglesia que no lo ve así, pero el uso de la pornografía es tan controlador como el alcohol, las drogas o apostar». Él todavía lo llama «una lucha diaria».

Para protección, si ellos por casualidad están viendo una película en la que surge una escena sorpresiva, Tara se pone hiperalerta. Ella dice: «Yo inmediatamente pienso: *¿A dónde lo llevará esto?* Y trato de llamar su atención». Una de las maneras en que ella hace esto (lo cual Marcus aprecia) es acurrucarse junto a él y darle un besito o susurrarle algo. Es una manera enternecedora con la que Tara le recuerda a su esposo: *Estoy aquí. Enfócate en mí. Esto, que tú y yo tenemos, es real. No dejes que tus pensamientos se vayan a otro lado.*

EL CAMINO HACIA ADELANTE

Tengo que ser sincero. Si su esposo está lidiando con esta adicción, el camino hacia adelante es más largo y más doloroso de lo que la mayoría quisiera admitir. Los libros de gran influencia del doctor Patrick Carnes sobre la adicción a la pornografía sugieren que la mayoría de los programas de recuperación implican un ciclo de *cinco años* (y los segundos seis meses son el tiempo más probable para una recaída). Algunas esposas esperan que sus esposos dejen un hábito de toda una vida sin ninguna recaída, y en la mayoría de los casos, esto puede ser bastante irreal.

Hay una diferencia principal, por supuesto, entre un esposo que se arrepiente y lucha y uno que lo niega constantemente. Si su esposo se rehúsa a ser parte de un grupo de rendición de cuentas o tomar los pasos para tratar su conducta, entonces pienso que usted tiene todo el derecho a establecer claros límites, incluyendo exponerlo a consejeros profesionales apropiados o la iglesia y quizás hasta la separación. Es así de serio. Si un hombre tiene un uso persistente y no arrepentido de la pornografía que eclipsa la intimidad sexual con su esposa, eso me parece que es la propia definición de una aventura amorosa. Usted merece, como esposa, ser adorada, apreciada, deseada y complacida sexualmente.

No es suficiente que un hombre simplemente evite pecar en contra suya; un buen esposo debe enfocarse en *servirla* sexualmente. Usted no es egoísta por querer eso. Es un llamado claro para una esposa y un esposo, y si las decisiones del esposo lo incapacitan o le quitan las ganas de servirla de esta manera, él ha roto sus votos matrimoniales, aun si solo es mentalmente. Puede llegar el momento en que usted necesite decir: «Mira, para que nuestro matrimonio continúe, esta conducta tiene que parar, y ese momento de parar es *ahora*. Si tú te rehúsas a tratarlo, no tengo otra opción que llevarlo a la iglesia y empezar a buscar su consejo para el siguiente paso que debo dar». Efesios 5.11 nos dice: «No tengan nada que ver con las obras infructuosas de la oscuridad, sino más bien denúncienlas».

Y permítame añadir que «las obras infructuosas de la oscuridad» pueden incluir actividades sexuales que aparecen en la pornografía que no son de interés para usted. Los actos que ahí se representan nunca son obligaciones con las que tiene que estar de acuerdo una esposa. La realidad es que, si un hombre quiere ser sexualmente sano, habrá cosas que él desea que deben ser rechazadas. Su rechazo le sirve bien ante los ojos de Dios (aun si eso lo frustra), ya que nunca es apropiado complacer el pecado. Actuar en base a deseos dañinos y torcidos generalmente solo los aumenta y fomenta deseos aún peores.*

---

* Por favor, no se contacte conmigo por email para hablar de estos temas. No soy un terapeuta profesional. La consejería por email es ineficaz y poco sabia. Acérquese a alguien que se pueda sentar con

UNA BENDICIÓN O UNA CARGA

En cierta forma, el sexo parece ser una carga muy pesada. Otras veces, parece ser una de las dos o tres mejores bendiciones. Y de ser así, ¿por qué entonces causa tanto dolor, sufrimiento y confusión?

No nos corresponde cuestionar el diseño de Dios. Si él la ha llamado al matrimonio, la ha llamado a tener relaciones sexuales con su esposo con regularidad. El matrimonio bíblico no es una cafetería en la que podemos escoger los platos que nos gustan. Es más, como una sopa —muchos ingredientes mezclados juntos— y debemos tomar el plato como un todo. El diseño de Dios la llama a usted y su esposo a la fidelidad sexual y la lealtad, así como también a la generosidad sexual y el servicio, sin importar si alguno de ustedes tiene ganas o no. Cualquier cosa menos traiciona el matrimonio tal como Dios lo estableció para nosotros. Retener un elemento del matrimonio es rebelarse en contra de Dios mismo.

Entonces tenga cuidado. Su primera discusión puede que no sea con su esposo ¡sino con el Dios que creó el matrimonio! Él sabía, desde el comienzo, que los hombres y las mujeres están formados de manera diferente. Él sabía, desde el comienzo, que nuestros niveles de deseo a menudo estarán en conflicto. No obstante, él aún creó el matrimonio. Él diseñó la relación sexual. Él la creó a usted y creó a su esposo. Y él bendijo la unión.

Una vida sexual que satisface mutuamente hace maravillas en un matrimonio. Liga el corazón de un hombre con su esposa. Ayuda a proteger su integridad sexual y le impide pecar contra su Dios. Lo motiva a complacer a su esposa, y consolida su lealtad a su hogar. Y como beneficio adicional, ayuda a su esposa a aprender a amar de una manera piadosa y desinteresada.

PREGUNTAS PARA DISCUTIR
Y REFLEXIONAR

1. Gary describe lo que le hace la pornografía al cerebro de un hombre. ¿Sabía usted de los efectos dañinos de la pornografía? ¿Cómo la motivará esta información a estar más alerta en su propio matrimonio?

usted frente a frente y pasar el tiempo necesario de consejería, quizás en el transcurso de varios meses.

2. Hable de cómo las esposas pueden caminar equilibradamente como dicen los consejeros —siendo firmes para ver la derrota de la pornografía mientras al mismo tiempo se demuestra compromiso con la relación y se anima a los esposos a que se mantengan hablándoles— entendiendo en medio de todo esto que esta adicción puede y a menudo implica ciertas recaídas. En otras palabras, ¿cómo puede evitar ser demasiado blanda o demasiado firme?

3. Hable acerca de la mejor manera en que una esposa puede traer a colación a su esposo el tema del software de rendir cuentas. ¿Cuáles son las posibles reacciones negativas de los esposos, y cómo se les puede refutar?

4. ¿Cómo el entender que la pornografía es una adicción puede afectar la forma en que una esposa trata esta tentación/falla con su esposo?

5. Alia Fisher habla de la importancia de mantener una intimidad sexual próspera dentro del matrimonio, sugiriendo que la mayoría de las parejas sanas tienen sexo de una a tres veces a la semana. ¿Qué puede hacer una esposa si se da cuenta de que esta es una debilidad en su matrimonio?

6. Hable de las señales de advertencia que indiquen que un esposo tal vez esté usando la pornografía, y cómo responder mejor.

7. ¿Qué debe hacer una esposa cuando su marido está pidiéndole que intente actos sexuales que le parecen de mal gusto o degradantes? ¿Dónde se encuentra la línea divisoria entre la exploración alegre y asegurarse de tener «en alta estima el matrimonio» (Hebreos 13.4)?

8. Gary concluye este capítulo diciendo que una vida sexual que satisface mutuamente liga el corazón de un hombre con su esposa, ayuda a proteger su integridad sexual y ayuda a su esposa a aprender a amar de una manera piadosa y desinteresada. ¿Cómo ha usado Dios la relación sexual en su matrimonio para enseñarle a amar?

CAPÍTULO 13

KEN Y DIANA: UNA AVENTURA AMOROSA POR INTERNET

Recobrando al esposo que se descarría

La crisis en el hogar de Diana finalmente estalló cuando Ken le dijo a Diana que le tenía afecto pero que no la amaba.

Tres meses antes, Ken y Diana habían descubierto que su hija, Hillary, se estaba cortando. Los doctores posteriormente la diagnosticaron como una persona clínicamente deprimida. Tras la impactante declaración de Ken, Diana decidió poner primero lo primero. «No importa lo que tú sientas por mí», le dijo a Ken. «Si te vas ahora, Hillary quizás no sobrevivirá. *Tú no te vas de esta casa*, por el bien de Hillary, por lo menos».

Ken estuvo de acuerdo, pero la larga y terrible experiencia de la pareja recién había empezado. Compartían la misma casa y hasta la misma cama, pero emocionalmente, vivían a muchos kilómetros de distancia.

Al principio, Diana buscó consuelo en su fe. Ella leía Salmos 55, acerca de cómo un compañero, un amigo cercano «a quien me unía una bella amistad» (versículo 14), traicionó al escritor, y sus abundantes lágrimas mancharon permanentemente su Biblia. «Los siguientes 17 días fueron horribles», admite Diana, «pero Dios fue muy fiel».

Conforme Diana ve en retrospectiva, ella puede predecir el alejamiento, incluyendo el papel que ella jugó en la disminución del afecto de Ken. A comienzos del año, la compañía de Diana sufrió un gran colapso en el sistema computarizado. Llevó todo un mes para que Diana lograra restaurar las cosas a su normal funcionamiento. Ella con regularidad se quedaba hasta tarde en la oficina y traía trabajo a la casa.

La primera noche después de que Diana finalmente resolvió la crisis de su trabajo, Hillary tuvo una sobredosis de medicamentos recetados. Un chico que realmente le gustaba a Hillary le había dicho algunas cosas crueles. Con el corazón roto, Hillary acudió a las drogas para ignorar el dolor. Para empeorar las cosas, poco después de la sobredosis, otro joven ansiosamente quería estar con Hillary, y tras su dolor y reciente abandono, Hillary empezó a acostarse con él.

Diana estaba destrozada cuando descubrió todo lo que había sucedido. Cada fibra maternal de Diana se encendió de indignación, y prácticamente juró no tener sexo en su matrimonio. Cada vez que Ken le proponía intimidad física, Diana pensaba en Hillary cuando perdió su virginidad, y simplemente no podía responder.

No se requiere tener un doctorado para predecir esto: exceso de trabajo, problemas graves con una hija, no tener sexo en casa, y muy poca comunicación. *Por supuesto*, un compañero empezó a sentir que ya no estaba enamorado. «Si tú no riegas tus plantas», admite Diana, «al final van a morir. Tú *tienes* que sustentar tu relación».

«¿SE DA CUENTA DE LO QUE SU ESPOSO ESTÁ HACIENDO CON MI HIJA?»

Durante años, Diana y Ken tuvieron intereses separados que rara vez compartían. A Diana le encanta ir al cine; Ken apenas tolera las películas. Ken sigue con entusiasmo las carreras de autos de NASCAR; Diana realmente nunca entendió la fascinación por ver autos yendo en círculos durante horas y horas. Diana sintió que Ken se estaba alejando, pero una amiga le aseguró que probablemente solo era la presión en el trabajo y que no debía ponerse paranoica.

Pero Diana *sabía* que algo andaba mal. Cuando presionó a Ken para que le diera los detalles, él finalmente habló abiertamente y le dijo que le tenía afecto pero que no la amaba.

«¿Hay otra persona?», preguntó Diana.

«No», dijo Ken, para el alivio de Diana.

Lamentablemente, Ken estaba mintiendo.

El 11 de junio, solo unas semanas después de que Ken hubiera declarado su falta de amor, Diana se halló orando a Dios para que usara a quienquiera y lo que quisiera para salvar su matrimonio. Ella nunca esperó que llegase por medio de la madre de «la otra».

Ese mismo día, una mujer llamó por teléfono a Diana y le preguntó: «¿Es su esposo Ken Franklin, el que trabaja en Grizzly Industries?».

«Sí».

«¿Se da cuenta de lo que su esposo está haciendo con mi hija?».

Diana sintió que el corazón se le salía por el pecho. «¿De qué está hablando?».

«Su esposo y mi hija se conocieron en una sala de chateo de NASCAR. Ellos empezaron enviándose correos electrónicos, y ahora se han intercambiado fotos. Incluso están planeando reunirse el fin de semana del 4 de julio».

Diana no podía creer lo que había escuchado, pero tristemente, todo coincidía. Ken ya había hecho arreglos para que Diana pasara tiempo en la casa de sus padres mientras él se iba de «viaje de negocios» durante el feriado.

Y luego para rematar: «¡Y mi hija está casada y tiene dos hijos!».

Diana apenas podía creer que su esposo hubiera planeado una aventura amorosa con una mujer casada. ¿Destrozaría realmente Ken a dos familias, justo cuando Hillary más lo necesitaba?

Ahí fue cuando Diana actuó de la manera que tanto ella como Ken creen que salvó su matrimonio.

UNA AMIGA EN NECESIDAD

Mientras Diana manejaba camino a la casa de una amiga, su mente pensaba a toda velocidad en las preguntas y oraciones acerca del futuro. «¿Qué me pasará a mí?».

«Oh, Dios, ¿qué le pasará a Hillary? ¿Le irá bien?».

«Bueno, Dios, técnicamente esto es adulterio. Puedo salirme de este matrimonio, ¿verdad?».

Y, sin embargo, Diana tenía una fuerte sensación de que el divorcio no era parte de los planes de Dios.

La mente de Diana se metió en un remolino de especulaciones y cuando llegó a la casa de su amiga, le contó toda la historia en la entrada, desfogando su furia, gritándole a Ken, preguntando cuánto más se supone que ella tiene que aguantar, e insultando horriblemente a Ken con palabras que ella espera que él nunca se entere.

La amiga de Diana había sobrevivido una situación parecida. Su esposo tuvo una aventura emocional varios años antes, así que podía comprender los sentimientos de traición de Diana.

Hoy, Diana cree que «desahogar mi enojo, asco y decepción con Darla en vez de con Ken, salvó mi matrimonio». Darla escuchó con paciencia conforme Diana expresaba sus emociones. Una vez que Diana recobró la compostura, se arriesgó a regresar a casa a ver a su esposo.

Ella llegó como a las diez en punto. El carro de Ken estaba en la entrada. Diana inmediatamente se le acercó y le dijo: «Necesitamos hablar».

«¿Por qué?».

«Llamó la madre de Cheryl».

Ken se puso pálido.

Diana y Ken salieron al porche, y aquí la historia es extraordinaria. Con un desprendimiento increíble, carente de acusaciones y emociones exaltadas, Diana habló de todo detenidamente con Ken. Puesto que ella ya se había desahogado con Darla, pudo ser objetiva y desapasionada en esta conversación que poseía el potencial de salvar o arruinar su matrimonio.

«Bueno, cuéntame acerca de Cheryl», empezó ella.

Ken lentamente describió cómo conoció a Cheryl por Internet. A los dos les gustaba NASCAR. Nunca se conocieron en persona, pero Ken admitió que habían planeado hacerlo. Incluso habían hablado de un posible futuro juntos.

«¿Quieres decirme que en verdad contemplaste una vida con esta mujer?», preguntó Diana.

«¿Nunca te preguntaste cómo sería estar con otra persona?», dijo Ken.

«Déjame entender esto bien. ¿Tú estás preparado para decirle a Hillary que no serás su papá todos los días, pero serás el papá de estos otros dos chicos a quienes nunca conociste?».

Finalmente, Ken empezó a ver lo ridículo y tonto que sonaba. Las cejas de Diana se levantaban casi en forma cómica. «No puedes estar hablando en serio de que vas a terminar diecinueve años de matrimonio por alguien que conociste en *Internet*», dijo ella con una risa, y Ken se rio con ella. Toda la noche se pasó así. Diana hablaba fuertemente, pero mantenía un aire de ligero humor como para levantar sus cejas y suscitar un alivio cómico justo en los momentos apropiados.

Ni una vez Diana dijo malas palabras o insultó a Ken de la manera que lo hizo en el porche de Darla, a pesar de que Ken esperaba exactamente eso. Después, Ken le dijo a Diana que, si ella *hubiera* reaccionado ante él de la forma en que había hablado con Darla, él se hubiera ido disparado. En cambio, él vio una representación de la gracia y la misericordia de Dios a través de Diana, y eso marcó completamente la diferencia.

Diana recuerda: «Cuando al principio caminé hacia el porche con Ken, la decepción y la tristeza todavía estaban allí, pero el enojo se había ido, y estaba reemplazado por la paz de Dios y la confianza de que, si Ken decidía quedarse en nuestro matrimonio, al final sería mejor que antes. Fue tan típico de Dios, porque yo no esperaba actuar así. Yo estaba muy lastimada y desilusionada».

La noche concluyó con Diana diciéndole a Ken: «Mi reto para ti es que seas obediente a la Palabra de Dios y te contactes con Cheryl y le digas que se acabó, y luego te pongas a trabajar en nuestro matrimonio. Si haces eso, yo creo que Dios te puede dar sentimientos increíbles por mí otra vez».

Al día siguiente, Ken le dijo a Diana que había acabado con Cheryl. Él cerró la cuenta de correo electrónico que había usado con Cheryl y le dio a Diana la contraseña de la cuenta nueva para que pudiera vigilar lo que sucediera de ahí en adelante.

A pesar del intento de Ken de dejar atrás la situación, Cheryl continuaba estando tras él. Diana incluso recibió un par de llamadas de Cheryl. Pero al final, Ken terminó la relación, y las palabras de Diana demostraron ser ciertas. Los sentimientos de Ken por ella regresaron.

¿QUÉ ANDUVO MAL?

En el período subsiguiente, Diana pasó un buen tiempo tratando de examinar minuciosamente lo que había andado mal. Ella le preguntó a Ken: «Cuando las cosas se pusieron tensas, ¿por qué no hablaste *conmigo* en vez de con una extraña por Internet?».

Ken no tiene una respuesta, pero Diana sí. Ella cree que Satanás vio un punto de apoyo y lo usó. A causa del horario de trabajo de Diana y sus problemas con Hillary, Satanás se aprovechó de estos desafíos en su relación y trató de forzar una ruptura permanente.

Diana comprendió sabiamente que la ruptura de Ken con Cheryl era solamente el primer paso. Ella necesitaba proseguir y hacer su parte para reparar una relación obviamente tambaleante. Yo le pregunté qué les aconsejaría a las esposas en situaciones parecidas. Cuando siente que su matrimonio se está alejando debido a eventos que no puede controlar (una crisis en el trabajo, una crisis en la crianza de un hijo, o ambas cosas), ¿cómo puede continuar con la intimidad?

«Primero», dijo Diana, «uno tiene que continuar trabajando en su matrimonio, porque al final todo lo demás va a ser irrelevante si su matrimonio se destruye. No quiero disminuir la importancia de la crianza de los hijos, pero si usted pone a los hijos primero e ignora su matrimonio, ¿qué les pasará a ellos si se destruye el matrimonio? Fue por el bien de Hillary que me di cuenta de que necesitaba cuidar mejor mi matrimonio. Un matrimonio intacto brinda mejor apoyo y recursos con los cuales enfrentar todo lo demás.

»Segundo, yo diría que no se olvide de las pequeñas cosas que mantienen una relación. Tome el pulso a su matrimonio constantemente. Si no ha salido a pasear en un par de días, ¡hágalo! Solo sea franca al respecto y diga: "Cariño, necesitamos conectarnos otra vez. Vamos a tomarnos una taza de café". Asegúrese de estar comunicándose realmente. Suena como dicho común decir que la comunicación es importante, ¡pero lo es! Con regularidad pregúntense: "¿Estamos bien?" Lleve un control periódicamente. Use una escala del 1 al 10, o vacío a lleno, cualquier cosa que funcione. Pero no se olvide de estar atenta del alejamiento en la relación».

Si bien Diana admite que realmente no pudo haber puesto a un lado la crisis en su trabajo, en retrospectiva ella cree que probablemente no necesitaba traer a casa tanto trabajo. «Yo pensaba que era la única persona que podía arreglar lo que necesitaba arreglarse. Fue egocéntrico y casi me costó mi matrimonio».

Hillary presentó un desafío más duro. Con la vida de una hija en peligro, es difícil tomar el pulso a su matrimonio. «Simplemente no le estaba preguntando a Ken cómo estaba porque yo estaba completamente enfocada en cómo se encontraba Hillary», admite Diana. Había pasado casi un año desde que ambos se habían alejado. Añada a eso el hecho que Diana y Ken tenían reacciones sumamente diferentes a los problemas de Hillary, lo cual parecía apartarlos aún más. Ken sencillamente no podía comprender la emoción que condujo a que Hillary se lastimara «por un chico».

Aun así, Diana enfatiza que usted no puede dejar que la base principal de apoyo de sus hijos —el matrimonio de sus padres— se desmorone justo cuando más lo necesitan. Puede sonar descabellado pensar en salir a caminar o tomar una taza de café, o incluso salir un fin de semana, cuando su hija está pasando por una crisis, pero para mantener a la familia, esto puede ser exactamente lo que usted tiene que hacer.

El libro de Proverbios habla acerca del establecimiento de prioridades: «Prepara primero tus faenas de cultivo y ten listos tus campos para la siembra; después de eso, construye tu casa» (24.27). Primero, encárguese de las necesidades que sostienen la vida (como la comida), y luego preocúpese de cosas como la comodidad (albergue, por ejemplo). En cuanto a relaciones, usted debe mantener la relación que da vida en el hogar, el matrimonio, de la cual puede proveer sustento emocional y espiritual para los hijos. Si usted deja de alimentar al matrimonio, corre el riesgo de crear un hambre espiritual que termina lastimando a todos los demás en casa.

Casi inevitablemente, usted va a tener estrés en el trabajo, preocupación por la salud de sus padres, y ansiedad por las decisiones que toman sus hijos. Prácticamente todos enfrentan estas clases de problemas en un tiempo u otro. Pero en ningún caso deben distraernos del deber que tiene principal importancia: *alimentar nuestros matrimonios*.

La tercera parte de la receta de Diana para mantener la intimidad involucra hacer un mayor esfuerzo para entrar en el mundo de Ken, un tema que continúa saliendo a la superficie en mis muchas conversaciones con parejas que han renovado sus matrimonios.

Cuando dejamos que se desvanezcan los intereses comunes, con el tiempo nos alejamos lentamente. Diana se fue a sus películas y Ken vio NASCAR, y ambos estaban bien con eso por un tiempo. Pero cuando Ken conoció a otra mujer que estaba entusiasmada con NASCAR, él se dio cuenta de que una intimidad compartida satisface mucho más que una diversión solitaria. Por eso Diana ahora aconseja a otras esposas: «Busque una forma de interesarse en las cosas que su esposo se interesa, porque le muestra que a usted le importan las cosas que a él le importan».

¿Será fácil hacerlo? Claro que no. Diana admite que cuando fue a su primera carrera de autos, ella estaba aburridísima. Ella dice: «Yo me estaba preguntando: *¿Por qué estoy aquí?* Y luego recordaba: *Estoy haciendo esto para agradar a Ken.* Y eso mejoró».

Durante esa fatídica conversación en el porche, Diana le había preguntado a Ken: «¿Entonces qué harías si te fueras?».

«Iría a más carreras de NASCAR», contestó Ken.

Manteniendo la conversación ligera, Diana medio riéndose, medio preguntando dijo: «¿Así que me dejarías para ir a las carreras de NASCAR?».

«No es solamente ir a NASCAR», dijo Ken. «Se trata de estar interesado en la tabla de posiciones, el piloto, quién ganó la última carrera, quién está posicionado para ganar el campeonato».

Así que Diana ha escogido a su piloto favorito, y en la mayoría de las semanas, ella puede decirle quién tiene el mejor puntaje. Ella incluso disfruta las carreras, así como Pat aprendió a pescar al vuelo y Catherine (usted la conocerá en el capítulo final) aprendió a disfrutar el ciclismo.

Yo me puedo imaginar inmediatamente a muchos lectores pensando: *Eso está muy bien, pero ¿cuándo va a empezar a hacer las cosas que* a mí *me gusta hacer?*

Dele tiempo. Diana admite libremente: «Al principio, algunas de mis necesidades pasaron a segundo plano, y le pedí a Dios que me amara para que pudiera enfocarme totalmente en amar a Ken». Recuerde que Rich (del capítulo 10) dijo que se sentía más inclinado a participar en las actividades favoritas de Pat una vez que Pat empezó a ir de pesca con él. A veces la persona que más invierte en la relación debe acomodar a la otra. El apóstol Pablo escribió: «Los fuertes en la fe debemos apoyar a los débiles, en vez de hacer lo que nos agrada. Cada uno debe agradar al prójimo para su bien, con el fin de edificarlo» (Romanos 15.1–2). Al agradar a su esposo, usted está ganando la intimidad que puede usar para influir en él de una manera positiva, incluyendo la formación de un interés en *su* vida.

PRIORIDADES PROBLEMÁTICAS

Hay otro problema subyacente que necesitamos tratar. ¿Y si un esposo está tan consumido por la recreación que pierde su anhelo por las prioridades eternas? Yo me puedo imaginar a algunas esposas preguntándome: «Hemos sido llamados a buscar el reino de Dios primero —¿y tengo que ir a una *carrera de NASCAR*?» o «Estoy orando por la salvación de mi ciudad —¿pero se supone que tengo que poner eso a un lado porque mi esposo está obsesionado con saber *si el equipo Red Sox puede ganarle a los Yankees*?».

Dios tiende a ser mucho más paciente que nosotros. Él esperó siglos para tener el tiempo exacto y enviar a su Hijo a la tierra. Y luego Jesús pasó treinta años haciendo tareas de muy poca importancia antes de iniciar su ministerio público. Al participar en los intereses comunes con su esposo, usted se está ganando su corazón a fin de poder influir en su alma.

Yo he descubierto que la pasión espiritual auténtica es contagiosa. Un amigo mío cercano sirve como misionero en Japón, y su preocupación a nivel mundial por los perdidos me inspira. Nosotros vamos a jugar golf juntos, y en la oración antes de nuestro almuerzo después del partido, lo escucho derramar su corazón a Dios por la persona con quien jugamos ese día, aunque probablemente jamás volveremos a verla. Estar con él me recuerda la preocupación apasionada de Dios por los no creyentes.

El mismo principio puede funcionar con usted y su esposo. La mejor manera de que usted estimule la preocupación espiritual de él es viviendo la suya. Pablo usó este modelo en su ministerio. Él les dijo a los corintios: «Por tanto, les ruego que sigan mi ejemplo» (1 Corintios 4.16). En caso de que ellos no lo hubieran entendido, él repitió lo mismo siete capítulos después. «Imítenme a mí, como yo imito a Cristo» (11.1). A los gálatas, Pablo da esencialmente el mismo consejo: «Les suplico que ahora se identifiquen conmigo» (Gálatas 4.12).

Pero antes de que Pablo pudiera *decir* esto, él tuvo que *vivirlo*.

Respire hondo, entre en el mundo de su esposo, y confíe en que Dios usará su ejemplo de una manera que desafíe el corazón de su esposo. El apóstol Pedro exhorta: «Así mismo, esposas, sométanse a sus esposos, de modo que, si algunos de ellos no creen en la palabra, puedan ser ganados más por el comportamiento de ustedes que por sus palabras, al observar su conducta íntegra y respetuosa» (1 Pedro 3.1–2).

Además, ¿qué lugar mejor para conocer a gente que más necesita el amor de Dios que yendo de vez en cuando a una carrera de NASCAR o un partido de béisbol profesional? También recuerde que usted va a comprometer su mensaje de reconciliación si su propio matrimonio explota en mil pedazos. Al estar completamente involucrada en su matrimonio, está creando una base sólida para la expansión del reino de Dios, aunque hacerlo puede requerir algunas actividades que le parezcan frívolas.

LECCIONES APRENDIDAS

La mayoría de las aventuras amorosas o divorcios no ocurren como resultado de una gran decisión; con mucha más frecuencia, suceden después de una serie de miniseparaciones que llevan a la destrucción final y permanente de la relación.

Diana, sin darse cuenta, empezó a separarse de Ken cuando ella puso su trabajo por encima de su esposo. Luego tomó otra decisión hacia el distanciamiento emocional cuando dejó que el dolor que sintió por su hija extinguiera completamente la intimidad sexual de su matrimonio.

Ken también tomó numerosas minidecisiones. Él eligió entrar a una sala de chateo. Eligió seguir escribiendo a la misma mujer. Eligió intercambiar fotos. Y luego hizo planes para reunirse.

Diana y Ken nos enseñan que nosotros ponemos en peligro nuestro matrimonio cuando lo hacemos a un lado, aun si es solo por un tiempo, y después esperamos que nuestro cónyuge aguante la separación temporal. Poca gente en nuestra cultura soporta a propósito la soledad por largos períodos de tiempo, y nosotros ya no vivimos en pequeñas aldeas. Con Internet, teléfonos celulares y transporte aéreo, el mundo está literalmente al alcance de nuestros dedos. Cualquier cosa que nos haga ignorar a nuestros cónyuges, el trabajo, una madre o padre enfermo, un hijo atribulado, una iglesia atareada, un ministerio creciente, es muy poca diferencia para el cónyuge desatendido. Si se siente ignorado, se vuelve dolorosamente vulnerable. Un chateo por Internet, un largo almuerzo en el trabajo, una llamada telefónica de una antigua enamorada de la secundaria, un encuentro casual en un evento deportivo o una convención de negocios, y de pronto la persona ve una cura instantánea para su soledad, una cura que tiene el potencial de destruir un matrimonio.

Nosotros nos unimos gradualmente, y nos separamos gradualmente.

Diana reconoció que, si NASCAR era tan importante para su esposo, debía llegar a ser más importante para ella. Y Ken debe reconocer que conforme Diana asiste a algunas de sus carreras, así también necesita llevarla al cine de vez en cuando. Por supuesto, nuestros principales intereses y esfuerzos deben centrarse en el reino de Dios, pero estamos hablando de tiempos recreativos. Cuando un matrimonio pierde sus intereses comunes, se vuelve utilitario, y mucha gente no permanecerá en un matrimonio que ha perdido su esencia emocional.

Por último, necesitamos entender que el matrimonio provee el fundamento para las relaciones que tenemos en la vida. El trabajo es importante. La crianza de los hijos es crucial. Los pasatiempos son saludables. Pero cuando el trabajo o los pasatiempos, o incluso la crianza de los hijos nos hacen descuidar nuestro matrimonio, toda la casa se puede caer, y frecuentemente el trabajo, la crianza de los hijos y todo lo demás se caerán con ella.

He aquí un ejercicio útil de «Ken y Diana». Fíjese en las pequeñas decisiones que usted ha tomado en los últimos seis meses. ¿Está acercándose conscientemente a su esposo o alejándose de él? ¿Están ustedes dos desarrollando áreas de interés común, o están cultivando lenta e involuntariamente vidas separadas?

Tenemos que ser realistas —sé que mi esposa *nunca* va a correr una maratón conmigo— pero también debemos ser deliberados. Los dos salimos a pasear juntos todo el tiempo y andamos en bicicleta algunas veces. Tal vez usted no pueda compartir todos los intereses con su esposo, pero tiene que cultivar otros.

UN NUEVO COMIENZO

Dos meses después de que se descubriera su aventura amorosa por Internet, Ken finalmente pudo decirle a Diana que la amaba. Para celebrar su vigésimo quinto aniversario hicieron un viaje a Vancouver y Victoria, Columbia Británica, para ver los lugares turísticos, y las ballenas. Viajaron por Butchart Gardens, tuvieron té con «las *mejores* mermeladas de fresa», manejaron por la costa y vieron los charcos marinos, y en general tuvieron un «tiempo maravilloso y realmente bueno».

A lo largo del viaje, Diana se maravilló de que aún tuvieran un matrimonio intacto. Doce meses antes, la idea de que ella y Ken estuvieran celebrando dos décadas de matrimonio parecía muy lejos de concretarse.

«De hecho, fue un poco raro», admite ella. «La estábamos pasando tan bien que parecía que nuestros problemas habían sucedido hacía siglos; pero en otros momentos, recordaba que todo había sucedido meses, no años, atrás. Mayormente, me mantuve diciendo: "Wow", porque Dios realmente nos *ha* hecho aún más fuertes que antes».

Dios también ha empezado a usar la sanidad de ellos para alcanzar a otros. «Hemos podido compartir nuestro testimonio, y eso ha sido realmente lindo», dice Diana. «Es verdaderamente una historia extraordinaria cuando uno se pone a pensar. Si tuviera que decir la receta para nuestra sanidad, yo diría que todo se trató de la gracia de Dios y nuestra obediencia».

Hillary nunca descubrió «el incidente». Recientemente tomó un curso universitario de psicología e hizo sonreír a Diana cuando habló de lo raro que era que sus dos padres «nunca tuvieron los tipos de problemas que uno generalmente ve en la edad madura».

«Oiga, lo último que necesita Hillary ahora mismo es otra cosa de qué sentirse insegura», explica Diana. «Me siento aliviada de que ella no ha tenido que llevar esta carga».

Pero Ken y Diana han compartido su historia discretamente, en formas que han ayudado a otras parejas a enfrentar crisis parecidas. Una pareja joven recientemente reveló su lucha con la pornografía por Internet. Ya que la lucha de Ken incluía Internet, él pudo confesar algunas de sus propias tentaciones y las cosas que Dios le había mostrado.

Al alcanzar Ken a este hombre sufrido y arrepentido, podía ofrecer más que compasión u oración; él brindó ayuda práctica que se gana con la experiencia. Habló de cómo tenía las palabras de 1 Corintios 10.13 pegadas con cinta a su computadora y de cómo ha reorganizado su oficina para que las visitas puedan ver inmediatamente la pantalla de la computadora en el momento que entran.

Diana ministró a la esposa de ese hombre. Ya que esta joven esposa había escuchado la historia de Diana, ella sabía que Diana podía comprender su dolor y ayudarla a confrontar la pregunta que la mayoría de las esposas en tal situación más temen: *¿Cómo puede usted volver a confiar?*

Aunque Ken parecía haber quitado de su mente la aventura inmediatamente, Diana ha tenido problemas en hacerlo. «Es duro. Aunque este incidente sucedió hace tres años, a veces las viejas sospechas aún se asoman, y me encuentro con que tengo que renovar mi confianza en Dios. Tal vez nunca confiaré completamente en Ken otra vez, pero yo confío en Dios, incluyendo creer firmemente que si Ken toma algunas malas decisiones, Dios se encargará de mí. Hasta Ken reconoce que quizás nunca será igual».

Diana está agradecida de que Ken aceptara con paciencia su necesidad de hablar de vez en cuando de la situación. «Él entiende que cometió un tremendo error», dice ella, «y que lo trataremos en cierta forma por el resto de nuestras vidas».

Pero Romanos 8.28–29 —«Ahora bien, sabemos que Dios dispone todas las cosas para el bien de quienes lo aman, los que han sido llamados de acuerdo con su propósito. Porque a los que Dios conoció de antemano, también los predestinó a ser transformados según la imagen de su Hijo»— ha demostrado ser cierto en sus vidas. Diana y Ken son más fuertes y más sabios hoy, y se parecen más a Cristo. Su familia permanece junta, y ellos proveen esperanza y sanidad para otras parejas que, en medio de su proceso de reconciliación, se preguntan cómo sobrevivirán.

«Era *tan* típico de Dios», dice Diana hoy. «Yo estaba muy dolida y desilusionada, pero aún seguimos juntos, más fuertes que nunca. Dios es muyyyy bueno».

PREGUNTAS PARA DISCUTIR
Y REFLEXIONAR

1. ¿Hasta qué punto están usted y su esposo cultivando intereses comunes? ¿Cuáles son algunas maneras prácticas en que las parejas pueden crecer en esta área?

2. ¿Cómo pueden las esposas ayudar a sus maridos a que se interesen en *sus* pasatiempos?

3. ¿Cómo la fe sólida de Diana la ayudó a mantener la actitud correcta mientras confrontaba a Ken?

4. ¿Cómo pueden las parejas protegerse contra Satanás cuando este se aprovecha de un período natural de calma en una relación y trata de convertirlo en una ruptura permanente?

5. Hable de las maneras prácticas en que usted puede participar en «ganarse el corazón [de su esposo] a fin de poder influir en su alma».

6. ¿Están usted y su esposo actualmente creciendo juntos, o están apartándose lentamente? ¿Cómo puede reforzar lo primero, o si están apartándose, cómo puede usted invertir esto?

CAPÍTULO 14

JOHN Y CATHERINE: ENCONTRANDO LA FE

Influyendo en un esposo no creyente o espiritualmente inmaduro

Hace unos cuatrocientos años, cuando Elizabeth se casó con John, ella dio riendas sueltas a una historia de amor para la eternidad. El nombre completo de John era John Bunyan. Él al final escribió *El progreso del peregrino*, uno de los libros más influyentes jamás publicados acerca del tema de la vida cristiana. John (un viudo) ya tenía cuatro hijos; Elizabeth quedó embarazada de su primer hijo solo meses después de intercambiar votos.

John predicó apasionadamente el evangelio durante un tiempo en el que la iglesia estatal regulaba la fe con mano dura. Ya que la iglesia no le había otorgado una licencia a John, técnicamente era ilegal que él predicara, pero en lugar de aceptar tal prohibición, John predicaba la verdad de Dios libre y públicamente, y muy pronto fue a la cárcel.

Él y Elizabeth habían estado casados menos de seis meses.[1]

En el siglo XVII, si su esposo era enviado a la cárcel, usted no tenía el lujo de simplemente visitarlo una vez a la semana y olvidarse de él. Los familiares tenían la responsabilidad exclusiva de abastecer a los presos de comida, ropa, lavado de ropa y todo lo demás. Así que entienda esto: casada hacía menos de seis meses, la *embarazada* Elizabeth tuvo que cuidar a los cuatro hijos del matrimonio anterior de John, y viajar con regularidad a la cárcel para mantener con vida a su nuevo esposo.

Unos esposos impíos se rehúsan a trabajar o no pueden permanecer sobrios. Otros no pueden alejarse de un casino o dejar los videojuegos o salir de la cancha de golf. Pero John Bunyan, un hombre de Dios, demostró ser incapaz de alejarse de la cárcel. Tan pronto como salió, empezó a predicar ilegalmente otra vez, y recibió otra visita de las autoridades eclesiásticas y otro viaje no pagado directo a la cárcel.

De hecho, el celo de John por predicar significó que, durante los primeros veinte años de su matrimonio con Elizabeth, la pareja vivió junta menos de tres años. Durante esos diecisiete años del encarcelamiento de John, Elizabeth tuvo que criar a sus hijos por su cuenta, ganarse el sueldo de la familia, y abastecer a su esposo de las necesidades de la vida.

George y Karen Grant describen a Elizabeth de esta manera: «Atenuada por el sufrimiento y la privación, reforzada por la persecución y la estigmatización, y motivada por la fe y la devoción, ella fue una voz de aliento, consuelo e inspiración para su esposo. Su matrimonio estuvo marcado por los fuertes lazos de una amistad basada en un pacto y los lazos emocionales del amor».[2]

EL AMOR DUELE

Yo elegí empezar este capítulo referente a amar a un hombre espiritualmente inmaduro con la historia de amor de Elizabeth y John Bunyan para ofrecerle cierta perspectiva. Si usted no puede compartir su travesía espiritual con su esposo poco entusiasta o no creyente, estoy seguro de que se siente profundamente herida. Por supuesto, usted sufre una sensación de pérdida cuando carece de la intimidad inherente en la búsqueda de Dios como parte de una pareja. ¡Pero no sobreestime lo fácil que podría ser para dos cristianos maduros! La fe puede ser un asunto arriesgado, con su propia lista de sacrificios.

Si su esposo es espiritualmente maduro, inmaduro o intermedio, su Padre celestial probablemente la llamará a amarlo y sacrificarse por él. Si usted se siente frustrada por su apatía o cargada por su celo, al final todo se reduce a lo mismo: todo matrimonio requiere gran sacrificio.

Nosotros a veces nos olvidamos de lo radicales que son las palabras de Jesús, pero considere este pasaje en el contexto del matrimonio:

¿Qué mérito tienen ustedes al amar a quienes los aman? Aun los pecadores lo hacen así. ¿Y qué mérito tienen ustedes al hacer bien a quienes les hacen bien? Aun los pecadores actúan así. ¿Y qué mérito tienen ustedes al dar prestado a quienes pueden corresponderles? Aun los pecadores se prestan entre sí, esperando recibir el mismo trato. Ustedes, por el contrario, amen a sus enemigos, háganles bien y denles prestado sin esperar nada a cambio. Así tendrán una gran recompensa y serán hijos del Altísimo, porque él es bondadoso con los ingratos y malvados. Sean compasivos, así como su Padre es compasivo.

Lucas 6.32–36

Jesús no pudo haberlo dicho más claro. Si usted se las ingenia para amar solamente a un esposo fácil de amar, ¿para qué necesita a Dios? Hasta una mujer no cristiana puede amar a un hombre considerado, bondadoso, desinteresado y maduro. ¿Qué mérito le corresponde a usted? Si usted sirve a su esposo, esperando ser servida a cambio de ello, ¿qué recompensas espirituales puede esperar ganar? En ese caso, usted está simplemente intercambiando favores personales. Pero cuando usted da y no recibe; cuando ama a aquellos que no saben cómo amar o que se rehúsan a amar; cuando, en verdad, usted puede amar hasta a los perversos y los ingratos, bueno, en ese momento usted muestra el mismo amor que Dios nos mostró a nosotros cuando él nos amó en medio de nuestro pecado y rebelión. Y Jesús promete que le recompensará abundantemente.

Si su esposo es espiritualmente más débil que usted, su tarea es soportar sus fallas de tal manera que lo edifique, no lo derrumbe. En vez de asumir lo peor, llámelo a que dé lo mejor de sí. Algunas mujeres, en vez de edificar a sus esposos espiritualmente más débiles, gastan su energía verbal desalentando a sus esposos y derrumbándolos, reprendiéndolos por su percibida falta de liderazgo espiritual.

Esto es exactamente lo contrario a lo que aconseja Pablo en Romanos 15.1–2: «Los fuertes en la fe debemos apoyar a los débiles, en vez de hacer lo que nos agrada. Cada uno debe agradar al prójimo para su bien, con el fin de edificarlo».

El tiempo para obsesionarse con el carácter de su esposo es *antes* de casarse, no después. Una vez que intercambia votos, usted debe enfocarse solo en su obligación de amar.

Para amar bien, usted tiene que ser sincera y hacerse algunas preguntas difíciles: «¿Cómo amo a un hombre emocionalmente alejado?». «¿Cómo amo a un sujeto que parece que nunca ora?». «¿Cómo amo a un hombre que ni siquiera sabe deletrear "líder espiritual", y mucho menos ser uno?». «¿Cómo amo a un hombre que ama a su congregación más que a mí?». Pero haga esas preguntas inquiriendo con un espíritu humilde y levantando plegarias, no quejándose con resentimiento.

Si usted se encuentra en un matrimonio espiritualmente desbalanceado, espere que el orgullo sea su tentación más grande. Tal vez se olvide de que Dios está obrando en ustedes dos, y que, a la luz de la perfecta santidad de Dios, la diferencia en la justicia entre usted y su esposo no compraría ni una taza de café. Filipenses 2.3 nos dice: «Con humildad consideren a los demás como superiores a ustedes mismos».

Posteriormente en ese mismo capítulo, Pablo insta a los creyentes a que «lleven a cabo su salvación con temor y temblor, pues Dios es quien produce en ustedes tanto el querer como el hacer para que se cumpla su buena voluntad» (2.12–13). Así como Dios puede usarla para mover a su esposo hacia el nuevo nacimiento y la salvación, así también puede usar *incluso a su esposo no salvo* para moverla hacia una mayor santidad. Una gran parte de esa santidad incluye el desarrollo de una actitud como la de Cristo. Cristo siempre mantuvo un corazón tierno hacia los débiles e inmaduros (aunque fue fuerte y veraz con los orgullosos y engañadores).

Por favor, no me malinterprete. No quiero minimizar la verdadera soledad y el legítimo dolor de vivir con una persona que no comparte su fe. Pero sí quiero abrir sus ojos para que vea la increíble oportunidad de crecimiento que ofrece el matrimonio. No conozco una mejor manera de hacer eso que contarle la historia de una mujer extraordinaria que pasó más de dos décadas orando por su esposo no creyente. La historia es real, y todas las citas se atienen a los hechos, pero se han cambiado los nombres para proteger a los niños.

JOHN Y CATHERINE

John y Catherine tenían veintiún años cuando contrajeron lo que muchos pudieron haber considerado como un matrimonio sorpresivo en 1968. Catherine había considerado seriamente convertirse en una monja e incluso había pasado siete meses en el noviciado, pero al final, abandonó el noviciado y se casó con John, con quien había salido en la escuela secundaria.

John nunca compartió las inclinaciones religiosas de Catherine. Aunque al principio, John asistía a los servicios de la iglesia en días especiales, poco tiempo después de que se casaron, John dejó muy en claro sus intenciones. «Ir a la iglesia no significa nada para mí», le dijo a Catherine, «y ya no voy a volver a ir».

Los siguientes dos años, Catherine tampoco fue muchas veces; pero eso cambió cuando tuvo un bebé a los veintitrés años. Dos años después, Catherine tuvo lo que ella llama una experiencia en que nació de nuevo. Ella le dijo a John que había recibido a Jesucristo como su Señor y Salvador y que la vida iba a ser muy diferente de ahí en adelante.

«Ya veremos cuánto dura esto», respondió John. «Tú haces muchas cosas impetuosas, así que ya veremos».

John volaba para la Marina de Estados Unidos, así que veinte de los siguientes veinticuatro meses, él vivió lejos de casa. Durante ese tiempo, Catherine expresó su nueva fe yendo a la iglesia «continuamente». Cuando John regresó a casa, Catherine recuerda: «Dios empezó a entrenarme para convertirme en una esposa cristiana». Durante los dos años anteriores, Catherine se concentró en ser una madre cristiana, ahora ella tenía que agregar «esposa» a su currículo.

Catherine admite haber cometido muchos errores al principio. «Me maravillo de la gracia y misericordia de Dios», dice ella. «Sin él, creo que yo sola hubiera destruido nuestro matrimonio. Hice muchas cosas equivocadamente».

Para empezar, ella iba a la iglesia demasiado a menudo, dejando a su esposo que se las arreglara solo. «Yo estaba en la iglesia todos los domingos en la mañana y en la noche, los martes en la mañana, los miércoles en la noche y los jueves en la mañana. Estaba descuidando a mi esposo, lo cual está mal, especialmente ya que recién había llegado de estar en un despliegue militar».

La salvación de John se convirtió en el centro de las oraciones de Catherine. Al principio, Dios le aseguró a Catherine por medio del libro de Hechos que, así como Cornelio, ella «y toda [su] familia» serían salvos (Hechos 11.14).

Catherine a veces le pedía a John que fuera a la iglesia, y aunque John siempre respondía cortésmente (nunca ridiculizó su fe o le dijo que no fuese), él dejó en claro que cuando se trataba de «religión», quería que lo dejaran en paz. «No dejes que empañe nuestra relación», dijo él.

Una vez, John estuvo de acuerdo en ir a un programa de niños en el que participaban sus hijos, pero además del programa, escuchó muchos cantos y oraciones y un corto pero agudo mensaje evangelístico. John sintió que se le había engañado para que fuera. «Nunca, *nunca* me vuelvas a hacer eso», le dijo a Catherine.

Durante el largo tiempo de la marcha de John hacia la fe, Catherine tuvo que aprender una cantidad de lecciones personales. La principal de ellas dijo ella, vino de las palabras de Jesús acerca de cómo el grano de trigo debe caer en tierra y morir (ver Juan 12.24). «La premisa principal para mí en la aplicación de ese versículo a mi vida fue que mis necesidades no eran las necesidades más importantes», dijo ella. «Las suyas tenían que estar antes que las mías. Si yo estaba dispuesta a poner a un lado mis necesidades emocionales y confiar en que Dios las supliría, habría una cosecha».

Catherine admite libremente que su «necesidad emocional» («Yo estaba muy necesitada; *nadie* podía suplir esas necesidades») causó tensión en su matrimonio. Catherine venía de un hogar emocionalmente expresivo, y si bien el hogar de John también gozaba de un profundo afecto, los sentimientos rara vez se expresaban de esa misma manera.

John cita la paciencia de Catherine como una razón principal por la que finalmente estuvo dispuesto a reconsiderar la fe. «La paciencia de Catherine fue la clave, especialmente la forma en que confió en Dios y su tiempo oportuno. Ella hizo todo lo posible para vivir su vida como Dios quería y tranquilamente demostrar esos valores», dijo él.

No es que Catherine era perfecta. «Ella tenía períodos de impaciencia cuando yo no la escuchaba», admite John. «Pero nunca trató de forzarme cuando le decía que no estaba interesado».

SOLTANDO A JOHN

Un momento crucial llegó después que Catherine diera a luz a su tercer hijo. Ella y John se habían mudado de regreso a Denver, y Catherine se sentía sola. John estaba ausente la mayor parte del tiempo, tratando de encontrar un trabajo nuevo. Catherine enfrentaba el reajuste hormonal que sigue después de cada nacimiento; y ella recién había llegado a una comunidad nueva. «Yo le dije al Señor como me estaba sintiendo. Yo sabía que estaba creando resentimiento y que mi matrimonio estaba tambaleando».

Dios le habló muy claramente a Catherine, diciéndole que mientras ella esperase que John hiciera cosas para ella que él no podía hacer, ella estaba preparándolo para el fracaso y a ella para el resentimiento. Dios la desafió con las palabras: *si lo sueltas por medio del perdón, entonces abrirás la puerta para que yo obre en su vida.*

Durante los siguientes años (¡no fue un viaje corto!), cuando se lastimaban los sentimientos de Catherine, ella decía en voz alta: «Señor, yo lo perdono, lo suelto y te lo entrego y te pido que obres en su vida».

Un día Catherine se cansó de decir esta oración. «Eso es magnífico para John», le confesó a Dios, «pero ¿quién suplirá *mis* necesidades? ¿Y yo, Dios?».

Ella escuchó a Dios responder: «Catherine, yo *siempre* supliré tus necesidades».

Catherine explica que entregarse al cuidado y provisión de Dios fue «como un milagro». Cada vez que dijo perdón en la vida de John, ella podía regresar a un cuarto sin realizar juegos mentales o castigar a John por algún desprecio percibido.

John entendió cuánto le lastimaba a Catherine su falta de fe. Una vez, él la dejó en la iglesia, y Catherine entró a un servicio que había sido preparado por esposos para honrar a sus esposas. Cuando Catherine vio a esposos obsequiando rosas a sus esposas, ella perdió la compostura. No estaba preparada para el énfasis en las parejas adorando juntos, y lloró por no tener a su esposo a su lado. Ella se sintió tan angustiada que no asistió a la Escuela Dominical y lloró durante la mayor parte del servicio de adoración.

Cuando John recogió a Catherine y los hijos, él pudo ver que ella estaba triste y dijo: «Disculpa que no pueda hacer esto por ti». Aunque Catherine aún estaba sufriendo, significó mucho que John de algún modo pudiera conectarse con el dolor que ella estaba sintiendo por su ausencia.

Catherine de vez en cuando compartía el mensaje del evangelio con su esposo, pero fueron muy pocas veces, tal vez diez veces en veintitrés años, «cuando surgía algo». Por ejemplo, cuando Continental Airlines pasó por momentos difíciles, John, quien era uno de sus pilotos, perdió su trabajo por tres años. John y Catherine al final agotaron todos sus ahorros.

«John, esta es una perfecta oportunidad para confiar en Dios», dijo Catherine. «Sé que Dios es fiel, y él *suplirá* nuestras necesidades. ¿Quieres observar conmigo y ver que él lo hará? ¿Lo reconocerás cuando conteste nuestras oraciones?».

En el transcurso de los siguientes tres días, tres familias independientemente dieron a John y Catherine más de mil dólares en total.

No obstante, John no cedió. «No puedo creer como tú», él le dijo a Catherine. «Sencillamente no puedo». Entonces Dios desató el plan que en última instancia trajo a John a la fe.

UNA CRISIS FAMILIAR

A las dos hijas de John y Catherine les iba muy bien en su grupo juvenil sin ningún problema, pero su hijo, Brian, tenía dificultad conectándose con el nuevo pastor de los jóvenes. Para empeorar las cosas, a Brian le pegaron en un campamento de la iglesia. Y además, él empezó a identificarse con su padre como varón, quien no tenía ningún interés en la fe.

Conforme Catherine veía a su hijo tomar algunas decisiones peligrosas, ella se enojaba cada vez más con su esposo. Ella le dijo a John: «Ver a nuestros hijos servir a Dios es lo más importante en el mundo para mí. Nuestro hijo te admira. Tú eres un héroe para él, y ustedes dos tienen una relación muy buena. Si algo le sucede a su fe cristiana, te voy a responsabilizar personalmente, y jamás te perdonaré»; esta fue la primera y última vez que Catherine amenazó a John.

«¿Estás diciendo que esto afectará nuestra relación?», preguntó él.

«Sí» contestó ella.

La conversación se llevó a cabo mientras John y Catherine manejaban bicicleta, y cuando John aceleró, Catherine pensó: *Eso fue demasiado duro*. Ella empezó a pedalear más rápido para tratar de alcanzarlo y pedirle disculpas, pero Catherine cree que Dios la tranquilizó y le dijo que no hablara más. *Tal vez no debí haberlo dicho, pero yo pude haber empeorado las cosas hablando de ello más*, especuló ella.

Cuando Brian empezó a tener problemas disciplinarios y de drogas, Catherine sintió que el Señor le estaba diciendo algo en oración que al principio no tenía sentido: «Tú ya no debes ser la cabeza espiritual del hogar».

«Bueno, si no soy yo, ¿quién lo será?».

«Voy a poner el manto de liderazgo espiritual sobre John, y quiero que se lo digas».

«¿Cómo puede ser eso? ¡Ni siquiera ha nacido de nuevo!».

Pero Catherine al final cedió y le dijo a John lo que ella percibió que Dios le había dicho en oración. John estaba tan sorprendido como Catherine. «¡No puedo hacer eso, Catherine! ¿Cómo puedo hacer eso?».

«No sé, pero eso es lo que Dios dijo, así que eso es todo lo que te puedo decir».

Posteriormente, el Señor dirigió a Catherine a orar por John todos los días, específicamente para que él aprendiera a caminar en el liderazgo espiritual mientras Dios mismo venía a su lado para enseñarle. Nada de esto parecía tener sentido, pero Catherine decidió seguir adelante.

Hoy en día, ella está muy contenta de haberlo hecho.

Después que agarraron a Brian fumando marihuana, John y Catherine fueron a ver a un consejero. Mientras oraba por esta visita, Catherine sintió una vez más que Dios le estaba hablando: «Tú ya no debes disciplinar a Brian; John lo debe hacer. Yo quiero que ores todos los días por el proceso disciplinario de John».

¡John *no* tenía problemas con esto! De hecho, él estaba contento de haberlo escuchado, porque temía que Catherine iba a ser muy blanda. *Por primera vez*, pensó él, *Dios había tenido una gran idea.*

Cuando Catherine mira retrospectivamente, se da cuenta, como dice ella, de que «esta fue una de las piezas más importantes que Dios puso en su lugar; lo que John no sabía era que él estaba asumiendo el liderazgo espiritual».

Pasó un año y medio muy difícil. Brian continuó consumiendo drogas, y lo suspendieron de la escuela en su último año de secundaria. John y Catherine siguieron teniendo más consejería seria, pero Catherine estaba más atareada que nunca luego de recién haber empezado la escuela de enfermería. Alrededor de ese entonces, Catherine sintió que Dios la estaba dirigiendo a orar incesantemente por la salvación de John. Catherine había orado por John la mayor parte de su matrimonio, pero a menudo era esporádicamente. Por un tiempo, ella contendía fuertemente por su esposo, pero luego se desanimaba y retrocedía. Después de un tiempo de sanidad, ella empezaba otro período de oración ferviente. Catherine recuerda decirle a una amiga: «Estoy entrando a una nueva temporada de oración para que John se convierta en cristiano».

«¿QUIÉN ESTÁ EN LA CAMA CONMIGO?»

En casa, los problemas de Brian se convirtieron en el tema número uno.

«Catherine, ¿qué vamos a hacer?», preguntó John una noche.

«Cariño», contestó Catherine, «tú tienes que resolver eso. Yo estoy batallando para no atrasarme con mis estudios en la escuela, pero sé que Dios te ayudará».

John sacó de la escuela de Brian dos videos sobre el consumo de drogas y los vio. Él llegó a casa tarde esa noche y empezó a hablar de ellos. «Este policía habló de cómo estamos perdiendo a los chicos porque somos hechos de espíritu, mente y cuerpo. Si bien estamos tocando a nuestros hijos intelectualmente, no los estamos tocando espiritualmente. ¿Qué opinas al respecto?».

Catherine se sintió asombrada al igual que complacida. Ella admite haber pensado: *¿Quién está en la cama conmigo?*

John prosiguió. «¿Crees que podemos hablar con Brian acerca de esto? ¿Acerca de cómo él es vulnerable a las drogas, porque no estamos apelando a los adolescentes como personas en su totalidad, acerca de cómo su lado espiritual está siendo ignorado?».

Catherine fue muy directa. «John», dijo ella, «¿por qué te va a escuchar Brian cuando tú has ignorado esa parte de tu vida?».

«Sí, eso *sí* me preocupa», confesó John.

«Yo también estaría preocupada por eso. ¿Quieres orar juntos acerca de ello?».

Hubo una ligera pausa. «Sí», dijo John.

El corazón de Catherine empezó a latir tan fuerte y tan rápido que medio temía que el departamento de bomberos lo notara e hiciera una visita de emergencia. ¡Por primera vez, ella iba a estar orando con su esposo de más de veinte años!

Menos mal, Dios la calmó. «No creo que John sintió que mi emoción era por él al igual que por Brian», dice ella. «Pienso que él sintió la responsabilidad que se remontó seis años cuando dije que lo responsabilizaría si Brian rechazaba a Dios».

Al siguiente día, John tuvo una larga conversación con Brian acerca de la importancia de la espiritualidad, aunque —tal como él le admitió a Brian— no había sido importante para él en su propia vida.

NACIDO DE NUEVO

En retrospectiva, Catherine considera que fue una bendición que sus estudios la mantuvieran tan ocupada, o ella se hubiera involucrado más y posiblemente hubiera frustrado los planes de Dios. Dios pareció severo en la advertencia que le dio a Catherine: «Tú no vas a poner tus manos en esto; ¡esta es *mi* soberana mano obrando!».

Catherine sugirió un libro que, en base a los intereses políticos de su esposo, ella pensó que le podría gustar a John, el libro de Chuck Colson, *Born Again* [Nacido de nuevo].[3]

John lo miró y dijo: «Creo que me gustaría leer eso».

Catherine se puso, como dice ella, «loquita». «Estaba *tan* emocionada», dice ella. «Habíamos estado casados por más de veinte años, y nunca le había visto mostrar interés así».

Catherine llamó a su pastor y le pidió que orara; luego guardó silencio. «Yo *sí* daba un vistazo a escondidillas de vez en cuando para saber si el señalador del libro se estaba moviendo», confiesa ella, «y aunque se movía lentamente, *sí* se movía».

John empezó a leer el libro en octubre. En diciembre de ese mismo año, cuando Catherine se dio cuenta de que la Navidad iba a caer un domingo, le preguntó a John: «¿Te gustaría venir con nosotros al servicio de Navidad este año? Si no es el tiempo, lo comprendo».

La respuesta de John la estremeció. «Disculpa que tuviste que preguntarme», dijo él, «porque quería decirte que quiero ir».

La siempre emotiva Catherine se desmoronó y lloró. «Gracias», dijo ella. «Esto significa mucho para mí».

Por primera vez, los cinco miembros de la familia de Catherine fueron a la iglesia juntos un domingo. Catherine se sintió un poquito como si ella fuese un espectáculo. Había ayudado a iniciar esta iglesia, así que sabía que todos estaban viéndolos, y compartiendo su emoción y gozo. Para Catherine, parecía casi surrealista. Ella dice: «Sentí como si fuese la vida de otra persona que yo estaba viendo en una película. Yo había esperado tanto tiempo; no podía creer que estuviera sucediendo».

Catherine estaba completamente asombrada de cómo Dios había arreglado todo. El llamado de Dios para que ella retrocediera y dejara de ser la cabeza espiritual de la casa; las directivas de Dios para dejar que John se encargara de la disciplina; el tiempo renovado de oración de Catherine; que John viera los videos; la manera en que John se relacionaba con Chuck Colson. Aun si Catherine hubiera *tratado* de arreglar cada elemento, no había forma de que ella lo hubiera podido hacer.

«Fue una cosa asombrosa», confiesa Catherine. «Todavía me maravillo de la fidelidad de Dios».

John regresó a la iglesia el siguiente domingo y luego cada domingo después. Catherine le dio un libro que contenía parte de las Escrituras del Nuevo Testamento y un devocional, que John leía casi todos los días. Él le hacía a Catherine muchas, pero muchas preguntas. Juntos, asistieron a una clase para nuevos creyentes, y Catherine se emocionaba de que John parecía congeniar y al final se volvió amigo del maestro.

Por último, durante un servicio de la iglesia en marzo, el pastor preguntó al final de un sermón si alguien quería profesar su fe en Cristo. Catherine vio a John levantar su mano. Cuando el pastor oró con John, este explicó que quería una fecha específica para su conversión, aunque cree que pudo haberse convertido anteriormente, cuando leyó de la salvación de Chuck Colson.

LECCIONES QUE APRENDER

Yo hablé con John y Catherine acerca de algunas de las lecciones que aprendieron en su recorrido, en particular, de cómo otras esposas «en yugo desigual» podrían mover suavemente a sus esposos hacia la fe cristiana.

Construir puentes

Catherine a menudo se preguntaba cómo dos personas que tenían tan poco en común pudieran lograrlo. A veces ella incluso le preguntaba a John: «¿Lo vamos a lograr? Tenemos tan poco en común. Mi fe es muy importante para mí, ¡pero tú ni siquiera la compartes!».

John decía: «Catherine, nuestra relación es buena, muy buena. Concentrémonos en eso». John quería que Catherine se concentrara en los buenos lados de su matrimonio en vez de consumirse con sus decepciones.

Catherine sinceramente admite haber soportado un tiempo duro y difícil que continuó por décadas. «Estar unidos en yugo desigual es extremadamente solitario», dice ella. «Usted está guiando a sus hijos sola. Usted trata de evitar el resentimiento y formar un buen matrimonio, solo que es muy pero muy difícil».

La mayoría de las mujeres en esa situación, como Catherine, se hallarán tentadas de compadecerse a sí mismas. Filipenses 2.14 nos ayuda aquí: «Háganlo todo sin quejas ni contiendas». La palabra *todo* incluye el matrimonio, hasta el matrimonio con un no creyente. El resentimiento y la amargura solo nos impedirán ser espiritualmente productivas en esa relación.

Catherine se dio cuenta de que, puesto que ella y su esposo no compartían la fe en Cristo, ella iba a tener que trabajar mucho más fuerte para encontrar otras cosas que compartir. Lamentablemente, John se emocionaba más con cosas que a Catherine le causaban poco o ningún interés, como andar en bicicleta, por ejemplo.

«Yo tenía que tomar la decisión», dice ella. «¿Empezaré a andar en bicicleta con él, o me quedaré sentada en casa sola y dejaré que crezca la brecha entre nosotros?».

Los primeros intentos de Catherine no la alentaban. Ella dice: «Fue ridículo. Yo estaba tan fuera de forma. ¿Pero sabe qué? Un año y medio después, ¡me gustaba más que a él! Participamos en "Maneje por las Rocosas" juntos; eran cuatrocientas millas a través de las Montañas Rocosas, un paseo en bicicleta de siete días con otras dos mil personas. Fue chévere, y pasamos cientos de horas juntos entrenando para el paseo».

Catherine solo se enfocaba en lo positivo. «No teníamos una familia junta en la iglesia», admite ella, «pero sí teníamos una familia junta en bicicleta».

Algunas esposas podrían estar tentadas de castigar a su esposo no cristiano siendo aún menos complacientes, pensando: *Si no compartes mi fe, yo no compartiré ninguno de tus intereses.* Pero esa nimiedad, aunque comprensible, no hace nada excepto agrandar la brecha. Catherine firmemente aconseja a otras mujeres casadas con no creyentes: «Usted debe averiguar qué es lo que a él le encanta hacer y aprender a hacerlo con él».

Esa no es una mala lección para las esposas en general.

A John también le encantaba pescar, otra actividad que no tenía nada de especial para Catherine. Al principio, cuando los hijos eran pequeños, Catherine se quedaba en el campamento con los chicos cuando John se iba a pescar. Cuando crecieron los hijos, ellos empezaron a ir de pesca con John. Un año, Catherine se dio cuenta de que ella podía quedarse en el campamento sola o acompañar a la familia para una actividad que no le era de mucho interés.

Ella agarró una caña de pescar y los acompañó.

Ahora, años después, le encanta ir de pesca al vuelo con John; de hecho, se ha convertido en una de sus cosas favoritas. «Es curioso», dice ella. «Lo que una vez yo hacía por obligación, ahora es uno de los deleites más grandes de mi vida».

Le llevó años a Catherine aprender esta valiosa lección. «Yo soy más egoísta y reacia que nadie», confiesa ella, «pero sé que el Espíritu Santo me estaba guiando. De vez en cuando, todavía digo: "¿Vamos a estar bien?". *Jamás* seremos dos personas a las que nos guste hacer lo mismo. Tenemos algunas áreas que nos gustan, pero hay muchas diferencias bien marcadas. El matrimonio consiste en dejar que los puntos fuertes de su matrimonio sean los puntos dominantes, las áreas en que usted *elige* concentrarse. Donde usted no pueda juntarse en lo absoluto, encuentre una manera de desviarse».

En otras palabras, Catherine aprendió el contentamiento. «En lugar de pasar toda mi vida quejándome de lo que quería», dice ella, «empecé a disfrutar lo que ya tenía».

Usted puede empezar este proceso hoy. Si se encuentra haciendo un refrito mental de las debilidades de su esposo, contrarreste esta tendencia meditando en lo que a usted le gusta de él. En vez de obsesionarse por sus diferencias, piense en una o dos cosas que verdaderamente disfrutan hacer juntos.

Ser realista

Catherine advierte: «Las esposas pueden estar muy dominadas por pensamientos que dicen: "Esto no funcionará; somos demasiado distintos. Tenemos ideologías diferentes, pasiones diferentes, hasta maneras diferentes de ver las cosas". En última instancia, tenemos que aprender que nunca tendremos algunas de las cosas que anhelamos, pero Dios nos dará maneras de desarrollar puntos fuertes que ya están allí, puntos fuertes que tal vez no estemos reconociendo. En ese recorrido, maduramos lentamente y descubrimos que Jesús es aquel con quien nos deleitamos. Mi placer más grande es mi relación con Dios».

Catherine tuvo que darse cuenta de que Dios nunca tuvo la intención de que John supliera todas sus necesidades. Aun si John hubiera sido un cristiano durante todo su matrimonio, algunas necesidades todavía quedarían insatisfechas. Ningún esposo, cristiano o no, es Dios.

¿Cómo enfrentará la decepción con su marido? ¿Permitirá que una mezcla tóxica de amargura, resentimiento y enojo envenene lentamente su hogar, o aprenderá a deleitarse en lo que usted ya tiene? Considere esto. Como una cristiana casada con un no cristiano, usted está mucho mejor que si fuera una no cristiana casada con un cristiano. Usted tiene su fe, el Espíritu Santo, la esperanza de salvación, la gracia de Dios, su capacidad de adorar, y un amor por las Escrituras para que le llenen su alma y adiestren su mente. Reconocer cuán rica usted es espiritualmente puede ayudar a aliviar la frustración que está soportando en sus relaciones.

Cambiar con John

Al final, Catherine se dio cuenta de eso, como ella dice: «Este período de espera para que John se convirtiera en cristiano también se trató de mí». Ella no solo estaba esperando a John. Añade: «Todo el proceso fue tan integral, tanto para *mi* crecimiento en Jesús como para el suyo. Dios dejó muy en claro que yo no debía considerarme una espectadora o una mártir o alguien que solo estaba esperando. Dios tenía lecciones que quería que yo aprendiese también».

Aun si usted ha crecido más que su esposo, hablando espiritualmente, todavía no ha arribado completamente. Ninguno de nosotros lo ha hecho. Su carácter y madurez deben continuar creciendo. Pablo le dijo a Timoteo: «Sé diligente en estos asuntos; entrégate de lleno a ellos, *de modo que todos puedan ver que estás progresando*» (1 Timoteo 4.15, énfasis añadido). La perfección se encuentra más allá de este mundo, pero todo creyente que está madurando debe estar demostrando cierto movimiento espiritual positivo.

Dios usó el matrimonio de Catherine para enseñarle a manejar mejor el temor —en su caso, el temor de un matrimonio fracasado— y a ser menos controladora. A medida que Catherine crecía en estas áreas, Dios hizo algo maravilloso, no solo en su vida, sino también en su familia, testificando la verdad de 1 Timoteo 4.16: «Ten cuidado de tu conducta y de tu enseñanza. Persevera en todo ello, porque así te salvarás a ti mismo y a los que te escuchen».

Cuando su esposo no es un creyente, una de las trampas espirituales más grandes que usted encontrará es preocuparse más de la conversión de él que de la madurez suya. ¿Por qué es eso una trampa? ¡Porque el aumento de su madurez espiritual puede incentivar su conversión (1 Pedro 3.1)! Cuando usted se halle obsesionándose con el estado espiritual de su esposo, diga una oración por él, *pero luego haga un giro hacia esto*: «Y Señor, por favor muéstrame dónde necesito crecer para ser la clase de persona que hace que la fe sea atractiva para su esposo».

Ser sincera

Catherine halló que era extremadamente difícil aprender, como dice ella, «a vivir dos vidas»: «Usted tiene dos cosas que le son apasionadamente importantes: su relación con Dios y su profundo deseo de que su matrimonio sea viable y fuerte. Es muy difícil cuando no puede unir ambas. Se siente dividida».

La dadivosidad monetaria para la iglesia mostró ser un problema espinoso. Catherine quería dar dinero a su iglesia, pero ella no trabajaba fuera de casa, y al comienzo temía lo que John podría decir. Así que ella empezó a ahorrar el cambio que recibía en las compras de comestibles y lo daba como contribución, algo que ahora ella lamenta.

«Al final, sencillamente tuve que decirle a John cuán importante era para mí ofrendar», dice ella. «Yo les diría a las esposas jóvenes que sean sinceras con respecto a las cosas que son importantes para ellas en vez de esconderlas». Una vez que Catherine explicó por qué quería ofrendar y lo mucho que significaba para ella poder hacerlo, él estuvo de acuerdo en que ella podía donar cien dólares mensuales. Catherine hubiera querido ser más directa desde el principio. Como observa el libro de Proverbios: «Una respuesta sincera es como un beso en los labios» (24.26).

Ser paciente

Algunas mujeres tontas lastimaron enormemente a Catherine cuando le dijeron: «Tu esposo debió haber sido salvo hace mucho tiempo. ¿Qué estás haciendo mal?».

Sin embargo, cuando usted habla con John, él vuelve a decir lo mucho que aprecia el espíritu paciente de Catherine. Si ella lo hubiera intentado demasiado, si se hubiera mantenido empujando, es muy probable que John se hubiera alejado más de la fe en vez de acercarse.

Tenga en cuenta que una batalla espiritual cósmica se libra encarnizadamente dentro de su esposo. La eternidad está en juego. A la luz de la eternidad, una o dos décadas no son tanto tiempo (aunque veinte años pueden parecer eternos). John recuerda las veces en que vio a Catherine y los hijos alistándose para ir a la iglesia y luego saliendo de la entrada de la casa, y algo dentro de él le decía: *Anda tras de ellos,* pero no sabía cómo. Llevó tiempo. Si Catherine hubiera tratado de forzar el tema, hubiera empeorado las cosas, en lugar de mejorarlas. Jesús nos dice en Lucas 8.15: «y como *perseveran*, producen una buena cosecha» (énfasis añadido).

LA ENTREGA MÁXIMA

Pocas cosas muestran ser más difíciles para una novia de Cristo que ser la esposa de un hombre que no es creyente. Catherine admite sentirse como si la estuvieran jalando en dos direcciones. Ella amaba a su esposo y quería que su matrimonio funcionase, pero también amaba a Dios y quería ponerlo primero. Lastimaba profundamente cuando ella no podía juntar ambas cosas de inmediato.

La realidad es que no hay respuestas fáciles. Yo no puedo darle una receta infalible que le garantice la conversión de su esposo, y cualquiera que le diga algo diferente, francamente, está mintiendo. Pero un corazón suave y quieto —mezclado con un espíritu paciente y un alma que está creciendo y prosperando, fijado en la adoración y lleno de osadía por el Espíritu Santo, y que trae como resultado una mujer que se mantiene orando y que halla formas de conectarse con su esposo— aumenta grandemente la posibilidad de que ella un día ore al Dios de sus sueños *con* el hombre de sus sueños.

Yo le puedo decir esto: la Biblia deja bien en claro que Dios no desea que nadie perezca (2 Pedro 3.9), y 1 Timoteo 2.4 declara que nuestro Salvador «quiere que todos sean salvos y lleguen a conocer la verdad». Cuando usted combina el favor de Dios, la guía y convicción del Espíritu Santo, y el perseverante amor de una esposa creyente, *me gustan* las probabilidades de ese hombre.

¡Que Dios la bendiga es esta gloriosa tarea! El lugar más importante al cual usted podrá llevar a su esposo es *Dios*. Cuando usted considera los beneficios eternos y la salud espiritual de su esposo, no hay nada que se le acerque. No es una batalla fácil, y tampoco está garantizada la victoria, pero al final, vale la pena pelear.

PREGUNTAS PARA DISCUTIR Y REFLEXIONAR

1. Hable sobre el impacto de las palabras de Jesús en Lucas 6.32–36 acerca de amar a aquellos que no siempre son fáciles de amar, específicamente cuando se refieren a una mujer casada con un no creyente o uno que se hace llamar cristiano.

2. ¿Cómo pueden las esposas cristianas que están casadas con esposos no creyentes o espiritualmente inmaduros seguir la directiva de Pablo en Filipenses 2.3 de que «con humildad consideren a los demás como superiores a ustedes mismos»?

3. ¿Cómo podría usar Dios a un esposo no salvo para ayudar a una esposa cristiana a crecer en piedad?

4. ¿Está usted de acuerdo con Catherine en que es posible que una esposa cristiana casada con un no creyente se equivoque al ir a diversas funciones de la iglesia con demasiada frecuencia? ¿Cuáles

podrían ser algunos otros errores comunes de las esposas cristianas en tales matrimonios?

5. ¿En qué forma podrían las esposas cristianas estar preparando a sus esposos no creyentes o espiritualmente inmaduros a que fracasen, esperando que ellos hagan cosas que simplemente no pueden hacer?

6. Catherine exhorta a las esposas: «Usted debe averiguar qué es lo que a él le encanta hacer y aprender a hacerlo con él». ¿Cómo pueden las esposas superar la frustración de tener diferentes expresiones de fe y al mismo tiempo estar dispuestas a compartir otras actividades?

7. ¿Cuáles son algunos temas prácticos —tales como el manejo del dinero o el tiempo en la iglesia— que podrían ser problemáticos en un matrimonio de yugo desigual? ¿Cómo puede una esposa creyente actuar y hablar de tal manera que promueva la redención en vez de la disputa?

8. ¿Cómo pueden las esposas hacer un equilibrio entre la perseverancia paciente —esperar el momento exacto— y compartir directamente el evangelio?

BELLEZA PERDURABLE

A medida que un nuevo país empezaba a constituirse, un nuevo hijo empezaba a formarse en el vientre de Abigail Adams. El año era 1776. Las colonias habían declarado su independencia de Inglaterra, y sus líderes disidentes estaban trabajando duro para crear una nueva nación.

Es un milagro que Abigail y su esposo, John, tuvieran tiempo para concebir un hijo, dado que John tenía que estar fuera de casa con mucha frecuencia. Pero así fue, aunque poco después de la concepción en las primeras semanas de 1777, John tuvo que salir otra vez, para asistir a otra sesión del nuevo Congreso.

La embarazada Abigail sabía que podía haber persuadido a John para que se quedara en casa. Ella dijo eso en una carta a una amiga: «Tenía en mi corazón disuadirlo para que no fuera y sé que pude haber prevalecido, pero nuestros asuntos públicos en ese entonces tenían un aspecto tan lúgubre que yo pensé que, si en algún momento se necesitaba su ayuda, debía ser en ese momento. Por lo tanto, me resigné a sufrir cierta ansiedad y muchas horas de melancolía durante el año venidero».[1]

Aunque Abigail sabía que necesitaba que su esposo estuviese cerca, ella también creía que su nuevo país lo necesitaba aún más. Ella voluntariamente se incomodó por el bien de su tierra.

John apreció el sacrificio de su esposa. Él reconoció su desinterés, y lo respetó. Abigail tenía un reclamo legítimo, y ningún esposo bondadoso podría negar las penurias de una esposa embarazada a la que se deja sola durante el invierno. Un famoso folleto había llamado al período revolucionario un tiempo «que puso a prueba las almas de los hombres», a lo cual John respondió que fueron «tiempos que pusieron a prueba las almas de las mujeres y de los hombres».[2]

Y esta inconveniencia no estuvo limitada a una sola temporada. En otra carta, Abigail le confía: «Han sido casi catorce años desde que nos unimos, pero no más de la mitad de ese tiempo tuvimos la felicidad de vivir juntos. El mundo insensible puede considerarlo bajo el concepto que le plazca, yo lo considero por mi país y una de mis desgracias más grandes».[3]

Abigail pagó un precio muy alto por su amor y devoción. No solo tuvo que compartir a su esposo con su país, sino que también tuvo que soportar muchos ataques feroces dirigidos en contra de funcionarios gubernamentales, diciéndole a una amiga: «Cuando [mi esposo] estuvo herido, yo sangré».[4]

La pareja también sufrió su buena parte de desacuerdos conyugales. John podía ser obstinado. A pesar de que él buscaba el consejo de su esposa, no siempre lo seguía. De hecho, al principio de su matrimonio, la pareja tuvo la oportunidad de prosperar económicamente. A diferencia de hoy, tener éxito en el gobierno en ese entonces no garantizaba la seguridad económica. John Adams creía que la tierra sería la mejor inversión de sus ahorros. Cuando surgió la oportunidad para que la pareja invirtiera en recientes bonos del Estado, Abigail exhortó a su esposo para que los aprovechara. Pero John desconfiaba de invertir en «monedas y comercio». Él sabía de tierras, el valor de la agricultura y la importancia de los alimentos, pero no confiaba en los bancos. Al final, «si los Adams hubieran invertido en bonos del Estado como deseaba Abigail, ellos casi con toda certeza hubieran terminado bastante ricos».[5]

Sin embargo, no parecía haber ninguna amargura perdurable por esta oportunidad perdida. Abigail era realista y una apasionada compañera en las búsquedas de su esposo. Ella reconocía que, aunque su esposo sobresalía en la diplomacia, su sagacidad en las inversiones era mucho menos que la de un genio. Como todos los hombres, él tenía sus límites. Abigail había tomado su decisión, y continuó apoyando a John en sus puntos fuertes y permaneciendo magnánima en sus debilidades.

La devoción inquebrantable de Abigail cimentó el corazón de su esposo con el de ella. Cuando John se convirtió en el segundo presidente de Estados Unidos, él escribió una larga carta, rogando a Abigail que viniera a acompañarlo sin demora alguna:

> Yo tengo que ir a ti o tú tienes que venir a mí. No puedo vivir sin ti... Tengo que suplicarte que no pierdas un momento preparándote para venir, para que me quites todas las preocupaciones de la vida excepto la de mi deber público, me ayudes con tus consejos, y me consueles con tu conversación.
>
> Los tiempos son cruciales y peligrosos, y debo tenerte aquí para que me ayudes... Debo ahora repetir con celo y muchas ganas. No puedo hacer nada sin ti.[6]

John Adams estaba desesperado por la presencia de su esposa. Él necesitaba su conversación y su consejo tanto que dijo: «No puedo hacer nada sin ti».

He pasado un par de cientos de páginas hablando de cómo una mujer puede influir en un hombre, pero Abigail Adams obviamente monopolizó esto hace más de dos siglos.

Cuando Abigail se enfermó mortalmente en octubre de 1818, su esposo permaneció constantemente a su lado. En sus últimos días, ella salió de su aturdimiento delirante, vio a John a su lado y suavemente confesó que sabía que se estaba muriendo y que si era la voluntad de Dios que así fuese, ella estaba lista. Ella deseaba continuar viviendo, dijo, solo por el bien de John. Cuando John escuchó que ni siquiera las puertas de la muerte habían disminuido su devoción, él se quebrantó emocionalmente, salió tambaleando del cuarto lleno de estupor. En el primer piso, le dijo a un amigo: «Ojalá pudiera acostarme a su lado y morir también».[7]

Dos días después, Abigail murió; pero el respeto, la lealtad y el recuerdo de John continuaron viviendo. Años después, cuando la gente elogiaba a John por el surgimiento de su hijo a la presidencia y el orgullo que debía sentir por el papel que jugó como padre, Adams respondió enfáticamente: «¡Mi hijo tuvo una madre!».[8]

EL ROMANCE DETRÁS DEL TRABAJO

A estas alturas, algunas de ustedes podrían estar pensando: *¡Todo este enfoque del que Gary ha estado hablando parece ser mucho trabajo! ¿Dónde está el romance? ¿Dónde está la diversión?* Les conté la historia de John y Abigail Adams porque creo que su matrimonio tenía la mejor parte del romance revestida de la realidad del sacrificio y la lucha personal.

Yo creo en el matrimonio —con todo su trabajo, obligaciones y sacrificio, junto con todas sus alegrías, placeres, risas y romance— porque a eso llama Dios a la mayoría de nosotros. Si usted está leyendo este libro, sospecho que no ha sido llamada al celibato. Dios la diseñó para que viva, física, emocional y espiritualmente, en una relación comprometida de toda una vida con un hombre radicalmente imperfecto. ¿Puede confiar en Dios lo suficiente para creer que entregarse a esta vida —tanto lo bueno y lo aparentemente negativo o difícil— al final producirá la vida más satisfactoria posible: un amor basado en la fe y edificado sobre toda una vida de recuerdos, aprecio por sus hijos por mantener su hogar unido y recompensas de su Padre celestial por crear una familia que testifica de su amor redentor y reconciliador?

Toda una vida de romance se halla oculta en la obra del matrimonio. En su propia relación, usted de vez en cuando podría sentirse tentada a perderse en comedias románticas en lugar de estudiar cómo amar a un hombre real. Podría parecer más fácil retraerse de amar, volverse perezoso en sus afectos, ir cuesta abajo en su matrimonio; pero una manera de vivir tan ligera e indulgente, en última instancia robará su sentido de bienestar e incluso su felicidad. Usted perderá cualquier sentimiento romántico que una vez tuvo por su esposo, y al final despreciará a la persona en que usted se ha convertido.

Dios nos formó de tal manera que, al principio de una relación, el romance es inmerecido y a menudo no es apreciado. La intimidad es inmediata y eléctrica. En un matrimonio maduro, el romance se mantiene solo mediante el trabajo duro, las decisiones deliberadas y acciones concretas. Usted no puede forzar los sentimientos, pero puede elegir actuar de modo que los sentimientos generalmente siguen. Si actuamos como si estuviéramos enamorados, seguiremos enamorándonos. Es un proceso de crecimiento: hacia Dios, hacia el otro mutuamente y hacia la santidad personal.

Yo lo veo de esta manera: todo lo que Dios pide de mí es lo que al final quiero llegar a ser: un cónyuge leal y amoroso; un padre sacrificado, afectuoso e involucrado; un obrero entusiasta del evangelio; un amigo fiel y amoroso. Todo lo que veo que resulta del concepto del mundo de las relaciones románticas es lo que más desprecio: gente lastimada por la traición y el divorcio, hijos devastados por la destrucción de sus hogares, individuos que se vuelven más egoístas y más hedonistas conforme envejecen.

Si a la sabiduría se le conoce por su fruto, la Biblia es la enseñanza más dulce que jamás se haya contado. El amor bíblico es un amor centrado en Cristo que trata de perfeccionar la santidad por reverencia a Dios (2 Corintios 7.1). Conforme terminamos esta jornada juntos, le pido que haga una pausa y trate de imaginarse el placer que usted le da a Dios amando bien a su hijo. Su esposo muy probablemente, a veces, tomará su amor y devoción a la ligera. Él podría actuar de manera criticona. Puede ser egoísta e inconsiderado. ¡Pero él no es el único que está viviendo en su hogar! Un Dios que lo ve todo recibe gran placer cuando sus hijas aman a sus hijos, y él derrama sus bendiciones espirituales en forma de una intimidad que llena el alma y que no se compara con nada. El salmista escribe esto:

> ¡Cuán bueno y cuán agradable es
>   que los hermanos convivan en armonía!
> Es como el buen aceite [...]
> Es como el rocío de Hermón [...]
> Donde se da esta armonía,
>   el Señor concede bendición y vida eterna.
>
> *Salmos 133*

Sé que las relaciones pueden ser difíciles y lastimosas. Sé que estar casada con un hombre que tropieza de muchas maneras (Santiago 3.2) puede ser fastidioso y agotador. Pero también sé que Dios es real, que su Hijo hizo un tremendo sacrificio por nuestros pecados, que su Espíritu Santo nos dará poder, que su Palabra viva nos guiará, y que su promesa de darnos recompensas celestiales es más segura y cierta que cualquier cosa que este mundo ofrece.

Conforme usted continúa con esta jornada, busque al Señor para que le dé su guía acerca de cómo edificar el tipo de matrimonio que él desea. Llámelo para que le dé su sabiduría para desarrollar el arte sagrado de amar a un compañero imperfecto, a fin de que su esposo pueda llegar a ser todo lo que Dios quiere que sea.

A medida que usted empiece a influir en su esposo, verá al Señor influyendo en usted también; lo que es más importante, él la acercará más a él.

RECONOCIMIENTOS

Hay tantas personas a quien agradecer.

Primeramente, gracias a aquellos que estuvieron de acuerdo en permitir que sus historias inspiren a otros. Muchos de ustedes eligieron permanecer en el anonimato, así que respetaré su privacidad. Ustedes saben quiénes son, y estoy profundamente agradecido por el valor que requirió abrir sus vidas para el beneficio de otros.

Segundo, a mis «cuatro terapeutas», que proveyeron sus análisis expertos (y la educación específica y relevante de la que yo carezco al respecto) y, en consecuencia, ayudaron a dar forma a este libro: la doctora Melody Rhode, Leslie Vernick, el doctor Mitch Whitman y el doctor Steve Wilke. Gracias por ser tan generosos con su entendimiento y tan pacientes con mi falta de ello.

Luego a los lectores. Donna Burgess, Cheryl Scruggs, Jo Franz, Lisa Fetters, Dina Horne y Nicole Whitacre fueron muy serviciales en la primera edición de este libro. Esta nueva edición se formó en gran parte por los comentarios adicionales de David y Megan Cox, Sheila Wray Gregoire, la doctora Melody Rhode y Leslie Vernick.

Quiero agradecer en forma especial a Mary Kay Smith y la doctora Rebecca Wilke, que vieron por adelantado varios de mis libros. Gracias por amarme a mí y a esta obra en marcha lo suficiente para hablar fuertemente cuando era necesario, y por desafiarme, constante y persistentemente, para que profundizara más. Ustedes dos son verdaderas amigas.

Ninguno de los mencionados puede que estén completamente de acuerdo con todo lo que se ha dicho en el libro que ahora usted sostiene, pero creo que todo está mucho más cerca de la verdad, y mucho, mejor dicho, debido a su servicio.

También quiero agradecer a John Sloan de Zondervan, quien estuvo muy ocupado tratando de reorientar un manuscrito inicialmente desparramado. Mi apreciación va hacia Dirk Buursma, por su manejo de palabras y aliento, así como también hacia David Morris, Tom Dean, Brandon Henderson, Robin Barnett y todo el equipo de Zondervan.

Muchas gracias también a Curtis Yates y Mike Salisbury de Yates & Yates, y a Alli Sepúlveda de la Segunda Iglesia Bautista de Houston.

Mi esposa ha sido no menos que una santa a lo largo de todo este suplicio. Ella leyó, volvió a leer y me escuchó pensar en voz alta más que lo que cualquier esposa debía tener que soportar durante toda la vida. Ella ha hecho mucho más que simplemente «influir» en este hombre; Dios la ha usado para darle nueva forma. Te amo, Lisa.

NOTAS

Introducción

1. Leslie Vernick, *The Emotionally Destructive Marriage: How to Find Your Voice and Reclaim Your Hope* (Colorado Springs: WaterBrook, 2013).

Capítulo 1: La gloria de Dios en una mujer

1. C. F. Keil y F. Delitzsch, *Commentary on the Old Testament: The Pentateuch* (Grand Rapids: Eerdmans, 1956), p. 103.
2. William Lane, The Gospel of *Mark: New International Commentary on the New Testament* (Grand Rapids: Eerdmans, 1974), pp. 356–57.

Capítulo 2: «Sé digna de mí»

1. David McCullough, «Knowing History and Knowing Who We Are», *Imprimis* 34.4 (abril 2005): p. 5, https://imprimis.hillsdale.edu/knowing-history-and-knowing-who-we-are.
2. Citado en André Castelot, *Josephine* (Nueva York: Harper & Row, 1967), p. 332.
3. Agradezco a mi amiga Dina Horne por esta gran perspicacia.

Capítulo 3: La belleza de la fortaleza de Dios en una mujer

1. El término «fijación funcional» se originó en psicología como una manera de describir la tendencia a «aferrarse a patrones establecidos y pasar por alto nuevos métodos posibles» para resolver problemas («What Is Functional Fixedness?», *Psychology Dictionary* online, http://psychologydictionary.org/functional-fixedness.
2. Elton Trueblood, *The Life We Prize* (Nueva York: Harper & Brothers, 1951), p. 158.
3. Citado en Del Jones, «FedEx Chief Takes Cue from Leaders in History», *USA Today*, 20 junio 2005, https://usatoday30.usatoday.com/money/companies/management/2005-06-19-fedex-advice_x.htm.

Capítulo 4: Aceptando a un hombre donde está

1. «The GQ Poll: The State of Man», *GQ* (diciembre 2004), p. 224.

2. Lysa TerKeurst, *Capture His Heart: Becoming the Godly Wife Your Husband Desires* (Chicago: Moody, 2002), pp. 12–13.

3. Dan Allender, *How Children Raise Parents: The Art of Listening to Your Family* (Colorado Springs: WaterBrook, 2003), p. 196.

4. Ibíd., p. 196.

5. Ibíd., p. 197.

Capítulo 5: Pidiéndole a Dios que nos dé nuevos ojos

1. El orador es Harry Belafonte, quien contó la historia a Bono. Ver Michka Assayas, *Bono: In Conversation with Michka Assayas* (Nueva York: Riverhead, 2005), p. 96 [*Conversaciones con Bono* (España: Alba Editorial, 2005)].

2. Assayas, *Bono*, p. 96, énfasis añadido.

3. Ibíd., p. 97.

4. Louann Brizendine, *The Male Brain: A Breakthrough Understanding of How Men and Boys Think* (Nueva York: Random House, 2010), p. xv [*El cerebro masculino: Las claves científicas de cómo piensan los hombres y los niños* (Barcelona: RBA, 2013)].

5. Norma Smalley, «Differences Can Strengthen a Marriage», en *The Joy of a Promise Kept: The Powerful Role Wives Play* (Sisters, OR: Multnomah, 1996), p. 39 [El poderoso rol de la esposa: El gozo de una promesa cumplida (Miami: Editorial Vida, 2003)].

6. Elyse Fitzpatrick, *Helper by Design: God's Perfect Plan for Women in Marriage* (Chicago: Moody, 2003), p. 54.

7. Ibíd., p. 55.

8. Patricia Palau, «Influencing Our World for Christ», en *The Joy of a Promise Kept*, p. 148.

9. Ibíd., p. 149.

10. Ibíd., p. 152.

11. Martie Stowell, «When He Doesn't Keep His Promises», en *The Joy of a Promise Kept*, pp. 164–68.

12. Ruth Bell Graham, *It's My Turn* (Old Tappan, NJ: Revell, 1982), p. 74.

13. Ver Niall McCarthy, «What Percentage of U.S. Wives Earn More Than Their Husbands?», *Forbes*, 19 noviembre 2015, www.forbes.com/sites/niallmccarthy/2015/11/19/what-percentage-of-us-wives-earn-more-than-their-husbands-infographic/#3b5fee32724a.

14. Ginny Graves, «As Women Rise in Society, Many Still Don't Do "Equal"», *USA Today*, 30 junio 2005, 13A.

15. Linda Dillow, *Creative Counterpart: Becoming the Woman, Wife, and Mother You've Longed to Be* (Nashville: Nelson, 2003), p. 178.

16. Este relato es del folklore europeo oriental, que dice que el rey atacante, Konrad III, permitió que el duque de Bavaria y sus hombres vivieran, muy conmovido por las acciones de las esposas; ver Ruthilde M. Kronberg, *Clever Folk: Tales of Wisdom, Wit, and Wonder* (Englewood, CO: Libraries Unlimited, 1993), pp. 5–6.

Capítulo 6: La ayuda

1. Kelli B. Trujillo, «Complementarian Versus Egalitarian: What's the Correct View?», *Today's Christian Woman* (marzo 2014), www.todayschristianwoman.com/articles/2014/march-week-4/complementarian-versus-egalitarian.html.
2. Thomas à Kempis, *The Imitation of Christ*, trad. Aloysius Croft y Harold Bolton (Londres: Catholic Way, 2013), p. 97.
3. Citado en Trujillo, «Complementarian Versus Egalitarian: What's the Correct View?».
4. Laura Doyle, *The Surrendered Wife: A Practical Guide to Finding Intimacy, Passion, and Peace with a Man* (Nueva York: Fireside, 1999).

Capítulo 7: Entendiendo la mente masculina

1. Louann Brizendine, *The Male Brain: A Breakthrough Understanding of How Men and Boys Think* (Nueva York: Random House, 2010), p. 2 [*El cerebro masculino: Las claves científicas de cómo piensan los hombres y los niños* (Barcelona: RBA, 2013)].
2. Ibíd., p. 2.
3. Michael Gurian, *What Could He Be Thinking? How a Man's Mind Really Works* (Nueva York: St. Martin's, 2003), p. 12.
4. Brizendine, *Male Brain*, p. xvi.
5. Gurian, *What Could He Be Thinking?* p. 15.
6. Ibíd., p. 16.
7. Ibíd., p. 86.
8. Ibíd., pp. 82–84.
9. Ibíd., p. 475.
10. John Gottman, «From *The Seven Principles for Making Marriage Work*», en *The Book of Marriage: The Wisest Answers to the Toughest Questions*, ed. Dana Mack y David Blankenhorn (Grand Rapids: Eerdmans, 2001), p. 472.
11. Ibíd., p. 473.
12. Citado en Shaunti Feldhahn, *For Women Only: What You Need to Know About the Inner Lives of Men* (Sisters, OR: Multnomah, 2004), p. 146 [*Solo para mujeres* (Miami: Unilit, 2006)].
13. Linda Weber, «Building a Strong Marriage», en *The Joy of a Promise Kept: The Powerful Role Wives Play* (Sisters, OR: Multnomah, 1998), p. 97 [*El poderoso rol de la esposa: El gozo de una promesa cumplida* (Miami: Editorial Vida, 2003)].
14. Ver Brizendine, *Male Brain*, p. 96.
15. Ibíd., pp. 96–97.
16. Ibíd., p. xvi.
17. Ibíd., p. xvi.
18. Ibíd., p. 15.
19. Ibíd., pp. 15–16.
20. Ibíd., p. 113.

Capítulo 8: Ray y Jo: Controlando el temperamento, Parte 1

1. Louann Brizendine, *The Male Brain: A Breakthrough Understanding of How Men and Boys Think* (Nueva York: Random House, 2010), p. 102 [*El cerebro masculino: Las claves científicas de cómo piensan los hombres y los niños* (Barcelona: RBA, 2013)].

2. Ed Welch, «How to Disarm an Angry Person», CCEF blog, 30 marzo 2010, www.ccef.org/resources/blog/how-disarm-angry-person.

3. Ibíd.

4. Shaunti Feldhahn, *For Women Only: What You Need to Know About the Inner Lives of Men* (Sisters, OR: Multnomah, 2004), p. 24 [Solo para mujeres (Miami: Unilit, 2006)]·

5. Ibíd., p. 24.

6. Ibíd., p. 25.

7. Agradezco a Leslie Vernick por ofrecer sugerencias útiles para este párrafo.

8. Leslie Vernick, *The Emotionally Destructive Marriage: How to Find Your Voice and Reclaim Your Hope* (Colorado Springs: WaterBrook, 2013); Chip Ingram y Becca Johnson, *Overcoming Emotions That Destroy: Practical Help for Those Angry Feelings That Ruin Relationships* (Grand Rapids: Baker, 2009).

9. Estoy endeudado con Elton Trueblood por esta perspicacia.

Capítulo 9: Controlando el temperamento, Parte 2

1. Kevin DeYoung, *What Does the Bible Really Teach about Homosexuality?*(Wheaton, IL: Crossway, 2015), p. 94.

2. Citado en Amy Patterson-Neubert, «Get Serious: Domestic Violence Is Not a Joke», *Purdue News*, 16 octubre 2003, www.purdue.edu/uns/html4ever/031016.Arriaga.violence.html; ver Ximena Arriaga, «Joking Violence Among Highly Committed Individuals», *Journal of Interpersonal Violence* 17.6 (junio 2002): pp. 591–610.

Capítulo 11: Pura pasión

1. Louann Brizendine, *The Male Brain: A Breakthrough Understanding of How Men and Boys Think* (Nueva York: Random House, 2010), p. 4 [*El cerebro masculino: Las claves científicas de cómo piensan los hombres y los niños* (Barcelona: RBA, 2013)].

2. Ibíd., p. 69.

3. Citado en Michael Callahan, «The Man Behind History's Most Iconic Movie Posters, from *Breakfast at Tiffany's* to James Bond», *Vanity Fair*, abril 2017, www.vanityfair.com/style/2017/04/robert-mcginnis-movie-posters-illustrations.

4. Cindy Crosby, «The Best Sex (Survey) Ever!» *Today's Christian Woman*, 12 septiembre 2008, www.todayschristianwoman.com/articles/2008/september/best-sex-survey-ever.html.

5. Michael Gurian, *What Could He Be Thinking? How a Man's Mind Really Works* (Nueva York: St. Martin's, 2003), pp. 109–10.

6. Ibíd., p. 113.

7. Shaunti Feldhahn, *For Women Only: What You Need to Know about the Inner Lives of Men* (Sisters, OR: Multnomah, 2004), p. 100 [Solo para mujeres (Miami: Unilit, 2006)]

8. Ibíd., p. 100.

9. Ibíd., p. 95.

10. Sheila Wray Gregoire, *The Good Girl's Guide to Great Sex* (Grand Rapids: Zondervan, 2012).

Capítulo 12: El problema de la pornografía

1. Los comentarios del doctor Fisher fueron tomados de un blog que escribió titulado «How to Treat a Porn Addiction», *To Love, Honor & Vacuum*, 1 diciembre 2016, http://tolovehonorandvacuum.com/2016/12/treat-porn-addiction-psychologist-speaks, y me entregaron personalmente sus observaciones de seguimiento. Los comentarios de su esposa, posteriores en esta sección, se basan en sus observaciones en su seminario por Internet sobre la adicción a la pornografía, www.christiancrush.com/p/pornography-addiction-help.html.

Capítulo 14: John y Catherine: Encontrando la fe

1. Relato y citas tomados de George y Karen Grant, *Best Friends: The Ordinary Relationships of Extraordinary People* (Nashville: Cumberland, 1998).

2. Ibíd., p. 113.

3. Charles W. Colson, *Born Again* (Old Tappan, NJ: Chosen, 1976).

Epílogo: Belleza perdurable

1. Citado en David McCullough, *John Adams* (Nueva York: Simon & Schuster, 2001), p. 168.

2. Ibíd., p. 172.

3. Ibíd., p. 172.

4. Ibíd., p. 262.

5. Ibíd., pp. 428–29.

6. Ibíd., p. 479.

7. Ibíd., p. 623.

8. Ibíd., p. 626.

UNA NOTA DE GARY

Estimadas lectoras:

Muchas gracias por acompañarme en esta jornada. Espero que le haya sido útil. Oro sinceramente para que usted haya ganado un significativo conocimiento perspicaz del corazón y la mente de su esposo, y un renovado fervor espiritual por Dios.

Algunas de ustedes podrían estar preguntándose: *¿Y ahora qué hago?* Tengo tres sugerencias. Primero, si no ha leído *Matrimonio sagrado*, le animo a usted y su esposo para que lo hagan, ya que este libro proporciona el pensamiento fundamental de lo que acaba de leer. Además de ofrecer historias de cómo las mujeres han aprendido a acercarse a su Dios a medida que aprendían a amar a sus esposos, *Matrimonio sagrado* puede introducir a su esposo en algunos de estos mismos conceptos en un contexto que *lo* desafiará.

Segundo, considere leer *Devotions for a Sacred Marriage* [Devocionales para un matrimonio sagrado]. Al leer un devocional a la semana (preferentemente con su esposo), y haciéndolo fielmente por un año, usted puede empezar a entrenar su corazón y su mente para ver el matrimonio desde la perspectiva de cómo Dios la está desafiando espiritual y personalmente. Lleva tiempo volver a entrenar nuestras mentes para que piensen bíblicamente; yo he trabajado duro con el fin de crear una herramienta práctica exactamente con este propósito.

Por último, si después quiere llevar su matrimonio al siguiente nivel, considere leer *Valorar: La palabra que lo cambia todo en su matrimonio*. Este libro explora maneras prácticas de ayudar a las parejas, no solo a que se amen, sino a que se aprecien mutuamente.

Que Dios la bendiga a medida que usted trata de servirlo convirtiéndose en la mujer que él ha querido que usted sea, que Dios continúe haciendo que su matrimonio sea una unión verdaderamente sagrada, y que amolde el alma que refleje el amor de Cristo por la iglesia.

La paz de Cristo,
Gary Thomas

CONTACTÁNDOSE CON GARY

Aunque Gary disfruta tener noticias de sus lectores, no es prudente ni posible que él ofrezca consejos por medio de emails, correo, Facebook, u otro medio social. Gracias por su comprensión.

Página web:
www.garythomas.com

Blog:
www.garythomas.com/blog

Twitter:
@garyLthomas

Facebook:
www.facebook.com/authorgarythomas

Para hacer reservaciones para que Gary dé una charla, por favor contáctese con él mediante su página web o email alli@garythomas.com.